타인에게 휘둘리지 않는 나를 위해

일러두기

- 외국어 표기는 대체로 국립국어원 외래어 표기법을 따랐다.
- 도서명은《 》, 영화명은〈 〉로 구분해 표기했다.
- 외국 도서와 영화 제목은 국내에서 출간되거나 개봉된 경우 되도록 그 제목을 따랐고, 그렇지 않은 경우에는 최대한 원어의 느낌을 살려 번역했다.
- 영화의 개봉 연도는 국내 개봉 연도가 아니라 최종 개봉 연도로 표기했다.
- 저작권자와의 협의를 통해 원서의 일부 논제는 삭제했다.

철학에게
일상을
묻다

타인에게
휘둘리지 않는
나를 위해

에두아르도 인판테 지음 | 유아가다 옮김

다봄.

❀ 나의 학생들에게 이 책을 바칩니다.

철학이 왜 필요하냐고 묻는다면 공격적으로 대답할 수밖에 없다.
그 질문 자체에 비아냥거림과 악의가 담겨 있기 때문이다.
철학은 국가나 교회에서 반드시 필요한 것이 아니다.
국가나 교회에는 그들만이 도모해야 하는 사안들이 있다.
철학은 권력이나 기관에 필요한 것도 아니다.
철학은 번민을 일으키는 데 필요하다. 번민을 유발하지 않거나
그 누구에게도 반기를 들게 하지 않는 철학은 철학이 아니다.
철학은 우리의 무지함을 알아차리고,
무지한 것이 부끄러운 것이라는 사실을 깨닫는 데 필요하다.
(중략) 요컨대 적극적이고 능동적이며 긍정적인 사고를 하게 만드는 것이다.
그리하여 교육의 목적을 국가나 윤리 혹은 종교적 이익의 수단과
혼동하지 않는 자유로운 인간이 되게 하는 데 둔다.
(중략) 제아무리 위대한 사람이라 할지라도,
약간의 철학이 존립하지 않았더라면 훨씬 더 우둔해지고 비열해졌을 것이다.
철학은 시기마다 무지함과 비열함을 감수하고서라도
제멋대로 갈 데까지 가고 싶어 하는 마음을 저지해 왔다.

— 질 들뢰즈, 《니체와 철학》

| 차례 |

철학은 단지 학교에서 배우는 과목에 불과한 것이 아니라,
살기 위한 기술이기도 했다.
혼란한 시대에 행복을 위한 고행이었다.

— *카를로스 가르시아 괄, 《헬레니즘 철학》*

약 20년 전, 교실에서 아리스토텔레스의 형이상학을 설명하던 때랍니다. 나는 책에 나온 주요 개념을 열심히 칠판에 적고 있었어요. 그런데 교실 맨 구석, 창문 바로 옆에 앉은 여학생이 교과서도 펼쳐 놓지 않은 채 멍하니 바깥 거리를 내다보고 있었어요. 나는 그 학생에게 걸어가 비아냥거리며 물었지요.

"얼마나 재미있는 게 있길래 넋을 잃고 보고 있니? 분명히 다음 주 철학 시험보다 훨씬 더 중요한 거겠지?"

"삶이요."

학생은 딱 한 마디로 대답했지만, 그 한 마디는 폭발력이 어마어마한 네이팜탄처럼 내 머리 위로 떨어졌지요. 삶! 그 외마디 단어는 나도 모르는 사이에, 내가 이 교실을 동굴로 만들어 버렸다는 걸 깨닫게 해 주었어요. 플라톤은 동굴 안에 있는 죄수들에 대한 유명한 우화를 썼습니다. 동굴 안에는 태어나면서부터 동굴 벽만 바라보고 살아야 했던 죄수들이 있었어요. 그들 외에 벽에 횃불로 그림자 만드는 일을 하는 사람들도 있었지요. 한 번도 동굴 밖 세상을 본 적 없는 죄수들에게 벽에 비친 자신들의 희미한 그림자는, 그들이 아는 유일한 실재였어요. 그러다 죄수 중 한 명이 자유를 얻어 세상으로 나가게 됩니다. 죄수는 자신이 지금까지 본 동굴 벽의 그림자가 엄청난 거짓이었다는 걸 발견하지요. 동굴 벽의 그림자는 동굴 밖의 삶과 전혀 다른 것임을 깨닫게 된 겁니다. 철학자는, 동굴에서 탈출했으나 다시 어두컴컴한 동굴로 돌아가서 동료들을 구해 자유롭게 해 줄 임무를 가진 사람입니다.

교실을 둘러보자, 칠판에 가득 써 놓은 생소한 단어들이 마치 동굴 벽의 그림자같이 보였어요. 학생들은 책상에 손발이 묶인 동굴 속 죄수들처럼 지난 몇 달 동안 삶과는 그다지 관계없는 이런저런 이론과 개념에 시선을 고정하라는 강요를 받았던 거지요.

미국 철학자, 마이클 샌델은 '아스투리아스 공주 상'의 사회 과학 부문을 수상하며, 브라질 리우데자네이루의 빈민가에서 태어난 청년 헤지나우두의 이야기를 들려주었어요. 부자 동네의 쓰레기통을 뒤지며 간신히 살아가던 어느 날, 헤지나우두는 쓰레기통에서 찢어진 책 한 권을 발견했어요. 헤지나우두는 글을 몰랐지만 왠지 읽고 싶어 그 책을 꼭 움켜쥐었어요. 그런 그를 집주인이 보았습니다. 그 책에는 소크라테스의 재판에 관한 내용이 담긴 플라톤의 《대화편》 일부가 소개되어 있었어요. 은퇴한 철학 교수였던 집주인은 헤지나우두에게 글자와 철학 하는 법을 가르쳤습니다. 헤지나우두는 곧 소크라테스라는 인물에 매료되었고, 지금도 빈민가에서 철학적 논쟁의 장을 이끌어 나가고 있습니다.

나 역시 헤지나우두와 같은 책을 읽고 철학과 사랑에 빠졌답니다. 소크라테스는 내게 언제나 기준이 되는 한 인간이자 철학자 그리고 스승이었습니다. 철학은 고대 그리스의 포럼에서 시작되었지요. 폐쇄된 교실이 아니고요. 그는 철학은 정의와 불의, 진실 혹은 행복에 대해서 광장에서 공개적으로 토론하는 것이라고 가르쳤어요. 샌델이 우리에게 상기시켜 준 다음과 일맥상통하지요. "철학은 강의실만이 아니라, 시민들이 공리에 대해 자유롭게 토론할 수 있는 광장에 속한 학문이다."

불행하게도 교사가 된 후 나는 철학의 이런 실용적인 면을 망각했어요. 교사들은 종종 교실을 동굴로 변신시키는 경향이 있지요. 학생들의 고민이나 호기심과 단절된 채 말이지요. 어떤 철학책들은 지루하게 만들 목적으로 쓴 것 같아요. 마치 철학의 근본 목적인 사고의 길로 인도하는 것을 가로막기 위해서 말이에요. 이렇게 전문 용어들로 가득한 책들은, 내용을 잘 암기하여 시험에 잘 토해 내는 역량을 가진 주입식 교육에 물든 학생들을 평가하는 데 유용할지 모릅니다. 그러나 다음 날이면 학생들의 머릿속에서 완전히 사라져 버리는 부작용이 있지요. 반면 자신이 처한 현실에 끊임없이 질문하고 비판적 사고로 사유하는 학생들에게는 역효과를 낼 수 있습니다. 마치 어둠과 비밀 언어로 쓰여 있어, 보통 사람은 절대 이해할 수 없도록 메시지를 숨겨 놓았다는 인상을 줄 정도예요. 또 혁명적이고 위험한 범주에 속하는 주제들은 교육 과정에서 다루지도 않지요.

학교에서 배우는 철학은 우리 일상과는 동떨어진 형이상학적인 문제들을 다룹니다. 그러나 아이러니하게도, 아주 오래전에 철학은 '존재하지 않는 문제를 애써 찾는' 학문이 아니라, 일상적이고도 중요한 문제들을 단순 명쾌한 언어로 말하던, 삶과 밀접한 학문이었습니다.

위대한 철학자 소크라테스는 거리에서 이웃들과 철학을 논했어요. 프랑스 철학자, 미셸 옹프레는 고대 그리스에서 철학은 대중적이었으며 삶과 사유의 기술로 받아들여졌다고 말합니다. 같은 의미로 미국 철학자, 마사 누스바움은 고대 그리스인들과 로마인들은 인간의 삶에서 대면하게 되는 가장 어려운 문제들을 헤쳐 나가기 위해서 철학을 했다고 확언합니다. 엘리트주의적 지적 기술이나 유희가 아니라, 불행에 맞서 싸우기 위한 진지한 기술로 철학을 이해했다는 것이지요. 고대 철학자들은 죽음, 사랑, 성, 분노, 폭력처럼 인간들에게 일상적으로 중요하고 절박한 문제들을 중요하게 생각했어요. 그러나 어느 순간 철학은 대중으로부터 멀어져 전문가들의 서재나 도서관의 '전문 서적' 코너에 갇히게 되었어요. 일부 엘리트주의자들만이 아는 라틴어로 쓰인 채 말이에요. 그리고 시간이 흘러 철학은 고등 교육의 한 과목이 되었지만, 교사도 학생도 도대체 왜 공부하는지 알 수 없는 지경에 이르고 말았지요.

그날 학생의 입에서 나온 삶이라는 외마디가 교실에 울려 퍼진 이후, 우리는 교과서를 내려놓고 거리나 공원으로 나가 수업했습니다. 나는 학생들에게 가장 관심 있고 궁금한 것이 무엇인지 물었어요. 학생들은 사랑, 죽음, 두려움, 실패, 불의, 세월의 흐름, 거짓말, 성, 신, 자살, 행복, 마약, 정치, 남성 우월주의, 폭력 등을 꼽았어요. 우리는 이 논제들에 대해 나름의 해답을 제시한 철학자들을 찾아 선택한 뒤, 그들의 철학에 관해서 대화했어요. 교실 밖을 나와 거리에서, 열린 공간에서 철학을 하면서 우리는 철학의 참의미를 되찾았습니다. 우리 삶을 변화시키려는 야무진 희망을 품었던 훌륭한 학문을 말이지요. 그리고 나는 학생들과 나눈 논제들을 바로 이 책에서 다루고 있습니다.

이제 새 학기를 시작할 때마다, 창문을 통해 동굴 밖으로 도망쳤던 소녀를 기억합니다. 그리고 그 소녀를 기념하기 위해, 진짜 세상을 바라보기 위해 교실 창문을 활짝 엽니다. 1970년대에 어떤 사진 작가가, 르노 공장 앞에서 확성기를 손에 든 프랑스 철학자, 미셸 푸코의 사진을 찍었습니다. 비방 문서를 뿌렸다는 이유로 살해당한 동료를 위해 파업 중이던 노동자들과 철학을 하던 장면이었어요. 푸코는 이렇게 새로운 삶의 장에도 철학의 자리가 있음을 우리에게 가르쳐 주었습니다. 이 책은 철학을 하기 위해 다시 거리로 나가기 위한 창문입니다. 어느 날 나를 동굴 밖으로 구출해 준 소녀를 위한 것이며, 삶을 사유하기를 원하고 자기 소신대로 살기를 원하는 모든 이들을 위한 것입니다.

1

• 토마스 아퀴나스, 헨리 데이비드 소로, 토머스 홉스 •

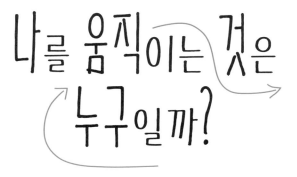

나를 움직이는 것은
누구일까?

#양심 #시민불복종 #부모님의간섭 #권력

자, 엄마가 할 말이 있다며 여러분의 방으로 들어오시네요. 침대 한편에 앉아 여러분이 엄마한테 얼마나 사랑스럽고 소중한 존재인지, 자기는 여러분이 행복하기만을 바란다고 말씀하세요. 본론을 말해 달라면 그제야 조심스럽게 말을 꺼내실 거예요. 지금 사귀고 있는 이성 친구를 만나지 말라고요. 여러분한테 나쁜 영향을 주고 있다고요. 또 미래의 어느 날, 회사가 여러분에게 결함 있는 제품을 거짓말을 해서라도 팔라고 요구합니다. 한마디로 고객에게 사기를 치라는 거예요. 이럴 때 어떻게 해야 할까요? 명령에 순종해야 할까요?

내 양심의 소리가
더 올바른 선택

중세 시대의 철학자, 토마스 아퀴나스(1225~1274)가 도움을 줄 수 있을 거예요. 그는 불과 20년 동안 다양한 주제에 대해 성찰하는 책을 130권이나 썼지요. 이런 위대한 철학자 역시 가족과의 문제에서는 자유롭지 않았어요. 그의 부모는 아들의 미래를 미리 정해 놓았답니다. 삼촌의 뒤를 이어 몬테카시노 수도원의 원장이 되는 것, 그게 바로 토마스의 미래였어요. 그러나 토마스는 생각이 달랐어요. 그는 원장 자리가 보장된 친척의 수도원이 아니라, 평범한 수도사로 도미니크 수도회에 입회하기로 결심했어요. 물론 가족은 그 결정을 전혀 반기지 않았고, 형제들은 그를 가족 소유의 성탑에 가두기도 했어요. 그 외에도 가족들은 수단과 방법을 가리지 않고 토마스의 생각을 바꾸려고 했지만, 결국 토마스의 선택을 허락할 수밖에 없었어요.

토마스는 뚱뚱하고 매우 내성적이었어요. 동급생들은 그를 벙어리 황소라고 부르며 놀리기도 했어요. 왕따나 놀림은 그때도 있었나 봐요. 토마스는 어떤 괴롭힘에도 굴하지 않고 "나를 죽이지 않는 것은 나를 더 강하게 만든다."라는 니체의 말이 때로는 정말 맞다는 것을 몸소 보여 주었지요. 어느 날, 그의 스승 알베르투스 마그누스는 바닥에 떨어진 종이를 읽고 놀라 물었습니다.

"이걸 누가 썼지?" 학생들이 일제히 놀리는 어조로 소리쳤어요. "벙어리 황소가 썼어요!" 그는 학생들을 나무라며 단호하게 말했지요.

"제군들은 지금 토마스를 '벙어리 황소'라고 놀리지만, 훗날 온 세계는 그의 내면에 자리 잡은 지혜로운 황소의 울부짖음을 추앙할 걸세."

스승의 예언은 사실이 되었습니다. 토마스는 역사상 위대한 사상가로 손꼽히고 그의 울부짖음은 21세기 교실에서도 여전히 울려 퍼지고 있지요. 물론 토마스를 놀리는 데 열중했던 그 무리들에 대해서는 알려진 바가 없고요.

이제 다시 여러분의 방으로 돌아가 볼까요? 엄마가 나가시고 혼자 남은 그때가 바로 생각할 시간입니다. 지금 내 손 안에 움켜잡은 문제가 무엇이며 그걸 어떻게 해결할지 생각해야만 해요. 토마스 아퀴나스가 도움의 손길을 내밉니다. 그는 다양한 규범들로 가득한 세상에서 여러분의 삶의 방식을 잘 관찰해 보라고 할 겁니다. 그리고 종종 그러한 규범들이 어떻게 상호 모순적인지 성찰해 보라고 할 거예요. 한 권력체가 명령하는 규범이 다른 권력체는 금지하는 것일 수도 있기 때문이지요. 침착하게 상황을 분석해 보면, 한편에서는 여러분이 부모님의 요구를 따를 의무가 있다지만, 또 다른 한편에서는 여러분의 마음속 이성이 부당하다고 생각하는 것에 반항하라고 요구합니다. 둘 중 무엇을 따라야 할까요? 부모님의 요구 아니면 나의 이성? 토마스는 여러분의 이성이 정당하다고 말하는 것과 반대되는 법은 여러분의 양심을 구속하지 않으므로, 그러한 법에 순종하지 않는 것은 합법적이라고 말합니다.

따라서 여러분의 도덕적 의무는 자기 양심에 따르는 것이고 부모님의 결정에 반항하는 것입니다. 비록 그 결과가 슬픈 결말을 초래하더라도 말이에요. 양심에 따라 행동하는 사람을 두렵게 할 만한 벌은 존재하지 않습니다. 여기서 명심해야 할 게 있어요. 양심에 따라 행동하는 것과 자신한테 유리해서 혹은 단순한 충동에 이끌려 하는 행동은 구분해야 해요. 빌린 돈을 갚지 않으면서 자기는 양심에 따라 행동하고 있다고 말할 수 없다는 이야기지요. 그렇지만 부모님이 여러분 대신 누구를 사랑하고 무엇을 공부할지 결정하려 한다면, 그 명령에 순종하지 않는 것이 여러분의 의무예요. 부모님이 벌을 주신다면, 토마스 아퀴나스의 사상을 한번 상기시켜 드려도 좋을 거예요.

덧붙여 1936년 10월 12일, 에스파냐 군대를 창설한 호세 미얀-아스트라이에게 에스파냐 철학자, 미겔 데 우나무노가 남긴 유명한 말을 소개할게요. "당신이 힘으로 이길지는 모르나, 우리는 그 힘에 설득당하지 않을 겁니다." 부모님은 여러분의 주장에 심한 충격을 받을 수도 있겠지만, 여러분은 떳떳하고 한결 홀가분한 마음으로 침대에 누울 수 있을 거예요.

불복종은 재미도 있고 정의로울 수도 있다

어떤 권력체에 불복종하기로 했다면, 여러분 편을 들어줄 철학자가 또 있어요. 헨리 데이비드 소로(1817~1862)예요. 소로는 미국 매사추세츠주의 작은 도시 콩코드에서 태어나 평생 그곳을 거의 벗어나지 않았어요. 여행 경험에 대해서 소로는 반어적으로 이렇게 말했지요. "콩코드 지역을 많이 여행했답니다!" 평생 작은 마을에서 벗어나지 않았지만 그의 사상은 혁명적이었어요. 소로는 책을 통해 마하트마 간디나 마틴 루서 킹처럼 역사적으로 위대한 혁명을 이끌었던 지도자들에게 깊은 영감을 주었습니다.

소로는 무정부주의자(절대 자유주의자)이자 반항아였습니다. 그는 권력 기관을 좋아하지 않았어요. "최상의 정부는 가장 적게 통치하는 정부다."라고 말하곤 했지요. 시인이자 철학자인 친구, 랠프 월도 에머슨은 소로는 언제나 피켓을 들고 시위할 만한 불의나 거짓말을 잘 찾아내곤 했다고 말했습니다. 무언가를 부정하는 것이 소로에게는 어려운 일이 아니었어요. 사실 긍정하는 것보다 훨씬 더 쉬웠지요. 소로는 환경주의자들이 이 세상에 등장하기 훨씬 오래전부터 자연을 사랑한 위대한 자연 보호자였으며, 멸종 위기에 있는 토착민 마을을 보호하는 것이 도덕적 의무라고 생각하며 살았습니다. 그리고 노예 제도 반대를 위해 열렬히 투쟁했습니다.

또한 소로는 게으를 권리를 회복시켰어요. 그는 하버드 대학에서 졸업생 대표로 연설할 때, 죽도록 일하지 않으면 지옥 불에 떨어진다고 믿던 청교도 청중 앞에서, 십계명 중 '주일(안식일)을 거룩히 지내라'는 계명을 뒤집어 생각해 봐야 한다고 주장했습니다. 일주일에 하루만 일하고 나머지 6일은 쉬자고 말이지요.

소로는 어려서부터 다른 사람들에게 자신의 생각을 말하는 것을 좋아했고, 누구도 타인에게 어떻게 생각하고 어떻게 살라고 강요할 권한이 없다고 믿었습니다. 소로는 독서를 정말 좋아했습니다. 그리고 세 인물을 좋아했는데, 불온한 시인 월트 휘트먼, 헤엄치는 물고기처럼 날렵하게 숲을 가로지르던 인디언 가이드 조 폴리스, 미국 노예제도에 대항해 처음으로 무장 봉기를 이끈 존 브라운이었어요.

소로는 하버드 대학 역사상 유일하게 모든 과목을 우수한 성적으로 이수했는데도 불구하고 졸업장을 받지 않은 학생이기도 했어요. 졸업장 날인을 위해서는 1달러를 등록금 외에 추가로 내야 했는데, 부당하다고 이를 거부했던 것입니다. 그리고 졸업장을 만들기보다 양가죽을 보존하는 게 더 좋다고 비아냥거렸지요. 그 당시에는 졸업장을 양가죽으로 만들었거든요.

소로의 주요 사상 중 하나인 '시민 불복종'을 보여 주는 일화가 있습니다. 어느 날, 재무부 관리가 체납한 세금을 독촉하러 소로를 방문했어요. 소로는 세금 납부를 거부하면서 두 가지 이유를 언급했습니다. 하나는 자신이 낸 세금이 무고한 젊은이들을 죽게 만드는, 부정하고 비합법적인 전쟁 비용으로 사용되는 걸 원치 않고, 또 하나는 세금 거부가 노예 제도를 지지하는 정부에 맞서 투쟁하는 한 방식이기 때문이라고 말입니다. 관리가 그렇다면 감옥에 가야 한다고 위협하자 소로는 평화적인 답변을 내놓았어요. "정부가 부당하면, 정의로운 사람이 갈 곳은 감옥밖에 없지요." 결국 소로는 감옥에 갔는데, 이모가 벌금을 모두 지불하는 바람에 다음 날 그곳에서 나왔습니다.

이날의 경험에 대해 소로는 당시 감옥에 갇혀 있다는 느낌을 전혀 받지 않았다고 고백했습니다. 그를 에워싼 벽을 바라보며, 돌과 시멘트가 얼마나 낭비되고 있는지만 생각했을 뿐이라고요. 자, 여기에 집중해 보세요. 부모님이 여러분을 방에 가두는 벌을 내렸을 때 정신 승리를 위해 유용할 수 있을 테니까요. 소로는 사람들이 자기가 감옥 밖으로 나가고 싶어 한다고 생각했다면, 그건 오해라고 말했어요. 이 철학자는 철창문을 자물쇠로 꼭꼭 잠그는 간수들을 볼 때마다 웃음을 참을 수가 없었어요. 제아무리 물리적으로 감옥 문을 잠근다고 해도, 철학자의 머릿속에 있는 사상은 그 어떤 자물쇠로도 잠글 수 없으니까요. 국가는 그의 영혼을 통제할 수 없었기에, 그의 육체를 벌했던 것이었지요. 그 사건으로 소로는 국가 권력에 대해 조금이나마 가지고 있던 존경심을 모두 잃고, 국가 권력을 불쌍히 여기게 되었어요.

권력체의 명령에 대해 언제 불복종해야 하는지 묻는다면 소로는 이렇게 대답할 겁니다. 만약 법이 정의롭지 못하다면, 평화적으로 그 법에 맞설 도덕적 의무가 있다고 말입니다. 인간이 먼저이고 시민은 그다음입니다.(여러분의 사례에서는 인간이 먼저이고 자식이 그다음이겠지요.) 가장 바람직하고 이상적인 것은 법을 맹목적으로 따르는 문화가 아니라, 정의를 따르는 문화를 만들어 가는 것입니다. 여러분의 인생에서 행동의 원동력은 매 순간, 여러분 생각에 정의로운 것이 되어야 하지요. 누군가 여러분에게 양심에 반하는 행동을 강요한다면, 그 누군가가 부모님, 선생님, 직장 상사 혹은 경찰이라 할지라도 따르지 마세요. 그것이 불의라는 기계를 멈추는 브레이크 역할을 하게 될 겁니다. 반대로 여러분이 정의롭지 않다고 비판하는 것에 복종한다면, 결국 불의에 동조하는 것이 됩니다. 만약 소로가 메신저를 쓴다면, 여러분의 반항에 지지를 보내며 셰익스피어의 희곡 〈존왕〉에 나온 다음

대사를 보내 줄 겁니다.

당신은 노예로, 누군가의 비호를 받는 부하로, 순종적인 하인으로, 도구로 전락하기에는 너무나 고귀한 혈통을 가지고 있어요.

두려움, 늑대들 그리고 지옥

토머스 홉스(1588~1679)는 토마스 아퀴나스, 소로와 의견이 다를 것 같습니다. 이 영국 철학자는 반항심은 접고 지금까지 여러분을 위험한 상황에서 구출해 준 본능, 두려움의 목소리를 들으라고 충고할 겁니다. 홉스는 '두려움의 아들'(전쟁터의 전사라면 꽤 괜찮은 별명이지요.)이라는 별명으로도 알려져 있지요. 홉스가 이런 별명을 가지게 된 것은 말 그대로, 그가 공포 속에서 태어났기 때문이에요. 그때 영국인들은 에스파냐의 무적함대가 곧 쳐들어온다는 소식에 공포에 떨고 있었어요. 에스파냐 군대가 해변에 착륙하면 해안은 피로 물들고 모든 것이 불타 잿더미가 될 거라고 생각했지요. 임신 중이었던 홉스 어머니의 공포심도 극에 달해 조산을 하게 되었고, 그렇게 인류 역사상 가장 비관적인 몇몇 사상을 대변하게 될 남자아이가 태어났지요. 실제로 홉스는 인간이 가장 잔인한 야수라고 믿는 사람들의 모토인 고대 로마의 희극 작가 플라우투스의 말을 대중화시켰어요. "인간은 다른 인간에게 늑대이다."

타인에게 휘둘리지 않는 나를 위해

부모님의 말씀에 복종해야 할지 홉스에게 조언을 구한다면, 항상 권력체에 순종하라고 할 겁니다. 설사 부모님의 요구가 부당할지라도 말이에요. 그는 만약 권력체가 존재하지 않는다면 우리는 지속적으로 만인이 만인과 투쟁하는 혼돈 속에 빠지게 될 것이라며, 이를 '자연 상태'라고 명명했어요. 영화 〈더 퍼지〉(제임스 디모나코, 2013)는 모든 권력체가 부재했을 때 일어날 상황을 잘 다루고 있습니다. 영화는 미래 사회를 보여 주는데, 거기서는 1년에 단 하루 살인을 포함한 모든 범죄가 허용되지요. 이른바 숙청의 날, 국가는 기능을 멈추고 난무하는 범죄 앞에서 아무도 정의를 외치지 않아요. 폭력의 물결은 잔혹하고 약육강식의 법칙만이 존재합니다. 불행하게도 홉스가 묘사한 '자연 상태'의 예는 굳이 픽션을 찾지 않아도 됩니다. 2017년 브라질의 이스피리투산투주에서 경찰 파업 시위로 87명이 죽은 사건이 있었지요. 이와 같은 공포 상태를 피하기 위해서 홉스는 권력체가 언제든지 마음대로 휘두를 수 있는 절대적인 힘을 가져야 한다고 생각했어요. 권력체는 그 힘을 좋게 혹은 나쁘게, 정의롭게 혹은 잔인하게 사용할 수 있어요. 어쨌든 여기서 중요한 것은 최악의 독재라도, 만인의 만인에 대한 투쟁 상황보다는 낫다는 겁니다. 부모님이 여러분의 자유를 억압한다는 사실은 반박할 수 없지만, 부모님의 간섭은 안락함도 제공합니다. 자유와 안락함, 이 두 가치는 상호 제한적이지요. 자유가 커질수록 안락함은 줄어들고, 안락함이 커질수록 자유는 제한됩니다. 자, 이제 선택해야 해요. 안락함인가요, 자유인가요?

2

· 존 스튜어트 밀, 에마뉘엘 레비나스 ·

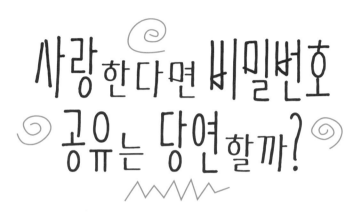

사랑한다면 비밀번호
공유는 당연할까?

#자유 #타인존중 #쓰다듬기 #사랑의증거

여자 친구나 남자 친구가 있나요? 사귄 지 오래되었나요? 그 친구가 여러분의 문자 메시지를 보겠다고 하면 핸드폰을 넘겨줄 건가요? SNS 암호도 알려 줄 건가요? 남자 친구나 여자 친구끼리는 서로의 핸드폰을 마음대로 볼 권리가 있나요? 왜 상대방을 완전히 믿고 있다는 사실을 증명해야 할까요? 이성 교제를 하면 상대방을 위해 내 자유를 희생해야 하나요? 도대체 어디까지 각자의 자유를 허용해야 할까요? 자유보다 더 소중한 것이 있을까요?

내 것이 아닌,
자유로운 당신을 사랑해

자유의 가치에 대해서 진지하게 성찰한 철학자로 존 스튜어트 밀(1806~1873)이 있습니다. 이 사상가는 평범하지 않은 유년 시절을 보냈습니다. 밀의 아버지는 아들을 천재로 키우고 싶었어요. 그래서 아들이 또래 아이들과 어울리지 못하게 하고, 그 대신 완벽하게 짜인 하루 일과를 계획해서 밀이 각 분야(의학, 음악, 과학, 철학 등)의 저명한 어른들하고만 대화하게 강요했지요. 아버지가 설계한 엄격한 교육 프로그램에 대한 반발로, 밀은 세상에서 가장 중요하고 투쟁해야 하는 가치로 자유를 선택했는지도 모릅니다. 밀의 아버지는 아들을 천재로 키우는 데는 성공했어요. 밀은 고작 여섯 살에 로마 역사를 책으로 정리했고, 일곱 살에는 그리스어로 플라톤의《대화편》을 읽을 줄 알았으며, 열두 살에는 수학과 과학 분야의 석학이 되었으니까요.

밀의 지식과 여러분의 지식을 비교하면 밀이 몹시 부러울 수 있어요. 그렇지만 계속 읽다 보면, 반대로 밀이 여러분을 부러워했을 거라는 걸 알게 될 거예요. 밀은 스무 살이 되자 심각한 우울증에 빠졌거든요. 그는 외로웠고 절망에 싸였어요. 여태껏 축적해 놓은 지식은 절망감에 대항하여 힘겹게 싸우는 데 전혀 도움이 되지 못했지요. 그런데 사랑이 삶에 대한 희망을 되찾아 주었습니다. 그를 구원한 사랑의 여신은 바로 동료 철학자, 해리엇 테일러(1807~1858)였습니다. 두 사람은 결혼해서 억압받는 상황에 처한 모든 인류의 자유를 위해 함께 투쟁했습니다. 가부장적 제도 아래에서 억압받던 여성들을 옹호했고 여성의 투표권, 노예 제도 폐지, 여성의 사회 활동과 노동자의 권리를 위해 싸웠어요.

이제 다시 본론으로 돌아가 봅시다. 여러분의 핸드폰과 이성 친구에 관한 상황 말이에요. 밀은 이런 상황에 대해 아주 명확한 대답을 가지고 있을 거예요. 사회 구성원들이(이성 친구도 사회 구성원의 한 명이지요.) 최대의 행복에 다다르기 위해서는 사회 구성원 각각의 자유가 최대한 존중되는 것이 필요하다는 사실이지요. 어떤 종류의 집합체이건, 모든 사람은 자유로워야 합니다. 그 자유가 타인의 자유를 침범하지 않는 한도 내에서 말입니다. 자유는 개인의 발전과 행복을 위해 필수적일 뿐만 아니라, 개인이 속한 사회가 발전하고 행복하기 위해서도 필요해요. 모든 사회는 그 사회를 구성하는 개인들이 자유로우면 자유로울수록 더 풍요로워지고 건강해지기 때문이지요. 결론적으로 이성 친구에게 여러분의 핸드폰을 엿볼 여지를 주면 안 됩니다. 왜냐하면 그런 행위는 여러분의 자유를 침범하는 것이며, 궁극적으로는 둘의 관계를 회복시킬 수 없을 정도로 망가뜨릴 수 있기 때문이에요.

여러분은 대화를 통해 서로의 자유가 보장되고 존중될 때, 둘의 관계가 더욱 행복하고 건강하며 지속 가능해진다고 이성 친구를 이해시켜야 해요. 만약 이성 친구가 자신의 행동을 너를 위해서, 너를 보호하기 위해서, 너를 사랑해서 등의 이유로 합리화시키려고 한다면, 정서적 협박의 함정에 빠지지 않도록 조심하세요. 그리고 냉철히 이성을 찾아요. 여러분의 자유는 절대적이어야 합니다. 여러분은 자신의 정신세계, 육체, 소유물에 대해서 온전한 주인이 되어야 해요. 핸드폰을 둘이 돈을 합쳐 산 것이 아니라면, 이성 친구는 허락 없이 여러분의 핸드폰을 사용할 권리가 없습니다.

밀은 '위해 원칙'으로 언제 누가 여러분의 자유를 제한할 수 있는 합법적인 권리를 가졌는지 설명했어요. 개인의 자유를 제한할 수 있는 경우는, 그것이 타인이나 사회의 자유를 명백하게 침해하고 있을 때만 타당합니다. 그런 경우가 아니라면 누구도 개인이 자유를 행사하는 데 간섭할 권리가 없습니다. 그 이유는 무엇이 각자에게 이로운지 판단하는 것은 항상 주관적이기 때문이지요.(단순한 예로, 여러분이 파티에 가기 전에 엄마가 옷을 골라 준다고 생각해 보세요. 결국 다행히도 여러분은 스스로 선택한 옷을 입고 가겠지요.)

이 개념을 다른 예에 적용해 볼까요? 이웃집 사람이 음악을 크게 틀어 놓아 지금 이 페이지를 쓰는 내 집중력을 방해하고 있어요. 음악을 튼 곳이 그의 집이고, 음악도 그의 것이지만, 과연 이웃집 사람은 그럴 권리가 있을까요? 이웃집 사람의 행위는 사적이라고 할 수 없습니다. 그 결과가 고스란히 내게 해를 끼치기 때문이에요. 내 동의 없이 '한여름 밤의 레게 믹스' 음악을 건물이 쩡쩡 울리게 튼 채 듣는 행위는 내게 치명적인 피해를 입힐 수 있어요. '위해 원칙'에 따르면, 내 이웃은 자기 베란다를 클럽으로 여기고 마음껏 음악을 틀 권리가 없습니다. 그래서 나는 국가 권력의 하나인 경찰에 신고할 수 있지요. 내 이웃이 음악이라고 생각하는 소음으로부터 벗어날 나의 자유를 보호해 달라고 말입니다.

타인에게 휘둘리지 않는 나를 위해

만약 '위해 원칙'을 앞의 사례에 적용해 보면 어떤 논리가 나올까요? 여러분은 이미 이성 친구가 여러분의 허락 없이 핸드폰을 엿볼 권리가 없다는 사실을 알아차렸을 겁니다. 좋아요. 그런데 몰래 핸드폰을 엿보는 게 아니라, 당당하게 여러분에게 허락을 구한다면 어떻게 할 건가요? 사귄 지도 오래되었고, 서로 숨기는 게 없으니 믿음의 증거로 핸드폰을 보게 해 달라고 하면요? 밀은 이렇게 말하라고 할 겁니다. 서로가 더 많은 자유를 누리면 둘의 관계는 더 풍요롭고 건강해질 거라고요. 반대로 그 친구가 여러분을 조정하려고 한다면, 여러분에게뿐만 아니라 자기 자신에게도 해를 끼치고 있다고 말입니다. 이성 친구가 사랑의 증거로 여러분의 핸드폰을 보고 싶다고 하면, 에스파냐의 시인, 아구스틴 가르시아 칼보(1926~2012)의 시를 읽어 주세요.

바위 사이사이 철썩철썩

물을 튀기며 흘러가는

시냇물같이

자유로운 당신을 사랑해요

내 것이 아닌 당신을.

푸르른 봄을 품고 있는

봄날의 산처럼

커다란 당신을 사랑해요

내 것이 아닌 당신을.

건강한 반죽으로 만든

담백한 빵 같은

착한 당신을 사랑해요

내 것이 아닌 당신을.

하늘을 향해

마음껏 기지개 켜는 포플러처럼

높은 당신을 사랑해요

내 것이 아닌 당신을.

땅 위에 피어 있는

등자꽃처럼 새하얀

당신을 사랑해요

내 것이 아닌 당신을.

내 것도,

신의 것도, 그 누구의 것도

당신 자신의 것도 아닌 자유로운 당신을.

쓰다듬는 법을
배우자

에마뉘엘 레비나스(1906~1995)는
타인과의 관계에 대해 성찰한 철학자였습니다. 그는 인생의 중요한
사건들을 통해 '타인'과 마주하면서 겪는 문제들을 대면했습니다. 종

종 충격적인 만남도 있었지요. 레비나스는 지금의 리투아니아의 유태인 가정에서 태어났어요. 학교 공부를 마친 후 그는 서점을 열고 싶었어요. 그러나 가족은 총명한 그를 프랑스로 유학 보내서 최고의 교수들에게 철학을 배우도록 했습니다. 레비나스는 프랑스에서 진정 행복했기에, 프랑스인으로 귀화하기로 했습니다. 시간은 흘렀고 인생은 레비나스에게 미소 짓고 있는 것만 같았어요. 다수의 상을 수상했고 저서를 출판하며 성공의 꽃길을 걷고 있었지요. 결혼하고 딸도 얻었습니다. 제2차 세계 대전이 발발했을 무렵 그는 인생의 절정기를 살고 있었던 것이지요.

전쟁이 터지자 레비나스는 연합군을 위해 러시아어와 독일어 통역사로 전쟁터에 나갔다가, 적군에게 잡혀 하노버의 포로수용소에 갇히게 되었습니다. 포로수용소에서의 경험은 인간적 측면에서나 철학자적 측면에서 모두 그에게 큰 변화를 가져왔어요. 그때부터 레비나스는 인간으로서 나치들이 자행한 만행을 이해하는 일에 집중했습니다. 그의 눈에 포로수용소는 '타인'을 제거하는 비이성적인 업무를 위해 가장 이성적인 조직과 노동 사슬이 적용되는 거대한 산업같이 보였습니다.

그렇다면 '타인'은 누구일까요? 그 대답은 쉽습니다. 여러분의 경우 '타인'은 이름이 있고, 여러분이 화장실에 간 사이 여러분의 핸드폰을 집어 들었던 바로 그 사람이지요. 대답하기 어려운 것은 '타인은 무엇인가', 즉 '타인의 뜻은 무엇인가'입니다. 레비나스는 여러분에게 이렇게 설명해 줄 겁니다. '타인'이란 여러분에게 꼭 맞지 않고, 여러분과 다르고, 여러분이 이해할 수도 비슷해질 수도 없어서 통제하거나 조절할 수 없는 사람이라고요. 타인의 존재는 불편하고 대부분의 경우 분쟁을 유발합니다. 왜 그럴까요? 모든 것을 설명할 수 있는 해답은 우리가 타인이 우리와 다르다는 것을 받아들이기 거부하며 그 차이를 파괴하려고 시도한다는 데 있습니다. 우리는 거의 자동적으로 타인을 우리가 기대하는 사람으로 바꾸기 위해 필요한 조치를 취합니다. 타인이 우리 자신의 연장선이 되기 위해 그의 개성을 포기하기를 바라지요.

영화 〈이지 라이더〉(데니스 호퍼, 1969)는 할리데이비슨*을 타고 로스앤젤레스에서 뉴올리언스로 대륙 횡단 여행을 떠나는 젊은 바이크족 둘에 관한 이야기예요. 자유분방한 두 젊은이는 오토바이를 타고 록 그룹 스테픈울프의 〈본 투 비 와일드(Born to Be Wild)〉라는 배경 음악에 맞춰 자유를 만끽하며 미국을 여행하지요. 여행 도중 그들의 모험에 합류하게 되는 알코올 의존자 변호사, 잭 니컬슨의 명연기가 돋보여요. 미국 남부 마을을 지나며 이들에게는 계획에 없던 사건들이 일어납니다. 히피이자 평화주의자인 주인공들은 의도하지 않았지만, 타지에서 온 그들의 존재 자체가 마을 사람들에게는 위협처럼 느껴졌던 것이지요. 영화에서 가장 기억에 남을 만한 장면은 세 여행자가 모닥불에 모여 앉아 대화를 나누는 장면입니다.

◆　언젠가 밀워키 쪽을 지나간다면, 할리데이비슨 박물관을 둘러보기 바란다. 그곳에는 세계에서 가장 유명한 오토바이 중 한 대가 전시되어 있다. 바로 피터 폰다가 이 영화에서 타고 다니던 '캡틴 아메리카'이다.

"모두가 우리를 두려워해서 그래. 그저 그런 호텔은 고사하고 싸구려 모텔조차 우리는 들어갈 수 없어……. 우리가 자기들 목이라도 자를 거라고 생각하나 봐."

담배를 땅에 던지며 한 라이더가 말해요.

"아니, 너희들을 두려워하는 게 아니야. 그들에게 보이는 너희들의 모습 때문이야."

잭 니컬슨이 대답해요.

"그럴 리가? 머리털을 잘라야 할 놈들로밖에 보이지 않을 텐데."

"아니, 사람들은 너희가 누리고 있는 자유를 무서워하는 거야."

"자유가 뭐가 나빠서? 모두가 자유롭기를 원하잖아."

"당연히 모두 자유를 원하지. 그런데 자유에 대해 말하는 것과 자유를 누리는 건 아주 달라. 시장에서 사고팔리는 존재가 자유롭기란 아주 어렵거든. 당연히 이런 사실은 절대 입 밖으로 내뱉으면 안 돼. 그랬다간 그들이 자유롭다는 걸 증명하기 위해 너희를 죽이려 할 거야. 허구한 날 개인의 자유가 어쩌고저쩌고 말로만 떠들다가, 진짜 자유로운 인간을 보니 그야말로 무서워 죽는 거지."

영화의 결말은 끔찍해요. 마을 사람들이 라이더 둘을 총으로 쏴죽이지요. 그들의 긴 머리털을 참을 수 없었기 때문이에요.

왜 사람들은 이렇게 행동하는 걸까요? 어느 날 갑자기 타인이 우리 인생에 나타나면 우리는 너무 어리둥절해서 타인을 이해하려고 합니다. 말하자면 타인을 우리의 조직, 생각, 세상에 딱 맞게 재단

하려는 거지요. 우리는 타인이 우리가 필요한 존재가 되기를 바라요. 타인을 이해한다는 것은 그를 통제하기 원한다는 의미예요. 만약 통제할 수 없다면 파괴하려고 하지요. 여러분의 이성 친구가 하려던 것이 바로 이거예요. SNS 비밀번호를 공유하자는 것은 두 사람 사이의 신뢰를 증명하려는 게 아니에요. 오히려 반대로 여러분을 종속시키고, 여러분의 독자성을 파괴하려는 것이지요. '당신을 그토록 사랑하는' 그 사람이 궁극적으로 원하는 것은 여러분이 그의 세계, 그의 생각, 그의 규칙에 적응하는 거예요. 이민자들이 우리 나라 해안에 도착했을 때 우리가 하는 행동을 돌아보면 이해가 쉬울 거예요. 우리는 이민자들이 우리에게 동화되기를 바라지요. 즉, 이민자들을 타인으로 만드는 모든 것을 없애고 우리들 중 한 명으로 변하라고 요구하는 겁니다.

레비나스는 여러분에게 이렇게 조언하겠지요. 이성 친구에게 상대방의 독자성을 손상 입히지 않고 관계를 맺는 다른 방법이 존재한다는 사실을 설명하라고요. 이성 친구에게 상황을 더 잘 이해시키기 위해서 '쓰다듬기' 은유를 사용하면 좋아요. 상대방을 쓰다듬기 위해서 우리는 상대로부터 어느 정도 거리를 두어야 합니다.

다음 두 상황을 비교해 보세요. 첫 번째 상황은 소녀가 개를 너무 꼭 껴안아서 개가 숨쉬기조차 힘들어하고 있어요. 두 번째 상황에서는 소녀가 개를 부드럽게 쓰다듬고 있고요. 첫 번째 상황에는 소유와 속박이 지배적이에요. 두 번째 상황에서는 서로가 일정 거리를 두고 있어 타인은 있는 그대로 존재할 수 있지요. 쓰다듬기 위해서는 통제하거나 나만의 세상에 타인을 가두려고 애쓸 필요가 없습니다. 이때 타인은 계속 자신만의 독자성과 개성을 유지할 수 있고 존중받지요. 결론은 간단해요. 핸드폰은 가만 놔두고 좀 더 부드럽고 따뜻하게 서로를 쓰다듬는 법을 배우자고 말하면 어떨까요?

3

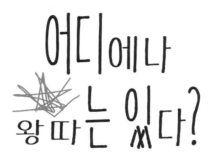

어디에나 왕따는 있다?

#홀로코스터 #악의평범성 #갈등 #부시맨

2013년 4월 11일, 열네 살의 사춘기 소녀 카를라는 동급생들의 집단 따돌림에서 빠

져나올 탈출구를 찾지 못하고 히혼 바다에 몸을 던져 자살을 선택하고 말았습니다.

재판 판결문에 따르면, 문제는 2012년 말부터 시작되었어요. 처음에는 아이들이 카

를라가 사시라는 걸 가볍게 놀리다가 다음에는 여학생과 사귄다고 놀렸어요. 카를라

는 SNS상에서 험담과 욕설을 참아야 했어요. 2013년 1학기가 되자 상황은 더 심해

졌어요. 그 아이들은 반 친구들 대다수가 카를라가 조롱받는 것에 무관심한 것을 틈

타, 쉬는 시간에 카를라를 더 집요하게 놀렸고, 다른 아이들에게도 카를라를 레즈비

언이라고 부르게 했습니다. 적어도 두 번 이상 카를라를 화장실 변기 칸에 가두어 놓고 머리 위로 물을 붓는 가학 행위도 했습니다.

법정은 미성년자 가해자 둘에게 4개월의 사회봉사 명령을 내리며 "공감, 충동 조절, 자신들의 행동의 결과에 대한 책임을 지게" 했습니다. 이 책을 읽고 있는 여러분이 왕따를 당하거나 목격한 경험이 있는지 모르겠네요. 혹시라도 그렇다면 내 마음이 정말 아프다는 것을 알아주세요. 왕따를 당한 적이 있다면 아마 이런 질문을 해 봤을 거예요. "왜 나한테 이런 일이 일어나는 거지? 내가 뭘 했길래?" 절망적인 심정으로 '왜 나일까' 하는 것에 대해 해답을 찾으려고 했겠지요. 모든 사람이 그럴 거예요. 인간 내부에 잔재하는 악의 근원은 아직까지도 많은 철학자가 대면해야 하는 중요한 문제 중 하나이기 때문이랍니다.

지옥에서의
철학

　　　　　　　　만약 인류 역사상 가장 잔혹했던 행위를 골라야 한다면 아마도 제2차 세계 대전 당시 나치가 자행한 홀로코스트가 아닐까 싶어요. 나치 독일 혹은 제3제국은 유럽에서 유태인을 말살하기 위한 계획을 세웠습니다. 독일 나치 친위대 장교였던 아돌프 아이히만은 유태인 말살 정책을 "(유태인 문제의) 궁극적 해결"이라고 명명하며 앞장서 실행에 옮겼습니다. 아이히만은 대량 학살이 가능한 시스템을 고안했어요. 유럽 각지로부터 유태인을 축출하여 강제 수용소로 이동시켰고 가스실을 만들었습니다. 전쟁이 끝나자 그는 로마에 살고 있던 오스트리아 주교의 도움을 받아 아르헨티나로 몰래 이주했어요. 그는 신분 세탁을 한 뒤 메르세데스-벤츠 공장에서 지배인으로 일했어요. 그러나 이스라엘의 비밀 정보기관인 모사드가 그를 찾아냈어요. 1960년 5월 1일, 모사드는 가리발디* 작전으로 알려진 계획에 착수했고, 아이히만을 납치한 뒤 그가 진짜 신분을 밝힐 때까지 취조했어요. 그리고 아이히만을 약으로 재운 뒤 위조 여권을 이용해 아르헨티나에서 예루살렘으로 빼 왔어요. 아이히만은 예루살렘에서 역사상 가장 유명한 재판에 회부되었습니다.

미국의 〈뉴요커〉 잡지는 독일계 유태인 철학자, 해나 아렌트 (1906~1975)에게 아이히만의 재판**을 지켜보고 기사를 써 달라고 했습니다. 아이히만의 재판을 기록한 아렌트의 글은 악의 근원에 대해 최고의 성찰을 한 철학 작품으로 손꼽힙니다. 아렌트는 아이히만이라는 괴물을 대면하기 위해 예루살렘으로 날아갔어요. 그녀는 어떻게 하면 한 인간이 그토록 악을 행할 수 있었는지 이해하고 싶었습니다. 다른 사람들처럼 아렌트는 악행을 위해 온 힘을 쏟은 전형적인 사이코패스를 만나게 될 거라고 생각했어요. 그러나 놀랍게도 그녀 앞에는 너무도 정상적이고 평범한 한 인간이 서 있었습니다. 오히려 바보스럽게도 보이는 단순한 사람이었어요. 아렌트는 어떻게 저렇게 평범한 사람이 소름 끼치도록 잔인한 범죄를 저질렀는지 이해하기

◆　　가리발디는 아이히만이 위조한 신분으로 숨어 지내던 집이 있던 거리 이름이다.
◆◆　　이 세기의 재판은 〈해나 아렌트〉(마르가레테 폰트로타, 2012)라는 영화로 만들어지기도 했다.

힘들었습니다.

어떻게 그 모든 범죄를 저질렀을까? 철학자는 이 문제에 대한 해답을 찾았습니다. 아이히만은 자신의 행위에 대해 일절 생각하지 않기로 결심했던 겁니다. 재판이 진행되는 동안 아이히만이 되풀이한 변명은 계속해서 자신은 임무를 수행했다는 것뿐이었어요. 자신은 단순히 명령에 복종하고 독일 제국의 법을 존중했다고 반복해서 말했습니다. 여기서 끝나지 않고 아이히만은 자신의 무지함을 과시라도 하듯, 자신의 범죄를 정당화하기 위해서 칸트의 도덕률을 끌어오기까지 했습니다. 1924년 칼리닌그라드의 대성당 밖 한구석에 세워진 칸트의 묘비명은 오늘날에도 우리에게 울림을 줍니다. "생각하면 생각할수록 점점 더 커지는 놀라움과 두려움에 휩싸이게 하는 두 가지가 있다. 밤하늘에 빛나는 별과 내 마음속의 도덕률이 그것이다." 아이히만이 따르고 지켰어야 할 의무는 칸트가 그토록 열망하고 높이 평가하던 내 마음속의 도덕률이었지, 독일 제국의 법이 아니었습니다.

아렌트는 재판을 지켜보며, 인간이 생각하기를 포기하면 인간이 본성으로 가진 모든 악이 초래할 수 있는 피해보다 훨씬 더 심각한 피해를 초래할 수 있다는 사실을 깨달았어요. 그녀는 이러한 현상을 언급하기 위해서 '악의 평범성'을 개념화했습니다. 아렌트는 이 개념을 통해 악행이 유발한 피해의 중요성을 간과하려던 것이 아니라, 그 악을 행하는 주체가 평범한 인간이라는 것을 말하고 싶었어요. 올바른 행동을 하기 위해서 우리는 어떤 행동을 해야 할지 성찰하고, 정의로

타인에게 휘둘리지 않는 나를 위해

운 것과 정의롭지 못한 것을 구분할 줄 알아야 합니다. 반면 나쁜 행동을 하기 위해서는 생각하기를 포기하고 맹목적으로 순종하기만 하면 되지요. 아렌트는 아이히만이 멍청한 게 아니라, 단순하게 '사고의 무능성'을 지속적으로 발전시켜 왔다는 게 문제라고 했습니다. 스스로 생각하기를 멈추고 타인의 입장에서 생각할 능력이 없었기에, 그는 잔혹하고 잔인한 만행을 저지를 수 있었던 것이라고요.

"아이히만의 경우에 가장 심각한 것은 그와 같은 사람이 아주 많았다는 것이었다. 그리고 그들은 도착적이지도 가학적이지도 않은 평범한 사람들이었고 지금도 그렇다는 점이다." 아렌트는 아이히만이 그 같은 학살을 자행할 수 있었던 이유는 행동의 결과에 대한 책임을 회피하는 것을 용인하는 사회가 버티고 있었기 때문이라고 보았습니다.

그렇다면 아렌트는 왕따를 어떻게 설명할까요? 왕따가 존재하는 이유는 우리가 우리 행동의 결과에 대해 생각하지 않는 무책임한 사회를 만들었기 때문입니다. 예를 들어, 오늘날 사람들이 아동 착취로 제조된 제품들에 대해서 아무 책임감도 느끼지 않고 소비하는 것처럼요. 무리 속 개인들이 왕따가 가져올 결과에 대해 성찰하지 않기로 결심하고, 자신과는 상관없으니 방관하고 방조하는 것에 대해 도덕적 죄책감을 느끼지 않을 때 왕따가 생깁니다.

왕따 문제를 어떻게 해결할 수 있을까요? 기회가 되면 왕따 문제에 대해 함께 성찰할 수 있는 공론의 장을 만들어 보기 바랍니다. 그 자리에서 우리가 만들고 싶은 사회는 어떤 사회인지 진지하게 토론해 보는 것이지요. 그리고 무엇보다 아이히만이 왜곡한 칸트가 아니라, 진짜 칸트는 뭐라고 말했을지 생각해 보길 바랍니다. 칸트는 아마 이렇게 말하지 않았을까요? "여러분, 생각할 용기를 내게나!"

피할 수 없는 갈등

독일 철학자, 게오르크 빌헬름 프리드리히 헤겔(1770~1831)에게 왕따는 피할 수 없는 것입니다. 갈등은 우리 삶의 본질 가운데 일부이기 때문이지요. 우리는 살면서 갈등을 피할 수 없을 뿐만 아니라, 피해서도 안 됩니다. 갈등은 인류 역사를 진보시킨 원동력이기 때문이지요. 인간은 혈관에 모순, 대립, 투쟁을 품고 태어납니다. 인간의 역사는 서로 대립한 전쟁과 전쟁의 연속이라고 말해도 과언이 아니에요. 어디 한번 역사책을 펼쳐 갈등의 시대와 평화의 시대를 적어 보세요. 어느 쪽으로 무게가 더 치우치는지 한눈에 보이지 않나요?

가장 중요한 철학서 중 하나인 《정신 현상학》에서 헤겔은 인류 역사를 불가피한 전쟁의 시기를 극복하면서 성장한 위대한 오디세이(모험 여행)로 서술합니다. 이 책에서 가장 유명한 부분은 '주인과 노예의 변증법'입니다. 헤겔은 역사가 두 인간의 인식 대립으로부터 시작되었다고 합니다. 헤겔은 일종의 역사적 은유를 통해 왜 인간관계가 갈등적일 수밖에 없는지 설명해요. 인간의 등장은 우주 역사에서 기념비적인 일입니다. 최초로 자아에 대해 인식하는 생물체가 나타난 것이지요. 다시 말하자면, 인간만이 역사 그리고 우주에서 자신이 차지하는 위치를 알지요. 자아를 인식하게 되자 인간은 오직 다른 자아를 가진 타인으로부터 '인정'받기 위한 방법을 모색합니다. 즉, 모든 인간은 타인으로부터 자신의 우월성을 인정받고 타인을 종속시키려는 본능을 가집니다. 그래서 (역사책에서 잘못 지적하는, 자산 혹은 토지 때문이 아니라) 인정받기 위한 불가피한 투쟁이 시작됩니다. 두 인간은 죽음을 무릅쓰고 대립하고, 대립은 결국 둘 중 하나가 두려움을 가져야만 끝이 나지요. 죽음을 두려워하는 인간은 항복하여 노예로 전락하며, 상대방을 주인으로 '인정'하게 되는 것입니다.

노예는 항상 인정받는 것보다는 죽음을 더 두려워하고, 반대로 주인은 죽음에 대한 공포보다 인정받고 싶어 하는 욕구가 더 크지요. 이 같은 역사적 은유를 통해 헤겔이 설명하고자 하는 바는 인간관계는 항상 지배적이었다는 사실입니다. 그래서 왕따는 예전에 없다가 어느 날 갑자기 나타난 새로운 현상이 아닌 것이지요.

모든 인간관계에는 서로 대립하는 두 사람이 있습니다. 지배하는 자(주인)와 종속된 자(노예)이지요. 모든 지배는 인정받고 싶어 하는 욕구에서 시작됩니다. 사장이 되기 위해서는 그를 사장으로 인정하고 그의 말을 따르는 직원이 있어야 하지요. 마찬가지로 선생은 학생의 인정이 필요하고, 스포츠 감독은 선수가 필요하고, 경찰은 시민이 필요합니다. 신부는 신자가, 정치 리더는 추종자들이, 사랑받는 사람은 그를 사랑하는 사람이 필요해요. 그리고 가해자는, 가해를 당하

는 피해자가 필요하지요. 영화 〈스카페이스〉(브라이언 드팔마, 1983)에
는 헤겔의 변증법적 관계를 잘 보여 주는 유명한 장면이 있습니다. 영
화는 토니 몬태나라는 쿠바 이민자가 어떻게 냉혈하고 잔인하게 범
죄 조직의 최고 자리에 오르는지 보여 줍니다. 고급 레스토랑에서 혼
자 식사하는 토니를 부하들이 둘러싸고 바라보지요. 그때 토니가 정
적을 깨며 크게 소리쳐요.

뭘 쳐다보지? 너흰 양아치 무리야. 왜 그런지 알아? 진정으로 원하는
사람이 될 용기가 없기 때문이지. 너희 같은 녀석들은 나 같은 사람이
필요해. 손가락으로 일일이 그건 나쁜 거라고 말해 줄 수 있는 사람 말
이야. 그래서 너희가 뭐가 되지? 좋은 사람? 너희는 좋은 사람이 아니
야……. 그저 숨거나 거짓말이나 할 줄 알지……. 난 그렇지 않아. 항상
진실을 말하지, 거짓말을 할 때조차도. 그러니까 악당에게 잘 자라고
인사나 해. 나같이 나쁜 사람은 내가 마지막이 될 테니까. 내가 확실히
말해 주지. 악당이 지나갈 테니 저리 비켜. 어서 비켜. 악당이 지나가려
하니까 자리를 비키는 게 신상에 좋을 거야.

지배 구조는 인간 본질의 일부를 형성하기에 인간관계에서 언제
나 존재합니다. 예로 주변의 한 커플을 분석해 볼까요? 둘 사이는 평
등한가요? 아니면 불가피하게 상대방을 통제하려는 혹은 조정하려
는 기미가 보이나요? 우리는 사랑하고 싶은 게 아니라, 실제로는 상
대방이 오직 나만을 사랑해 주기를 원하는 게 아닌가요? 자유로운 두

의식이 사랑하는 관계를 맺을 때, 보통 자기의식이 약한 쪽이 상대를 더 많이 사랑하는 편입니다.[*] 둘 중 상대적으로 강한 자기의식이 상대방을 지배하고 조정하지요. 나 자신을 더 많이 사랑하면 상대방을 더 지배할 수 있는 거죠. 반대로 상대방을 덜 사랑하면, 여러분은 더 자유로울 겁니다. 사랑이라는 게임에서조차 상대방을 예속하려는 자기의식과 결국 예속당하는 자기의식이 있는 것이지요. 모든 왕따 상황도 유사해요. 마찬가지로 예속시키는 자기의식과 무서워 죽을 거 같아서 예속당하고 마는 자기의식이 있는 겁니다.

'주인과 노예의 변증법' 측면에서 왕따를 살펴보면, 왕따 가해자가 피해자로부터 어떻게든 인정받으려는 행태를 관찰할 수 있습니다. 왕따 상황은 주로 사춘기에 발생하는데, 사춘기는 불확실하고 애매모호한 시기로, 자아를 찾아 나서야 하는 힘든 여정이 시작되는 때이기도 합니다. 왕따 가해자는 피해자를 사춘기 특유의 힘든 과제를 쉽게 해결하는 데 이용하고, 동시에 자신을 권력자처럼 느낍니다. 그렇지만 헤겔은 우리에게 경고하지요. 노예한테 인정받는 것은 함정이라고요. 자유 의식 없이, 누군가에게 종속되어 강요받는 노예의 인정이 무슨 가치가 있겠어요? 여러분을 사랑하라고 누군가에게 강요한다고 상상해 보세요. 과연 그런 사랑이 진실된 것일까요? 그렇기 때문에 주인은 이 투쟁에서 노예와 마찬가지로 패자가 됩니다. 주인도 노예도, 그 누구도 인정받지 못하지요.

♦ '주인과 노예의 변증법'을 연인들의 관계에 적용한 사람은 프랑스 철학자 사르트르로, 그의 저서 《존재와 무》(1943)에 잘 드러난다.

'주인과 노예의 변증법'은 노예가 종속되어 있는 상황은 노예와 주인 간의 힘이 불균형한 결과임을 보여 줍니다. 그러나 상황이 반전되면 피해자는 가해자로 뒤바뀔 거예요. 루마니아 철학자, 에밀 시오랑(1911~1995)은 이렇게 설명했어요. "사람은 어떤 경우에도, 설령 그들이 틀렸더라도, 핍박받는 사람들의 편에 서야 한다. 그들도 박해자처럼 진흙으로 만들어졌다는 것을 절대 간과해서는 안 된다."

인간관계는 지배의 관계입니다. 우리는 현실에서 갈등 상황을 제거할 수 없기에 그 상황을 받아들이고 극복해야 합니다. 그래서 모두의 자유 행사를 보장하고 개인의 권리를 보호하는 국가가 존재하는 사회 형태로 진보해야 해요. 만약 국가가 신이 창조한 대로 제 기능을 다했더라면, 만약 선생들이 제대로 일을 했더라면, 만약 학교 운영 위원회가 제시간에 행동했더라면, 만약 학교 폭력을 방지하는 법이 존재했더라면, 카를라는 죽지 않았을 겁니다.

인간은 천성적으로 악하다

피렌체의 정치인이자 외교관인 니콜로 마키아벨리(1469~1527)는 잔인하고 야만적인 정치 세계에서 살아남기 위한 가장 유명한 설명서를 썼습니다. 마키아벨리는 TV 시리즈 〈왕좌의 게임〉에서 원작자인 조지 R. R. 마틴이 묘사한 세계와 너무나도 비슷한 이탈리아에서 살았습니다. 이 드라마에서는 작은

타인에게 휘둘리지 않는 나를 위해

왕국들 사이에 전쟁이 끊이지 않는데, 그곳에서 정의는 오직 가장 강한 자가 결정하며 이기지 않으면 죽는 동맹과 배신이 난무합니다. 마키아벨리는 조기 퇴직을 원하지 않는다면 누군가에게 받는 술잔을 경계하고, 등 뒤에 누가 있는지 긴장하며 살아야 했던 시대에 정치인으로 일했습니다. 전쟁을 선포하는 가톨릭교회의 교황들, 군대를 가지고 힘없는 시민들을 공포에 떨게 했던 주교들의 자식들, 주변국들과 맺은 협정을 이행하지 않고 그 나라들이 조금이라도 힘이 약해지면 그 틈을 타 침입한 왕들을 잘 알고 있었습니다.

마키아벨리는 은퇴한 뒤(상관의 총애를 잃었으니 은퇴당했다는 게 맞겠지요.) 정치인과 외교관으로 일하며 배운 모든 것을 집대성한 책을 쓰기로 결심했어요. 그 책이 바로 정치 세계에서 어떻게 성공할지 알려 주는 최고의 설명서인 《군주론》입니다. 나폴레옹은 개인적으로 활용하려고 이 책을 번역한 후 열심히 읽었는데, 마치 마키아벨리와 직접 대화를 나누듯이 메모를 잔뜩 남겼습니다. 메모 중에는 대중에게 정치 책략의 비밀을 이야기해 준 것이 신중하지 못했다며 마키아벨리를 책망하는 내용도 있었습니다. 이어서 그래도 대중으로부터 전혀 위협받을 것은 없다고 했습니다. 왜냐하면 대다수는 너무 멍청해서, 《군주론》을 읽는다고 해도 아무것도 이해하지 못하거나, 계속 정치인들이 대중에 의해 대중을 위한 일을 한다고 믿을 것이기 때문이라고요. "세상은 무지한 사람들로 가득하고, 본질적으로 맹신하는 대중 속에 의심하는 극소수가 있겠지만, 그들조차도 의심을 입 밖으로 낼 용기가 없을 것이다."라고 나폴레옹은 말했지요.

마키아벨리는 인간에 대해 매우 비관적인 시각을 가지고 있었습니다. 이 철학자에게 왕따란 태생적으로 악한 인간에게 있어 그야말로 논리적인 결과물이지요. 마키아벨리의 경험에 따르면, 인간이란 종은 10가지 특징으로 정의됩니다.

- 인간은 선하거나 악할 수 있지만, 선한 사람보다는 악당이 더 많다.
- 인간은 태생적으로 악의가 있는데, 이는 조절할 수도 없고 고칠 수도 없다.
- 인간에게는 인간적인 속성과 동물적인 속성이 있다. 대부분의 행동은 동물적 본능에 따른다. 인간은 위대한 일을 이루어 낼 수 있지만, 마찬가지로 도덕적으로 비열할 수 있다.
- 인간은 배은망덕하고 약하고 거짓되고 겁쟁이이고 욕심이 많다.
- 인간은 이기주의자이고 자기 이익만을 추구한다.
- 인간은 본래 아니지만 그런 척하고, 본래 그런데 아닌 척한다.
- 상대방이 필요하면 친구가 된다. 그러나 상대방에게 받을 게 없으면 등을 돌린다.
- 부모의 죽음보다 유산이 먼저이다.
- 인간은 지적으로 그리고 윤리적으로 어리석다. 즉, 인간은 너무 단순하고 눈앞의 필요에 눈이 멀어서 항상 속이는 사람은 속는 사람이 된다.
- 인간은 같은 실수를 계속 반복하는 운명을 타고났다.

피렌체의 철학자가 묘사한 인간의 초상화를 읽고 나면, 인간이라는 종에 속하는 아이들 사이에 왕따가 차고 넘치지 않는 게 이상할 정도이지요.

내 탓이 아니라
사회 탓이다

장 자크 루소(1712~1778)는 인간의 천성에 대해서 마키아벨리와는 다소 다른 견해를 가졌습니다. 미국의 영화인, 오슨 웰스는 스위스 출신의 철학자 루소가 이탈리아 출신의 마키아벨리와 인간에 대해서 상반되는 견해를 가지는 것은 합리적인 결과라고 말했습니다. 유명한 영화 〈제3의 사나이〉(캐럴 리드, 1949)에서 웰스가 연기한 인물은 이렇게 말합니다. "이탈리아에서는 말이야, 보르자 가문이 통치할 때 온통 공포, 전쟁, 살상뿐이었어. 동시에 미켈란젤로, 레오나르도 다빈치 그리고 찬란한 르네상스의 시기이도 했지. 스위스는 정반대였어. 500년 동안 사랑, 민주주의, 평화의 시대였지. 결과는 뭐였냐고? 뻐꾸기시계를 만들어 냈지."

분명한 것은 루소도 뻐꾸기시계에 대해서 일가견이 있었다는 겁니다. 제네바의 시계공 아들이었으니까요. 인간에 대한 루소의 견해는 낙관적이었지만, 영화에서 웰스가 연기한 인물이 스위스 사람에 대해 생각한 것처럼 인간을 그렇게 순진무구하게 보지는 않았습니다. 루소의 정치사상은 1789년 프랑스의 루이 16세를 폐위시킨, 역사적인 프랑스 혁명을 이끈 혁명가들에게 이론적 토대를 만들어 주었습니다. 루소가 파리에 왔을 때, 그는 프랑스 지식인들 사이에서 교육이 우리를 부패시킨다는 사상을 옹호한 철학자로 유명했습니다. 그 사상은 1세기 뒤에 아일랜드 태생의 작가, 조지 버나드 쇼(1856~1950)가 이어 갔는데, 쇼는 루소도 동의할 만한 말을 남겼습니다. "내가 받은 교육은 학교에 가느라 중단되기 전까지 매우 훌륭했다." 이 같은 반체제적인 사상을 옹호한다는 이유로 루소는 프랑스에서 추방당해서 영국에 망명을 신청해야 했습니다.

제네바 태생의 루소는, 인간은 문명의 문을 통과하기 전, 그러니까 자연 상태에서는 선하고 행복하고 자유로웠다고 말합니다. 그의 유명한 저서 《사회 계약론》의 제1장은 이렇게 시작합니다. "인간은 자유롭게 태어났다. 그러나 어디를 가나 사슬에 묶여 있다. 자신이 다른 사람들을 주재하는 주인이라고 생각하지만 그들보다 더 노예 상태에 있다." 루소는 인간은 태생은 선하지만 사회가 인간을 부패시킨다고 생각했습니다. 교육 모델을 분석하기 위해 저술한 《에밀》에서 루소는 이렇게 성찰합니다. "사물은 그것을 만든 장인의 손에서 나왔을 때는 완전하나, 인간의 손에서 부패한다."

왜 문명의 발전은 타락을 의미할까요? 어떻게 우리는 우리가 살았던 천국을 잃어버리게 된 것일까요? 어느 날, 이 세상 어딘가에서 누가 땅에 울타리를 치고 말했어요. "이건 내 거야." 그러자 나머지 사람들의 마음에서 처음으로 시기, 소유의 욕구, 이기주의가 태어났습니다. 그 누군가는 자신도 의식하지 못한 채 문명을 발명했던 것이지요. 사유 재산과 더불어 사회 불평등이 생겼으며, 이는 우리 사회에 뿌려져 있는 악의 근원이 되었습니다. 부자들은 자신의 재산을 가난한 사람들로부터 보호하기 위해서 법을 만들었어요. 그때부터 소유주는 자신들만의 '정의'를 앞세우며 아무것도 소유하지 못한 나머지 사람들을 억압하고 박해했습니다. 이게 바로 문명의 '발전' 뒤에 숨겨진 또 다른 얼굴입니다.

루소의 '고귀한 야만인'이라는 개념은 영화 〈부시맨〉(제이미 유이스, 1980)에 영감을 주었어요. 영화는 보츠와나 칼라하리 사막에서 평화롭게 원시적인 삶을 사는 산족의 삶을 말하며 시작합니다.

> 이들은 세상에서 가장 행복한 사람들임에 분명하다. 범죄도 벌도 폭력도 법도 재판장도 통치자도 상관없다. 그들의 신은 그들에게 오직 선하고 유용한 것만 주었다. 그들의 세상에서는 아무것도 악하거나 비윤리적이지 않다. …… 그들은 세상에 다른 사람들이 살고 있다는 건 모른 채 완전히 동떨어진 곳에 살고 있다. 칼라하리 사막의 원주민들은 한 번도 문명인을 본 적도 들어 본 적도 없다. …… 그들은 매우 상냥하고 절대 아이들에게 벌을 주거나 엄하게 말하지 않는다. …… 그들을 이 세상 다른 인종과 차별화시키는 정말로 중요한 특징은 사유 재산의 개념이 전혀 없다는 것이다. …… 그들은 친절한 세계에 살고 있다.

어느 날 비행사가 경비행기 밖으로 빈 콜라병을 던지며 모든 것이 변하기 시작합니다. 산족은 콜라병을 신이 내린 선물이라고 생각하고 그 병을 다양하게 사용해요. 그리고 루소가 경고했듯이 곧 갈등이 생겨납니다. 하나밖에 없는 그 물건을 모두가 소유하고 싶어 했기 때문이지요. 친절한 산족 간에 처음으로 시샘, 이기주의, 불평등이 생기기 시작합니다. 산족 가운데 가장 용감한 전사는 마을의 행복을 위태롭게 하는 '나쁜 물건'을 신에게 돌려주기 위해, 세상 끝까지 여행을 가기로 결심합니다.

《에밀》에서 루소는 우리의 교육 시스템에 대해서 무자비한 비판을 가합니다. 문명화된 우리 사회의 교육은 우리 아이들의 선한 본성을 궤멸시킨다고요. 산족을 부패시키려 했던 콜라병처럼 말입니다. 루소는 우리 교육이 어떻게 점진적으로 아이들의 선함과 순수함을 잃게 만드는지 연구했습니다. 아이들은 교육을 받는 것이 아니라, 길들여지고 있었습니다. 마치 감옥에 갇힌 죄수들처럼 끊임없이 벌받고 모욕당하고 서로 경쟁하고 감시하고 평가받았지요. 교육을 통해 어른들은 단지 아이들이 자신들보다 어리다는 이유로 아이들을 억압했어요. 교육은 그렇게 아이들에 대한 어른들의 횡포로 변질되었다고 했습니다.

왕따는 우리가 만든 기형적인 교육 시스템의 결과라고 볼 수 있어요. 학교 교육의 실패는 학생의 잘못이 아니라 교육 모델의 실패입니다. 서로 경쟁하고 상대방을 경쟁자로 보게 만드는 교육 시스템 아래에서 왕따 문제가 발생하는 것은 놀랍지 않습니다. 루소는 왕따를 해결할 수 있는 유일한 출구, 미친 사람들로 가득한 사회를 변화시킬 수 있는 유일한 방법은 바로 교육을 개혁하는 것이라고 말합니다. 학생들이 배움의 주체가 되는 교육학을 만들어야 합니다. 학생들이 자유롭게 살 수 있게 하며, 그들의 필요와 관심사, 개개인의 차이를 고려해야 해요. 그리고 학생들이 교육받는 궁극적인 목적인 행복할 수 있는 방법을 모색하고, 그리하여 한 인간으로 온전히 성장할 수 있도록 도와야 하는 것입니다.

4

• 소크라테스, 트라시마코스, 안티폰, 히피아스, 에밀리오 예도 •

양심에 따라 사는 나는 바보일까?

#커닝 #정의 #부패 #정직 #진실

오늘은 여러분의 운을 시험하는 날이에요. 1교시 철학 시험이 시작됩니다. 여러분은 (친구들과 노는 게 더 중요하므로) 시험 준비를 제대로 못 했지요. 제발 아리스토텔레스의 형이상학 문제만 나오지 않기를 기도할 뿐입니다. 선생님은 사무라이가 적들의 머릿수를 계산하듯 정확하게 학생들의 머릿수를 센 뒤 시험지를 나눠 줍니다. 식은땀을 흘리며 시험지를 뒤집자, 갑자기 입이 바싹 말라 와요. 아뿔싸! 입이 방정이었어요. '아리스토텔레스의 형이상학'이란 글자가 또렷하게 방금 날을 간 단두대처럼 여러분의 눈앞에 나타나네요. 허공을 멍하게 바라보다 선생님이 자리에 앉아 신문을 읽는 것을 봅니다. 잠시 후 후끈한 난방의 열기와 어젯밤 마신 와인 기운으로 선생님은 꿈나라로 떠납니다. 세상 모르고 잠에 빠진 선생님, 아무도 모르게 완벽하게 답을 베껴 쓸 수 있는 절호의 기회예요. 자, 어떻게 할 것인가요? 이 상황에서 커닝하지 않는다면 바보일까요?

커닝할 것인가 말 것인가, 그것이 문제로다

여기서 논점은 내가 커닝을 할 수 있을까가 아닙니다. 선생님이 졸고 있으니, 원한다면 누구나 커닝을 할 수 있는 상황이에요. 문제는 이런 상황이니 커닝을 해야 할까입니다. 놀랍게도 이런 논쟁은 기원전 5세기에 아테네의 철학자들 사이에서 매우 유행했습니다. 그 당시 그리스 학생들이 요즘 학생들보다 커닝을 더 많이 해서가 아니라, 아테네의 민주주의에서는 정의에 대해 상반되며 대립적인 이해가 있었기 때문입니다. 이때 평생을 젊은이들에게 정의를 가르치는 데 바친 사람이 소크라테스(B.C.470~B.C.399)였습니다. 소크라테스는 정의를 최고의 덕목으로 간주하고 제자들이 정직한 시민들이 되기를 바라며, 부당함을 당하는 게 그것을 행하는 것보다 옳다고 가르쳤어요.

소크라테스의 반대에는 소피스트들이 있었어요. 그들은 지식인 그룹으로 대다수가 외국인으로, 떠돌아다니다 주기적으로 아테나에

와서 젊은이들을 교육했는데, 젊은이들에게 선한 시민이 되기를 가르치기보다는 성공과 권력을 얻는 방법을 가르쳤습니다. 소피스트들은 웅변술(대중 앞에서 말하는 기술)과 수사학(연설을 통해 설득하고 납득시키는 기술)을 가르치는 순회 교사들이었어요. 소크라테스와는 달리 교육에 대한 보수를 받았고요. 예를 들어, 프로디코스는 한 강좌에 4드라크마를 받았다는데 지금의 18만 원 정도 됩니다.

어떻게 하면 다른 사람에게 말하는 법과 설득하는 법을 가르치면서 돈을 받을 수 있을까요? 말 잘하는 법을 배워서 어디에 사용할까요? 답을 알고 싶다면 영화 〈땡큐 포 스모킹〉(제이슨 라이트먼, 2005)을 추천해요. 이 영화에는 오늘날의 소피스트라고 할 수 있는 거대 담배 회사의 로비스트, 닉 네일러가 등장하거든요. 닉은 자신의 장점을 최대로 활용해서 정당화할 수 없는 것까지도 정당화할 수 있는 능력을 가진 달변가입니다. 그가 텔레비전 프로그램에 출연해서 담배의 부정적인 면에 대해서 말하는 유명한 장면이 있습니다. 인터뷰 진행자는 이전에 담배를 피웠고 암을 앓고 있는 열다섯 살짜리 소년을 인터뷰하지요. 정황상 닉은 논쟁에서 질 수밖에 없는 조건이었지만 먼저 말을 꺼냅니다.

이 소년이 목숨을 잃는다면 도대체 담배 회사에게 뭐가 이익인 거죠? 냉정하게 보이고 싶지 않지만, 회사 입장에서는 고객 한 명을 잃는 것과 같아요. 우리 회사의 바람만이 아니라, 가장 바람직한 것은 소년이 죽지 않고 계속 살고 담배도 계속 피는 거죠. 한 가지 말씀드리면, 흡연 반대

단체들은 이 소년이 죽기를 바라요. 그래야만 자신들이 예산을 더 받을 수 있거든요. 그야말로 인간의 고통을 거래하고 있다는 말입니다.

이런 수사학은 소크라테스를 무덤에서 벌떡 일어나게 할 만합니다. 소크라테스는 진실을 모색하지 않고 오히려 진실을 조작하고 설득하는 이런 류의 연설에 크게 화를 냈어요. 소크라테스에게 법은 신성한 것이고 항상 지켜야 하는 것이었어요.

반면에 소피스트는 상대적인 정의를 옹호했어요. 우리가 이해하는 선과 정의는 우리가 태어난 사회에 따라 좌우된다는 말이지요. 나라가 바뀌면 관습도 변하고, 관습이 바뀌면 법도 변해요. 법이 바뀌면 정의를 이해하는 방식도 마찬가지로 변하겠지요. 예를 들어, 아테네의 이웃 나라 스파르타에는 아테네 시민들이 혐오스럽게 생각한 법이 있었습니다. 스파르타식 법에는 남자아이가 태어나면 아이의 어머니가 포도주로 아이를 목욕시키라는 규정이 있었어요. 포도주 목욕을 견딜 만큼 튼튼한 아이라면, 그다음 시험 단계를 통과하기 위해 아버지가 아이를 원로회에 데려갔습니다. 만약 아이가 기형이거나 병약하면 불합격 판정을 받고 협곡으로 데려가 던져졌지요. 사실 이 정도까지 드라마틱한 예를 볼 필요도 없어요. 에스파냐 법은 18세 미만의 청소년은 술을 마실 수도 살 수도 없다고 규정합니다. 반면 독일 법은 16세 이상부터 맥주, 샴페인, 와인을 구매하거나 소비할 수 있다고 규정하지요. 유럽의 한 나라에서는 불법인 일이 다른 나라에서는 합법인 것입니다.

커닝은
지혜로운 자의 것

다시 시험으로 돌아갑시다. 여러분이 커닝에 대한 도덕적 의구심을 조금이라도 빨리 해결하고 싶을 테니까요. 법을 비켜 가는 것에 대해 소피스트들이 어떻게 생각했는지부터 알아볼까요? 트라시마코스(B.C.459~B.C.400)는 지금의 튀르키예에서 태어나 그리스까지 여행했습니다. 그는 그리스에서 다른 사람들을 위해 연설문을 쓰고, 대중 앞에서 말하는 법을 가르쳤어요. 당시의 여느 소피스트와 마찬가지로 웅변학와 수사학을 가르치며 많은 돈을 벌었고, 곧 아테네에서 가장 돈 많고 유명한 인사가 되었어요. 트라시마코스는 여러분에게 돈을 받은 뒤, 이렇게 말할 겁니다. 고결한 척하지 말고 제발 실리를 선택하라고, 양심의 가책 없이 주저 없이 베껴 쓰라고 말입니다. 이 세상은 정직하게 살 만한 가치가 없어요. 정의로운 사람은 항상 피해를 입기 쉬운 데 반해, 정의롭지 않은 사람은 이득을 얻는 경우가 많기 때문이지요.

시험은 여러분의 배움을 도와주는 것이 아니라, 교사의 일을 쉽게 만들어 주는 도구입니다. 현존하는 교육 시스템은 여러분의 필요와 관심에 따라 가르치는 것보다, 기계적으로 종이 위의 질문에 답하게 하는 게 훨씬 쉽고 경제적이라는 사실을 알지요. 교사는 똑같은 시험지로 모두를 동일하게 평가하며 시간과 노력을 아낄 수 있어요. 또 한 가지 생각해 볼 문제는, 가르침과 배움이라는 과정에서 과연 누가 누구를 평가하는 것을 결정하냐는 점입니다. 왜 교사는 시험 대상이 아닌가요? 교사가 고안해 낸 평가 시스템이 제 기능을 수행하지 못한다면, 잘못은 항상 학생들에게 돌아갑니다. 그러나 누가 그 평가 방식을 선택하나요? 공교롭게도 평가 방식에 이득을 보는 사람은 바로 그 방식을 결정할 힘이 있는 사람입니다. 법은 절대 공평하지 않아요. 법은 항상 더 강한 사람의 편에 있습니다. 그러므로 커닝하지 않는다면 그건 바보 같은 짓이지요.

같은 맥락에서 안티폰(B.C.480~B.C.411)도 말합니다. 이 소피스트는 처벌을 피할 수만 있다면 법을 어기는 게 더 현명하다고 충고할 겁니다.(법망에 붙잡힐 거 같을 때만 법을 지키라고요.) 인간이 만든 인위적인 법을 따르지 말고 오직 자연적인 것을 따르세요. 여러분이 따라야 하는 유일한 규범은 쾌락을 모색하고 고통을 줄여 주는 것입니다. 쾌락을 추구하는 본성이 인간이 만든 규범과 충돌하면 규범을 지키지 않아서 쾌락보다 더 큰 고통을 줄 때만 규범을 지켜야 합니다. 다시 말하자면, 절대 들키지 않을 거란 확신이 있으면 마음껏 베끼세요. 시험에 불합격해서 다시 아리스토텔레스의 형이상학을 '으깨 버려야 하는' 고통은 가능한 모든 수단을 동원해서 피해야 하는 악이니까요. 이런 입장이라고 안티폰이 위험한 범죄자였다고는 생각하지 마세요. 오히려 정반대였으니까요. 그는 매우 교양 있는 사람으로, 언어를 통해 그에게 고통을 호소하는 사람들을 어루만지고 위로하던 일종의 '심리학자'였습니다.

커닝하기로 결심했다면 여러분에게 지원을 아끼지 않을 또 다른 소피스트는 바로 엘리스의 히피아스(B.C.443~B.C.399)입니다. 그는

타인에게 휘둘리지 않는 나를 위해

지칠 줄 모르는 여행가로 스파르타와 시칠리아 등 많은 도시를 방문했는데, 매우 무뚝뚝하고 엄청난 기억력의 소유자였다고 해요. 현대적으로 묘사하자면, 기분 나쁜 인간 구글 정도라고 할까요. 히피아스는 인류가 하나의 종이라는 개념을 옹호했습니다. 모든 인간은 인종, 부, 태생, 사회적 지위로 구분하기 이전에 천성적으로 평등하다고 믿었지요. 반면 법이 인간들 사이에 불평등을 초래한다고 생각했고요.

사기꾼이 되느니
죽음을 달라

소크라테스는 남을 속이기보다는 죽음을 선택했습니다. 커닝을 하는 여러분을 소크라테스가 목격한다면 무슨 말을 할지 상상이 갈 거예요. 이 그리스 철학자는 "아테네의 신들을 믿지 않고 새로운 신들을 내세우며 젊은이들을 자신의 사상으로 부패시켰다."라는 혐의로 광신자들에게 고소당했어요. 아테네의 정치 세력은 계속해서 자신들에게 불리한 개념을 알리고 문제 삼는 소크라테스를 벌줄 수 있는 절호의 기회라고 생각했지요.

당시는 유죄로 판결이 나면, 독미나리로 만든 독을 마시고 죽는 사형을 받았어요. 재판 과정에서 소크라테스는 자신의 삶과 사상을 변론했습니다. 자신의 사상을 조금도 철회하지 않았으며, 재판장들에게 반어법적인 유머를 사용하며 말했어요. 변론이 끝난 뒤, 대다수의 일반 시민들로 구성된 배심원들은 그에게 유죄를 선고했습니다.

유죄를 선고받은 자는 대안 형벌을 선택할 수 있었어요. 소크라테스가 추방을 선택했다면 목숨을 구할 수 있었을 겁니다. 그러나 그는 추방 대신에 고도의 반어법을 사용하여 아테네가 자신에게 보수를 줄 것을 요구했어요. 자신의 음흉한 비판과 사상 덕분에 아테네 시민과 도시의 수준이 높아졌으니까요.

감옥에 갇혀 형벌을 기다리는 동안, 제자들은 소크라테스에게 도망가라고 설득했어요. 소크라테스는 단호하게 거절하며, 자신이 설파한 가르침에 따라 일관성 있게 행동했습니다. 좋은 시민은 정의로워야 하며 매 순간 법을 존중해야 하고, 자기 목숨을 살리기 위해서라도 절대 남을 속이거나 사기를 치면 안 된다고 말입니다. 소크라테스는 자신이 가장 좋아하는 일인 친구들과 대화를 하며 감옥에서 남은 시간을 보냈어요. 다음은 소크라테스가 삶의 마지막 순간에 나눈 대화인데, 그가 친애하던 제자 플라톤이 글로 남겼습니다.

소크라테스 (사형 집행인에게) 그런데 선한 사람이여, 당신은 이 분야의 전문가이니 말해 주오. 난 무엇을 해야 하오?

사형 집행인 독약을 마시기만 하고 두 다리가 무거워질 때까지 산책이나 하시면 됩니다. 그런 다음 독약이 온몸에 퍼질 때까지 가만히 누워 계세요.

소크라테스 뭐, 건배라도 해야 하는 것 아니오?

사형 집행인 나는 정확한 양의 독미나리를 빻는 역할만 하면 됩니다.

소크라테스 좋소, 그렇다면 나는 신들에게 내 여행을 도와 달라는 의미로

건배를 하겠소. 그대로 이루어지길!

그리고 마지막 말을 마친 뒤, 숨을 참으며 구역질도 없이 쉽게 독약을 마셨다. 그때까지 우리는 간신히 울음을 참았지만 그가 독약을 마시는 것을 보는 순간 더 이상 참을 수가 없었다. 나는 내 의지와 상관없이 친구가 사라지는 것을 보며 슬프게 울었다. 쉬지 않고 흐느끼던 아폴로도로스는 분노를 더 이상 참을 수 없어 큰 울음을 터뜨렸다. 소크라테스 본인만 제외하고, 참석한 모든 사람이 흔들리는 마음을 주체할 수 없었다. 그때 소크라테스가 말했다.

소크라테스 참 이상한 사람들 다 보겠네. 이런 모습을 보고 싶지 않아서 아내를 밖으로 내보냈는데. 나는 우는 소리 없이 조용히 죽고 싶네. 이제 진정하고 남자답게 행동해 주시게.

소크라테스의 말을 듣자 우리는 부끄러워졌고 울음을 참았다. 소크라테스는 걷기를 멈추고 사형 집행인이 말한 것처럼 천장을 보고 누웠다. 사형 집행인은 소크라테스의 다리를 관찰한 뒤, 발을 누르며 느낌이 오냐고 물었다. 소크라테스는 아무런 느낌이 없다고 대답했다. 사형 집행인은 우리에게 발부터 시작해서 소크라테스의 몸이 점점 어떻게 차가워지며 굳어 가는지 보여 주었다. 그는 차가운 기운이 심장에 다다르면 죽을 거라고 말했다. 배가 차가워지기 시작했을 때, 소크라테스가 마지막 말을 내뱉었다.

소크라테스 빌어먹을! 아스클레피오스에게 닭 한 마리를 빚졌네. 크리톤, 자네가 대신 갚아 주게!

잠시 후, 소크라테스는 부르르 몸을 떨었고 그의 시선은 움직이지 않왔다. 크리톤은 소크라테스의 입을 닫고 눈을 감겨 주었다. 이렇게 내가 지금까지 알고 있는 인간 중 최고이며, 성스럽고 정의로운 남자는 최후를 맞이했다.

그런데 마지막에 닭을 빚졌다는 말은 무슨 의미일까요? 그리스에서는 병이 나으면 감사의 표시로 약과 의술의 신인 아스클레피오스에게 닭을 제물로 바치는 관습이 있었습니다. 자유로운 생각을 허용하지 않는 부패한 사회에서, 소크라테스의 영혼을 낫게 한 유일한 방법이 죽음임을 역설적으로 표현한 말입니다.

커닝은
무지한 자의 것

소크라테스는 학생들에게 부와 성공을 버리라고 가르쳤고, 소피스트들이 가르치는 게 틀렸다고 교육했습니다. 인생에서 진정으로 추구해야 하는 것은 행복이며, 행복을 얻기 위해서는 정의로워야 한다고 말했지요. 왜일까요? 정의와 행복은 무슨 연관성이 있을까요? 소크라테스는 정의를 올바른 것을 행할 수 있는 능력으로 이해했습니다. 인간은 각자의 삶에서 무엇을 할지 결정할 수 있는 기회를 가지고 태어납니다. 그리고 살아가며 우리의 길과 삶을 정하는 결정들을 내립니다. 우리는 올바른 결정을 내릴 수도 있고 잘못된 결정을 내릴 수도 있어요. 맞는 길을 택한 자, 그러

타인에게 휘둘리지 않는 나를 위해

니까 올바른 것을 선택한 자의 보상은 행복입니다. 행복해지고 싶다면 올바른 선택을 해야 하지요. 올바른 선택을 하려면 무엇이 옳고 그른지 분별하여 무엇을 해야 하는지 알아야 합니다.

가끔씩 우리는 실수로 실제로는 그렇지 않은데 올바르게 보이는 것을 선택하기도 합니다. 사기를 치거나 속이는 게 올바르게 보인다면, 여러분은 올바른 게 무엇인지조차 모르는 셈이지요. 색을 구분하지 못하는 색맹이 있는 것처럼, 지식이 없어서 해로운 것을 좋은 것으로 잘못 알고 있는 사람들이 있습니다. 소크라테스는 도덕적인 사회는 그 사회를 구성하는 사람들이 도덕적이어야 가능하다고 믿었습니다. 그래서 아테네의 광장과 거리로 나가서 정의에 대해서 시민들과 함께 대화하고 논쟁했던 것입니다. 그는 스스로를 진딧물에 비교했는데, 진딧물의 임무는 잠들어 있는 의식들에 구멍을 내는 것이었어요.

만약 소크라테스가 여러분이 커닝하는 것을 목격했거나 혹은 친구들에게 이런 절호의 기회에 커닝을 안 하는 게 바보라고 말하는 것을 듣는다면, 소크라테스 특유의 반어법을 사용하며 물을 겁니다. 자네는 부패한 사회에 살고 싶나? 아니면 정의로운 사회에 살고 싶나? 에스파냐의 정치가 부패한 이유가 정치인들이 부패해서 그런 걸까? 아니면 반대로 정치인들이 부패한 것은 우리 사회가 부패해서일까? 커닝은 부패한 행위가 아닌가? 커닝이라는 행위는 누구를 부패시킬까? 커닝하는 당신의 모습은 '나'의 최상의 버전인가? 그러면 더 나은 '나'가 될 수 있을까? 당신은 누구와 가까워지고 싶은가? 더 나은 '나' 아니면 하위 버전의 '나'인가? 그렇게 소크라테스는 끝도 없는, 등에

의 침 같은 질문들을 통해 여러분에게 상처를 낼 거예요. 여러분이 깨달을 때까지 말입니다. 무엇이 내게 더 좋은 것인지 그리고 커닝에 관해서는 "내가 아는 유일한 것은 나는 모른다는 사실이다."라는 인식에 다다를 때까지요.

계속해서 소크라테스와 함께 부패에 대해서 성찰해 보도록 합시다. 에스파냐에서 부패로부터 자유로운 기관은 하나도 없는 것처럼 보이지요. 왕실, 정당, 노동조합, 축구단, 대기업, 은행 등 부패는 우리나라의 본질이 된 것만 같습니다. 왜 에스파냐에는 부패가 만연할까요? 여러분도 관련되어 있을까요? 부패를 척결하기 위해 여러분이 할 수 있는 일이 있을까요?

'부패'라는 영단어 'corruption'의 어원은 '파괴하다', '부수다', '조각내다'는 뜻의 라틴어 'corruptio'에서 비롯되었습니다. '부패하다'는 타락시키거나, 잃게 만들거나, 잘못되게 만드는 것이지요. 이런 맥락에서 부패는 도덕적 타락을 의미합니다. 부패를 행하는 사람은 자신의 고결함, 명예, 존엄성을 산산조각 낼 뿐만 아니라, 다른 사람과의 관계마저 회복시키기 어려울 정도로 파괴시킵니다. 예를 들어, 거짓말은 또 다른 형태의 부패입니다. 철학자 프리드리히 니체(1844~1900)는 "나를 슬프게 하는 것은 내게 거짓말을 했다는 사실이 아니라, 이제 더 이상 당신을 믿지 못할 거라는 사실입니다."라고 말했습니다. 커닝은 자기 자신, 동급생들, 선생님을 속이는 거짓말입니다.

에스파냐 철학자, 에밀리오 예도(1927~)는 소크라테스의 사상을 따르며 부패한 사람은 불성실하기에 자기 자신에 관해 무지한 사람으로, 자기가 누군지 그리고 무엇을 하는지 모르는 사람이라고 말합니다. 거짓말과 속임수를 쓰는 사람은 '완전한 가짜'가 되고 만다고요.

소크라테스와 예도는 여러분의 삶의 원칙이 정의와 진실이기를 바랍니다. 정의와 진실은 '정직한 사람이 되기 위한' 기본입니다. 어쩌면 여기저기 만연한 부패는 일반적으로 정직하지 못한 우리 자신을 반영하는지도 모릅니다. 많은 사람이 아름다운 외모를 추구하기에 바쁘지요. 남들 앞에서 못생겨 보이지 않으려고 많은 노력과 희생을 해요. 마찬가지로 청결에도 큰 노력을 기울이지요. 누군가 여러분에게 냄새가 난다고 하면 굉장히 불쾌할 테니까요. 그런데 모든 사람이 도덕적 청결함을 갖추는 것, 즉 정직한 사람이 되는 것에는 그다지 크게 신경 쓰지 않는 것 같습니다. 소크라테스는 여러분의 영혼에서 냄새가 날 것을 걱정하면서 누구도 여러분에게 거짓말쟁이, 사기꾼, 가짜라고 말할 수 없게 노력하라고 말할 겁니다.

소크라테스는 아테네의 정치적 부패와 도덕적 부패에 위기의식을 가졌습니다. 당시 심각한 상황을 해결할 수 있는 유일한 방법은 젊은이들을 바르고 정직하게 교육하는 길밖에 없다고 생각했지요. 지금 이 책을 읽는 젊은 여러분만이 진실과 정의를 옹호할 수 있으며, 그렇게 아테네와 세상을 살릴 수 있어요. 자, 이제 세상을 구할 준비가 되었나요? 아니면 혹시 여러분이 문제의 일부가 되어 있지는 않나요?

5

· 알베르 카뮈, 가브리엘 마르셀, 에밀 시오랑 ·

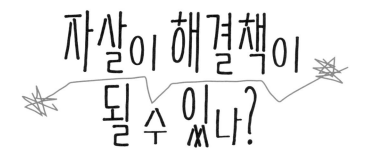

#죽은시인의사회 #부조리 #시시포스 #삶의의미

영화 〈죽은 시인의 사회〉(피터 위어, 1989)에서 닐이라는 학생은 배우가 되고 싶지만 독재자 아버지는 반대합니다. 가족 몰래 닐은 셰익스피어의 〈한여름 밤의 꿈〉에서 주인공 역할을 맡게 되지요. 연극을 상연하는 날, 사실을 알게 된 아버지가 극장에 나타나요. 닐은 훌륭하게 연기를 해내지만, 아버지는 축하하기는커녕 닐을 군사 학교로 전학 보낸다고 통보해요. 닐은 부모의 결정에 따라 배우가 아니라 의사가 될 운명이었어요. 그의 운명은 다른 사람에 의해 가혹하게 결정됩니다. 좌절한 닐은 연극에서 사용한 왕관을 방 창가에 올려놓고 아버지의 권총으로 생을 마감해요. 영화 속 사건이지만, 관객 모두에게 충격적인 장면이었어요. 영화 속이 아니라 우리 주변에서 자살이 일어난다면, 전율과 침묵은 더 처참할 거예요. 왜 자살했을까 하는 질문에 대해 도저히 답변을 찾지 못할 때, 우리 가슴은 먹먹해질 뿐입니다.

신의 침묵

프랑스의 소설가이자 철학자, 알베르 카뮈(1913~1960)는 자살이 진정으로 유일하게 중요한 철학적 문제라고 생각했어요. 카뮈는 억압, 부정, 불평등에 대한 투쟁에 관심을 가졌습니다. 물론 축구도 빼놓을 수 없겠네요. 축구를 좋아하는 사람들은 카뮈의 말을 종종 인용합니다. "내가 인간의 도덕성과 의무에 관해 확실하게 알고 있는 사실들은 모두 축구 덕분이다." 카뮈는 축구장에서는 모두가 평등하다는 점을 가장 좋아했어요.

이 철학자는 알제리의 가장 가난한 동네 중 한 곳에서 태어났고, 프랑스를 위해 싸우다 전사한 군인의 자녀들에게 주는 장학금 덕분에 학교를 다닐 수 있었습니다. 그는 부자 학교의 가난한 소년이었지만, 축구 팀에 들어가 축구를 하면서 운동장에서는 사회적 지위에 따른 차별이 존재하지 않는다는 것을 깨달았어요. 경기가 진행되는 동안 축구장 안에서는 부자든 가난하든, 흑인이든 백인이든 모두 다 상관없고 오직 축구만이 중요했으니까요.

카뮈는 열다섯 살 무렵 무신론자라고 선언했어요. 그는 친구와 산책하다 버스에 치여 죽은 소년을 목격했습니다. 소년의 어머니는 미친 듯이 절규했지요. 미래의 노벨 문학상 수상자는 시체를 물끄러미 바라본 뒤 하늘을 올려다보고 친구에게 말했어요. "봐, 하늘은 대답하지 않잖아." 만약 신이 존재한다면 그런 비극은 일어나지 말았어야 한다는 거죠. 카뮈에게 우리를 살려 줄 신은 존재하지 않고 희망도 없고 모든 것이 쓸모없고 의미 없었어요. 우리가 경험하는 고통을 보상해 줄 수 있는 저 너머 그 어떤 것도 존재하지 않거든요. 마음에 들건 들지 않건, 우리가 살고 있는 이 세상이 우리가 가진 유일한 세상이었어요.

모든 게
부조리하다

알제 레이싱 대학 팀의 골키퍼였던 이 철학자에게 삶은 부조리하고 혼란스럽고 무의미했습니다. 카뮈는 이렇게 말했습니다. 우리는 무에서 왔으며 또 다른 무를 향해 걸어간다고요. 삶과 삶을 이루는 모든 사건에 숨겨진 의미 따위는 없어요. 어떤 목적도 존재하지 않지요. 삶의 의미란 무엇일까 하는 질문에 대해 답은 없습니다. 피할 수 없는 죽음은 모든 기획, 계획, 꿈을 파괴합니다. 카뮈는 자신의 말을 개인적인 감정으로 듣지 않기를 바랐습니다. 우리 모두는 삶에 대한 기대치와 현실 간의 괴리, 일어나길 바라는 것과 결국 일어난 일 사이에 존재하는 괴리로 얻는 엄청난 충격에 고통받습니다.

세상은 언제나 우리 개인들의 목표에 완전히 무관심합니다. 우리가 고통받든 즐거워하든 전혀 관심이 없지요. 이러한 현실의 무기력을 카뮈는 '부조리'라고 불렀어요. 그리고 삶의 부조리를 설명하려고 고대 그리스의 시시포스 신화를 활용했어요. 시인 호메로스에 따르면, 고대 그리스 코린토스(코린트)의 왕인 시시포스는 신들의 노여움을 사서, 산비탈로 끊임없이 바위를 밀어 올리는 형벌을 받았습니다. 산꼭대기에 다다르기 전에 바위는 늘 산 아래로 굴러떨어졌고, 시시포스는 똑같은 일을 영원히 반복해야 했지요. 그가 받은 형벌은 절망적이고 부조리한 일을 영원히 반복하는 것이었습니다. 제아무리 열심히 노력해도 바위가 산 정상에 다다르면 다시 아래로 굴러떨어지는 결과는 항상 똑같았으니까요.

언젠가 수업 시간에 이 신화를 설명하자, 학생 하나가 말했습니다. "시시포스는 우리 아빠 같네요. 아빠는 매일 꼭두새벽에 일어나 공장으로 일하러 가는데 매일 똑같은 일을 반복해요. 집 월세를 내고 먹을 음식을 사기 위해서죠. 그래야 다음 날도 오늘과 똑같은 일을 하기 위해 아침 일찍 일어날 수 있거든요." 코린토스의 왕처럼 우리 모두도 마찬가지로 형벌을 받고 있어요. 우리가 하는 일에 얼마만큼의 정성과 노력을 기울이는지는 중요하지 않아요. 결국 우리가 밀어 올리는 바위는 다시 산 아래로 굴러떨어질 테니까요. 왜냐하면 우리는 모두 죽음을 피할 수 없기 때문이지요. 죽음이 바로 우리 모두를 기다리는 마지막 운명이니까요.

세 가지 해결책
그리고 한 개의 산

지금 이 순간, 어쩌면 여러분은 여러분의 삶이 그야말로 완전히 부조리하다고 느끼기 시작했을지도 모릅니다. 그래서 깊이를 알 수 없는 비관주의에 몸이 마비되어 있을 수도 있지요. 그렇다면 카뮈는 부조리와 싸울 수 있는 세 가지 길을 말해 줄 거예요. 신앙, 자살, 비극적 영웅으로의 변신입니다.

첫 번째 길인 신앙을 먼저 탐험해 봅시다. 여러분은 신앙에서 위안을 얻을 수 있어요. 삶의 부조리를 대면하려고 세상 모든 일에서 신의 보이지 않는 손을 보려고 애쓰는 사람들이 있습니다. 이 길을 선택한다면 여러분의 인생은 비록 무의미하지만 더 큰 계획의 일부임을 믿기 위해 노력해야 합니다. 신은 고난을 통해 우리를 단단하게 만드십니다. 우리가 이해할 수 없는, 우리 삶에서 일어나는 일련의 일들은 천국을 믿고 그곳에 들어가게 하려는 신의 시험인 것이지요. 그렇지만 카뮈는 신앙은 유효한 해결책이 아니라고 봤어요. 부조리를 안고 사는 문제를 대면하지 않으려고 회피하는 것이 종교라고 생각했거든요. 천국과 신은 우리를 황폐하게 만드는 끔찍한 부조리를 견뎌 내기 위해 우리가 의미를 만들어 낸 자기기만인 것이지요.

이제 두 번째 길인 자살을 분석해 볼까요? 본질적으로 자살은 절대 피할 수 없는 마지막을 앞당기는 행위이기에, 자살할 수도 있습니다. 그러나 카뮈는 자살도 해결책이 아니라고 했어요. 자살은 문제를 해결하기보다는 부정하는 것이거든요. 자살은 삶이 우리에게 제기하는 문제에 대답할 용기가 없다는 것을 의미합니다. 불합격할까 봐 두려워서 아예 시험을 보러 가지 않는 것과 같아요. 답을 몰라서 십자말풀이를 찢어 버리는 것과 같고, 전투를 시작도 하기 전에 항복하는 것과도 같지요. 자살은 우리가 삶의 문제에 압도당했다는 고백입니다. "왜 나는 여기에 있는가?"라는 질문에 대해 대답할 능력이 없다는 고백이에요.

이제 무엇이 남나요? 유일한 해결책은 비극적 영웅, 시시포스가 되는 겁니다. 삶이 부조리하고 인간은 언젠가는 죽는 형벌을 타고 태어났음을 영웅적으로 받아들이고, 그럼에도 불구하고 행복해지는 법을 배워야 해요. 삶은 의미가 없지만 여러분 스스로 자기 존재에 의미를 부여할 수는 있습니다. 비극적 영웅은 희망을 신에게 구하지 않고 천국에서의 행복을 찾지 않았습니다. 시시포스는 자신이 처한 상황을 제대로 인식하고, 그 상황이 변할 거라는 어떤 희망도 품지 않았습니다. 더 나은 삶을 꿈꾸지도 않았고, 어떤 신에게도 용서를 빌지 않았으며, 죄책감을 느끼지 않았고 수호신들에게 도움을 요청하지도 않았어요. 비극적 영웅은 미래의 삶에서 행복해질 거라고 기대하지 않고, 지금 이 순간 행복하기 위해서 투쟁했습니다.

여러분은 시시포스를 불행한 인물로 생각할지도 모르겠어요. 그러나 카뮈는 시시포스를 쾌활한 인물로 상상하도록 유도합니다. 바위가 산꼭대기에서 굴러떨어지자, 시시포스는 자신이 할 수 있는 최고의 반항을 합니다. 신을 부정하는 것, 다시 바위를 등에 지고 이 고된 일을 반복할지언정 부조리한 삶에서 행복해지기로 결심하지요.

만약 우리 삶이 피할 수 없는 형벌이라면, 그것을 즐기는 것보다 더 큰 반항은 없을 거예요. 여러분은 여러분의 마지막 운명의 주인이 아니라 오늘, 내일, 하루하루의 주인입니다. 오늘 짊어지고 가야 하는 바위가 너무 무겁다고 해도, 명심하세요. 오늘 해야 할 일을 비극적 영웅처럼 기쁘게 행하느냐 마느냐는 온전히 자신에게 달렸다는 사실을요. 이탈리아 작곡가 로시니가 그랬던 것처럼 말입니다. 로시니는 죽음의 문턱에서, 그의 음악처럼 아직도 우리 귀에 울리는 주옥같은 말을 남겼습니다. "먹고 사랑하고 노래하고 소화시켜라. 진실로 말하건대, 이 네 가지는 샴페인 거품처럼 사라지는 우리 삶을 담은 오페라 부파(희극적 오페라)의 4막과 같다." 우리가 의미 없는 삶을 즐기기 시작할 때, 부조리가 사라지는 마법 같은 일이 벌어지니까요.

더 신성한
해결책

가브리엘 마르셀(1889~1973)은 세 번째 길이 아니라 첫 번째 길을 선택했을 거예요. 이 프랑스 철학자는 카뮈처럼, 인간은 삶의 의미를 만드는 것이 아니라 발견해야 한다고 주장했습니다. 신앙은 바보 같은 신기루가 아니라 우리 삶을 의미와 충만함으로 채워 줄 수 있는 진실된 길이라고요.

마르셀에게 삶의 의미에 대한 질문은 필연적인 것이었습니다. 삶은 한 편의 연극과 같고, 여러분은 수많은 등장인물 중 하나입니다.

여러분에게 삶의 의미가 무엇인지 묻는 것은 연극에서의 역할이 무엇이며 무엇을 해야 하는지 묻는 것과 같아요. 여러분의 삶의 의미는 작품이 가진 의미에 좌우됩니다. 만약 '삶'에 의미가 있다면, '여러분의 삶'도 마찬가지로 의미가 있겠지요. 같은 맥락으로 연극 작품이 의미가 있다면, 그 작품에서 표현되는 모든 대사와 행동도 역시 의미를 가집니다. 문제는 산다는 것은 대본에 적힌 대로 주어진 역할을 연기하는 것과는 매우 다르게, 대부분 즉흥적이라는 데 있습니다. 연출가가 역할에 대한 주의 사항을 전달하는 것을 잊은 것처럼요. 실존의 의미에 대한 질문은, 대본을 모르는데도 불구하고 여러분에게 주어진 역할에 어떤 의미를 부여할 줄 아는 일입니다. 이미 무대의 커튼은 올라갔고 조명은 환하게 빛나고 있으며 관객은 여러분의 역할을 한껏 기대하고 있기 때문이지요.

마르셀은 삶의 의미는 자기 내면에서 찾아 발견해야 한다고 생각했어요. 아무것도 포기하지 않고 자기 자신으로 돌아가는 것이지요. 삶은 걸어가며 만드는 길과 같고, 우리는 길을 걷다가 뒤돌아볼 수도 있고 과거를 사색할 수도 있어요. 과거를 성찰하며 삶에서 무엇이 가치 있는지 발견하고, 미래를 투영하기도 합니다. 그렇게 삶을 탐구하는 과정에서 자기 자신과 조우할 수 있는 수많은 질문이 생겨나겠지요. 그때 우리는 알게 됩니다. 무엇이 나를 움직이게 하는지, 그리고 무엇이 내가 진정으로 원하는 것인지를요.

삶은 태어나면서 그냥 우리에게 주어진 것, 하루하루 생존하기 위해 기울여야 하는 노력이 아닙니다. 삶은 우리가 살며 겪게 되는 경

타인에게 휘둘리지 않는 나를 위해

험의 집합체이며, 무엇보다도 삶의 의미를 찾는 끊임없는 여행입니다. 그러한 여정에서 마르셀이 발견한 것은 타자가 창조한 자아입니다. "나는 아무것도 아니고 나 스스로는 아무것도 할 수 없다. 나는 절대자인 당신으로 인해, 당신과의 상호적 관여를 통해 존재한다." 우리의 실존은 초월자의 존재로만 유지될 수 있습니다. 내가 존재하는 것은 그가 존재하기 때문입니다. 마르셀은 신을 발견하자, 여행의 마지막 순간에 도달했다고 믿었고 이렇게 인정했습니다. "오직 당신만이 진실로 나를 아시며 나를 판단하시리라. 당신을 의심하는 것은 나를 자유롭게 하는 것이 아니라, 나를 무로 돌아가게 한다."

　　많은 사람이 삶의 의미를 찾지 못하는 이유는 존재와 소유를 혼동하기 때문입니다. '무엇일까?', '왜일까?'의 답을 찾기 위해 삶을 이용하는 대신 사람들은 더 많은 것을 소유하는 데 열중하고 결국은 물건으로 전락한 채 인생을 마감합니다. 우리가 사는 이 시대는 기계 없이는 상상할 수 없을 정도이며, 각종 기계들에 너무 익숙해진 나머지 우리는 이미 기계의 일부가 되었습니다. 이런 현상은 찰리 채플린의 영화 〈위대한 독재자〉(1940)의 연설에서 잘 엿볼 수 있습니다. 그렇게 오랫동안 영화에서 침묵을 지켰던 채플린은, 처음으로 만든 이 유성 영화에서 근엄한 표정으로 파시즘의 위험에 대해서 말했어요. 영화에서 이발사 찰리는 목숨을 구하기 위해서 (히틀러를 패러디한) 힌켈로 분장해야 합니다. 그리고 어쩔 수 없는 상황에 떠밀려 세계를 정복하기 전에 흥분한 대중 앞에서 연설을 하게 되지요. 마르셀의 인본주의적 사상을 떠올리게 하는 감동적인 연설을 들어 보세요.

우리는 급속도로 발전을 이루었지만, 우리 자신 속에 갇혀 버렸습니다. 대량 생산은 풍요로움을 가져다주었지만, 우리의 욕심은 끝도 없었죠. 지식은 우리를 오히려 냉소적으로 만들었고, 똑똑해질수록 차갑고 각박해졌습니다. 생각은 많아지고 느끼는 바는 거의 없어졌습니다. 기계보다는 인류애가 필요합니다. 똑똑함보다는 친절함과 온화함이 필요합니다. …… 여러분, 그런 자들에게 굴복하지 마세요. 여러분을 억압하고 노예 취급하고 여러분의 삶과 행동, 생각, 감정까지 통제할 뿐만 아니라 세뇌시키고 굶주리게 하며 마치 짐승처럼 다루고 총알받이로 쓰려는 자들입니다. 그 비인간적인 자들에게 굴복하지 마세요. 머리와 가슴에 기계만 장착된 기계 같은 사람들입니다. 여러분은 기계가 아닙니다. 여러분은 가축이 아니에요. 여러분은 인간입니다. 증오가 아니라 인류애를 가슴속에 품고 있습니다. 사랑하지 않는 이들만이 증오합니다. 사랑하지 않는 이들은 비인간적인 사람들입니다.

마치 기계 부품처럼, 우리는 각자 거대한 기계 내부에서 자신의 역량에 따라 자신을 정의합니다. 나는 생산한다, 나는 소비한다, 나는 투표한다 등등. 또 타인에게 자신을 소개할 때는 지금 내가 하는 일을 언급합니다. 당신이 누구냐고 물으면 교사, 학생, 의사 등이라고 대답하지요. 그런데 만약 우리가 무인도에 떨어진다면 그때는 어떻게 대답할 건가요? 나의 정체는 이제 무엇이 되나요? 우리는 물건도 기계도 아니고 '인간'입니다. 그러나 소유가 전부인 세상을 떠다니다 보면, 우리가 진정 누구인지 잊은 채 개인은 사라져 버립니다.

타인에게 휘둘리지 않는 나를 위해

산다는 것은 물건을 생산하는 것도 소유하는 것도 아닙니다. 여러분은 여러분의 차, 핸드폰, 육체가 아닙니다. 물론 육체를 가지고 있지만 그것이 전부가 아니지요. 여러분은 인간입니다. 얼마나 많은 사람이 자기 육체의 노예가 되어 살고 있나요! 원하는 몸을 가지기 위해서 얼마나 많은 시간을 허비하는지요! 세상을, 그리고 함께 사는 사람을 소유할 수 있는 사물의 집합체로 보지 말고 존재하세요! 산다는 것은 '소유하는 것'이 아니라 '존재하는 것'입니다. 존재하는 것은 타인과 함께 실존하고 공존하는 것입니다. 타인을 물건으로 보는 것이 아니라 평등한 관계 속에서, 어떤 물질적 이익을 구하지 않고 타인과 만나는 것입니다. 산다는 것은 나의 사적 경험을 공유할 수 있는 우리를 발견하는 거예요. 삶은 우리가 타인을 사랑하고 타인에게 충실하고 그들과 함께 미래에 대한 희망을 공유할 수 있을 때 의미를 갖게 됩니다. 만약 여기에 신앙이라는 선물까지 받게 된다면, 삶이 곧 신이라는 사실을 발견하게 될 겁니다. 과학으로는 묘사할 수도 증명할 수도 없는 존재이나 체험할 수 있으며, 삶의 충만한 의미를 부여해 줄 수 있는 전능하신 신 말입니다.

자살은 선택이지만 오늘은 아니다

철학자 에밀 시오랑(1911~1995)은 죽음에 집착했습니다. 그의 유년 시절은 매우 행복했으나, 사춘기를 지나며 시오랑은 삶에 대해 비관주의적 시각을 가지게 되었습니다. 불면증이라는 시련이 시오랑을 그렇게 만들었지요.

몇 주 동안 눈을 붙이지 못했다. …… 삶이 참을 만했던 게 모두 잠 덕분이었다는 걸 알게 되었다. 매일 아침, 잠시의 멈춤 후에 새로운 모험이 시작된다. 불면증은 무의식을 억누르고 24시간 내내 정신을 또렷하게 만든다. …… 삶이 가능한 것은 망각이 있기 때문이다.

이 루마니아 철학자에게 자살은 미친 짓도 잘못된 행동도 아니었어요. 자살은 누구나 자유롭게 선택할 수 있는 것이었지요. 시오랑은 어느 날 자살하려는 남자를 만났습니다. 둘은 몇 시간 동안 같이 돌아다니다가, 결국 시오랑은 그에게 자살 날짜를 연기하는 게 더 좋겠다고 말했답니다. 본질적으로 자살은 생명을 유지시키기 위한 매우 유용한 구실이니까요. 자살의 가능성을 가지고 산다는 것은 매우 흥미로운 생각입니다. 우리로 하여금 계속해서 계획, 관계, 희망, 가치 등 삶을 재설정하게 만들어 주기 때문이지요. 자살 가능성은 삶이 우리에게 준 선물로, 매 순간을 헛되이 보내지 않게 만듭니다. 가장 좋아하는 음식을 먹는 순간, 바로 지금이 마지막일 수 있다고 인식한다면 보다 강도 높게 그 순간을 즐길 것이 분명하지 않나요?

시오랑이 시사한 바는 자살이 우리 삶의 완결, 사적 계획이 끝났음을 알려 주는 결과라는 점입니다. 그는 유일하게 다음의 경우에만 자살에 반대합니다.

타인에게 휘둘리지 않는 나를 위해

자신이 어디까지 성취할 수 있고, 어떤 방식으로 그것을 실현할 수 있을지 보여 주기 전에 스스로 삶을 포기하는 것은 자연스럽지 않다. 자살하는 사람들은 실질적인 성숙함에 다다르기 전에, 이제 사라져도 될 만큼 성숙했다는 걸 납득시키기 전에 미리 행동한다. 인간이 자기 삶을 끝내길 원한다는 사실은 이해하기 쉽다. 그런데 왜 자기 삶의 최고점, 가장 만족스러운 순간을 선택하지 않는 것일까? 자살은 제때 일어나지 않기 때문에 끔찍한 것이다. 운명에 왕관을 씌우는 대신 부수어 버리기 때문이다. 마지막 순간은 마치 과수원처럼 잘 가꾸어야 한다. 고대인들에게 자살은 교육학이었다. 마지막이 움트고 거기서 꽃이 피었다. 그리고 자의로 삶에 종지부를 찍으면, 죽음은 황혼 없는 저녁이 된다. 근대인들에게는 자살의 내면 문화, 마지막에 대한 미학이 없다. 누구도 제대로 죽지 못하며 모두 우연의 일치로 사라진다. 자살에 대해 아무것도 모르는 초보들, 죽음에 대해 두려워하는 이들이여.

자살을 한다면, 삶이라는 영화가 끝난 다음에 해야 합니다. 더 이상 할 말이 남아 있지 않을 때가 아니라, 멋진 결말을 만났을 때요.

그렇다면 시오랑은 자살로 그의 삶을 마감했을까요? 시오랑의 사상과 삶은 일관되지 않았습니다. 그는 알츠하이머병을 앓다 84세에 파리의 어느 병원에서 죽었습니다. 마지막 인터뷰에서 그는 고백했습니다. "나는 결코 일한 적이 없다. 나는 직업을 갖기보다는 기생충이 되고 싶었다. 나는 나의 자유를 보존하기 위해서 상대적으로 빈곤하게 사는 고통을 스스로에게 허락했다."

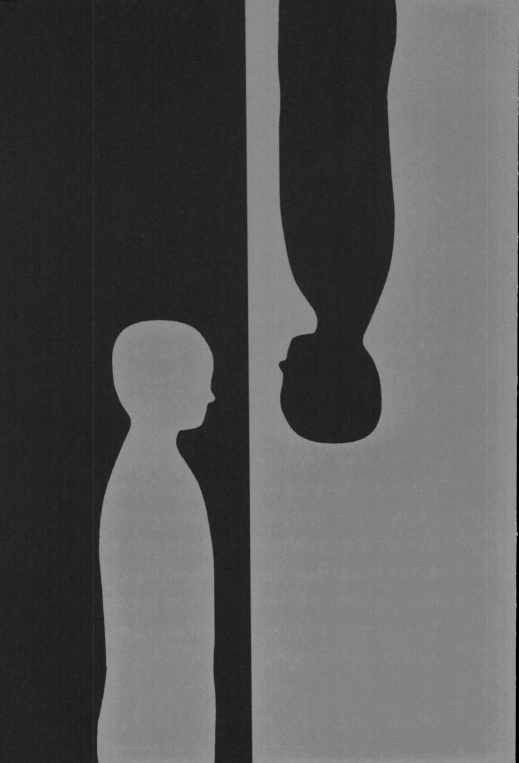

6

· 디오게네스, 히파르키아, 르네 데카르트, 미셸 푸코 ·

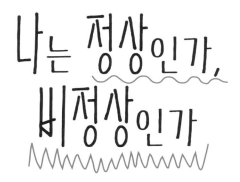

나는 정상인가,
비정상인가

#냉소주의 #사회적관습 #실리주의자 #견유학파

대다수와 다르게 행동하거나 취향이 독특한 사람에게 괴짜라고 말하지요. 생일에 여러분이 좋아하는 만화 주인공의 옷을 선물받았어요. 만화 주인공을 코스프레하고 거울을 보니 내가 너무 멋져 보였어요. 다음 날, 그 옷을 개시하고 싶은 욕구가 생겨나요. 그러나 학교에 코스프레하고 갈 생각은 아예 하지도 말라는 목소리가 속삭여요. 어떻게 할까요? 사회적 규범을 따를 건가요, 마음 가는 대로 할 건가요? 정상인이 될 건가요, 괴짜가 될 건가요? 괴짜라는 비난을 감수할 만큼 코스프레가 가치 있을까요? 여러분의 '사회적 죽음'을 받아들일 준비가 되어 있나요?

비뚤어진 사람이
되는 법 배우기

　　　　　　　　다른 사람이 나에 대해 뭐라 하든
전혀 상관하지 않았던 사람을 말하라면, 단연코 시노페의 디오게네
스(B.C.412?~B.C.323?)가 가장 먼저 떠오릅니다. 이 글을 계속 읽으면
왜 그의 이름을 딴 증후군이 생겼는지 이해할 수 있을 거예요. 예상과
달리 디오게네스는 집에 쓰레기 더미를 쌓아 놓는 괴짜는 아니었어
요. 일단 그는 집이 없었거든요. 디오게네스는 날씨가 좋으면 노천에
서 잠을 잤고 궂은 날씨에는 항아리에 들어가 몸을 피했습니다. '저장
강박증'이라고도 불리는 '디오게네스 증후군'을 앓는 사람들은 디오
게네스처럼 반사회적인 행동을 보여요. 그들은 사회적으로 용인된 행
동을 규정 짓는 규범들을 따르지 않아요. 자신들에 대한 타인의 의견
따위에는 관심이 없으며 부끄러워하지 않지요.

　　디오게네스는 유행이나 사회적 관습에 복종하면 절대 행복해질
수 없다고 말할 거예요. 만약 여러분이 타인에게 인정받기 위해서 사
회가 규정한 정상인이 되기 위해서만 노력한다면, 한평생 불행해질
거라고요. 행복은 나를 에워싼 사람들로부터 이해받지 못할 때 가능
합니다. 그렇기 때문에 무리가 여러분을 받아들이지 않는 것이 여러
분을 무리 속에 넣으려는 것보다 훨씬 좋아요. 사회가 여러분에게 부
여하는 삶의 모델을 따르기 전에, 개의 삶을 참고해 보세요. 개들은
우리 인간과 함께 살지만 인간의 관습을 따르지 않습니다. 오직 자기
들 본성에만 충실할 뿐이에요. 부끄러움도 죄책감도 느끼지 않지요.

개들은 자신에게 친절한 사람만을 따르며 해를 끼치려는 사람은 어떻게 해서든 피합니다. 타인의 명성, 부 따위는 관심 없고 부러워하지 않지요. 또 단순한 삶을 살기에 그렇게 많은 것이 필요하지 않으며, 스스로 못생겼다거나 뚱뚱하거나 더럽다고 느끼지 않아요. 인위적으로 설정된 그 어떤 미의 기준도 따르지 않지요. 타인의 의견에 영향을 받지 않고 마찬가지로 사회적 압박을 느끼지 못합니다. 그런 자유를 누리며 살고 싶지 않나요? 디오게네스가 바로 그렇게 살았어요. 그래서 그는 개라는 별명을 얻었지요.

개의 삶을 칭송했던 이 철학자라면 여러분에게 코스프레하고 학교에 가라고 말할 거예요. 그렇게 가서 고리타분한 선생님과 동급생들을 당황시킬 기회를 버리지 말라고요. 누군가 코스프레 복장을 보고 왈가왈부한다면 이렇게 물어보세요. "지금 네가 입고 있는 옷도 일종의 코스프레 아니니? 너도 네가 옷 입는 스타일로 원래 네 모습을 숨기고 있잖아." 그들 마음을 시끄럽게 하고 그들도 위선적이고 일관적이지 않은 면이 있음을 일깨워 주세요.

디오게네스는 대다수가 받아들이는 체제와 관습을 파괴하고 부수는 데 열정을 쏟은 파괴자였어요. 부조리한 사회 규범을 준수하라는 예속으로부터 우리를 자유롭게 하는 방법을 모색했어요. 그렇게 하기 위해서 스스로 자신을 불편하게 하고 모욕하고 괴롭혔지요. 그는 무엇보다 우리가 대부분 생각하지 않고 기계처럼 수동적으로 행동한다는 것을 깨닫게 하고 싶었어요.

디오게네스의 철학을 엿볼 수 있는 일화는 많아요. 그는 말이 아니라 자기 삶 자체로 철학을 가르쳤지요. 여러 일화들은 우리 행동을 재정비하게 강요하려고 의도적으로 도발과 경악을 유발시키는 일종의 공연과도 같았어요. 냉소적인 사람은 자신의 사상을 지루하고 복잡한 주장을 통해서가 아니라 도발을 통해 입증합니다. 그는 비상식적인 언행을 통해서 사람들의 이목을 집중시킨 다음, 편견을 분쇄하고 삶의 방식을 바꾸라고 말했어요. 그의 철학은 하나의 풍자로 우리의 욕망, 광기, 결함을 우스꽝스럽게 만드는 것을 목표로 했습니다. 우리는 위선적인 사회에 살고 있어요. 먹고 마시는 것처럼 전혀 죄스럽지 않고 본능적인 욕구를 숨어서 충족시킵니다. 자위행위를 숨어서 하는 것처럼요. '자기 자신에 대한 사랑'을 공개적으로 고백하면 비난받으니까요. 우리는 함께 먹고 즐기기 위해서 모여요. 그런 순간에는 맛을 음미하면서 우리가 경험하는 쾌락에 대해 사람들에게 말하기도 하지요. 사회 관습상 숨어서 먹고 음식에 대해서는 절대적으로 침묵하는 규범을 강요한다면 어떨까요? 사람들은 화장실에 숨은 채 주머니에서 음식을 꺼내 초조하게 먹을 거예요. 조용히, 아무도 모르게. 먹고 싶은 욕망과 성에 대한 욕망 사이에는 어떤 차이가 있나요? 두 욕구 모두 본능적인 것이 아닌가요? 성은 죄가 아닙니다. 자위도 마찬가지고요. 진짜 죄를 범했을 때나 부끄러워해야지요.

사람들은 거짓말하고 욕하고 비난하고 잘난 척하고 사기 치고 남을 업신여기고 생각 없이 행동하고 혹은 주관 없이 유행만 따르지요. 디오게네스는 사람들 앞에서, 민주주의와 철학이 꽃핀 아테네의 가장 신성한 공간 중 하나인 아고라에서, 자위행위를 했습니다. 자신

타인에게 휘둘리지 않는 나를 위해

의 철학을 말이 아니라 행동으로 보여 준 것이지요. 그가 공공장소에서 '일을 착수하자' 사람들은 당황하며 그를 비난했어요. 냉소주의로 가득한 철학자의 답변은 이랬습니다. "성적 욕구를 이렇게 해결할 수 있는 것처럼, 배고플 때 이렇게 배를 문질러 해결할 수 있으면 얼마나 좋을까. 그렇게만 된다면 인간을 고통받게 하는 수많은 악이 해결될 텐데." 디오게네스는 사회적 금기를 부수고 자위의 순수함과 본능적인 측면을 옹호했던 것이지요. 많은 철학자들이 사상과 행동이 일관되지 않습니다. 그러나 '아테네의 늙은 개'라고 불린 디오게네스는 행동과 말이 일치했지요.

다른 일화를 볼까요? 어느 날 아침, 디오게네스는 대낮에 등불을 들고 아테네 거리를 걸어 다니며 소리쳤습니다. "정직한 사람 찾아요!" 이 공연(파격적인 풍자 행위 예술)은 우리에게 두 가지 교훈을 줍니다. 첫 번째는 대낮에도 우리는 등불이 필요하다는 것입니다. 시기, 명성, 부, 명예욕에 눈이 멀어 있기 때문이지요. 도덕적으로 눈이 먼 우리는 진실로 중요한 것을 볼 수 있는 능력을 상실했습니다. 두 번째 교훈은 우리 모두가 따라야 하는 이상적인 인간 모델은 존재하지 않는다는 사실입니다. 왜 우리는 다른 사람이 원하는 그 사람이 되기 위해 그렇게 애쓰나요?

또 다른 일화에서 디오게네스는 왕 중의 왕, 알렉산더 대왕을 만납니다. 왕은 디오게네스를 만나고 싶어 했어요. 왕이 일광욕 중인 철학자에게 소원이 있으면 말해 보라고 하자, 그는 "햇빛을 가리지 말고 좀 비켜 주시오."라고 대답했습니다. 알렉산더 대왕은 디오게네스의 말을 이해했어요. 행복은 자족할 수 있는 자유에서 비롯된다는 것을 말이에요. 행복은 제삼자에 의해 좌우되면 안 됩니다. 스스로 자신을 충만히 만족시킬 수 있는 방법을 배워야 해요. 수행하던 신하들이 무례한 철학자를 욕하기 시작하자, 알렉산더 대왕이 말했습니다. "내가 알렉산더가 아니라면 나도 디오게네스처럼 살고 싶네."

어느 날, 알렉산더 대왕은 디오게네스가 사람 뼈가 수북이 쌓인 곳을 살피는 것을 보았습니다. 거기서 무엇을 하냐고 묻자 철학자는 이렇게 대답했어요. "당신 아버지 뼈를 찾고 있는 중인데, 노예의 뼈들과 도무지 구분되지 않아 찾을 수 없네요." 왕에게 저런 식으로 말할 정도라니, 정말 자유로운 사고의 소유자가 아닌가요?

디오게네스는 많은 것에 대해 많은 사람과 논쟁했습니다. 자신의 철학적 행동으로 이웃들을 불편하게 했어요. 그리고 모든 관습을 타파하는 데 앞장섰어요. 그래서 결국 아테네 시민들은 그에게 애정을 갖게 되었던 것 같아요. 디오게네스가 죽자 사람들은 그의 무덤 위에 기념비를 세우고 그 위에 대리석으로 만든 개의 조각상을 얹었지요. 디오게네스는 괴팍했지만 아테네 시민들에게는 성실하고 친밀한 동료로 생을 마감했습니다.

영화 〈캡틴 판타스틱〉(맷 로스, 2016)은 자본주의 체제 밖에서 사는 냉소적인 가족에 대한 이야기입니다. 벤과 레슬리 부부는 사회적 가치와 규범보다 자신들의 신념을 우선합니다. 두 사람은 도시에서 떨어진 한적한 숲에서 아이들을 양육하기로 결심하지요. 현대적 삶이 제공하는 안락함과 편안함은 포기하고 여섯 명의 아이들이 자연

타인에게 휘둘리지 않는 나를 위해

을 느끼며 자족하고 비판적인 사고방식을 가질 수 있도록 교육합니다. 이들 가족은 미국 주류 사회의 신념과 반대되는 방향으로 삽니다. 성탄절 대신 노엄 촘스키가 태어난 날을 기념하지요. 미국의 언어학자이자 철학자, 정치학자, 행동가였던 촘스키가 나사렛의 예수보다 인류에 더 큰 기여를 했다고 생각했기 때문이에요.

견유학파의
페미니스트

　　　　　　디오게네스처럼 마로네이아의 히파르키아(B.C.360~B.C.280) 역시 사회적 관습보다 개인의 자유를 우선시한 견유학파의 철학자였습니다. 그녀는 유복한 가정 출신이었지만 견유학파의 삶을 따르기 위해 모든 것을 버렸어요. 히파르키아는 여성이 철학을 설파하는 것을 금지했던, 당시의 남성 우월주의 문화를 배척한 매우 반항적인 여성이었어요. 그 당시 올바른 여성이라면 집에서 베를 짜거나 아이들을 키워야 했지요. 철학적 논쟁이 이루어지는 광장이나 연회장은 여성에게 적합한 장소가 아니었지만, 히파르키아는 그곳에 자주 등장했습니다. 한 연회장에서 아테네를 방문 중이던 무신론자 철학자, 테오도로스는 남성들만 허용된 장소에 여성이 있는 것을 보고 매우 불쾌해했습니다. 게다가 완벽한 자신의 주장에 히파르키아가 반론을 펼치자 더 크게 화를 냈습니다. 히파르키아는 어떤 남자들보다 훌륭한 논쟁을 하며 상대를 반박 불가능한 궁지로 몰아넣었어요. 테오도로스는 그녀에게 철학은 그만두고 집에 가서 옷이나 만들라고 대답했어요. 그러자 히파르키아는 그렇게 말하는 그는 철학보다 옷 만드는 게 더 좋냐고 반문했지요. 테오도로스는 반박의 여지가 없자 창피를 주려고 그녀의 옷을 잡아당겨 벗겨지게 만들었습니다. 히파르키아는 나체가 노출되었지만 조금도 동요하지 않았어요. 견유학파의 가르침을 실천하던 그녀는 인간의 나체는 자연스러운 것이라 부끄러워할 필요가 없다고 믿었습니다. 테오도로스는 견유학파의 페미니스트 앞에서 다시 한번 굴욕을 당했지요.

히파르키아는 모든 사회적 관습을 초월하여 연인과 언제든지 어디서든, 대낮에 성행위를 하기도 했습니다. 또 다른 견유학파 철학자였던 우리 어머니는 내게 이렇게 충고하셨지요. "우리 몸이 원하는 걸 줘야 해. 먹을 걸 달라면 먹고, 마실 걸 달라고 하면 마셔. 자고 싶다면 자고, 일하고 싶다면……. 그러나 도를 지나치면 안 돼. 몸이 원하는 모든 걸 다 줄 수는 없어." 히파르키아는 자기 삶의 방식과 섹슈얼리티를 통해서 우리가 사회적 규범과 관습에 온전히 순종하면 행복할 수 없다는 것을 가르치고자 했어요. 히파르키아가 반항적이지 않았더라면 그녀의 인생은 어떠했을까요? 데모스테네스에 따르면, 고대 그리스에서 여성들의 역할은 매춘부, 연인, 아내, 이 세 가지였습니다. "매춘부는 쾌락을 위해 존재하고, 연인(정부)은 일반 시민들을 위해 존재하고, 아내는 합법적인 자손을 얻고 집안을 지킬 충실한 사람이 필요하기에 존재한다." 그리스 사회는 가부장적이었고 여성은 공공의 삶에서 제외되었어요. 만약 히파르키아가 '올바른 여성'이었다면, 결혼하고 일평생 집에 갇혀서 아이들을 키우고 베를 짜며 살았을 거예요. 그렇지만 히파르키아가 자신의 철학으로 가부장제적 국가에 일격을 가했고 남자들에게만 허용된 역할을 수행했습니다.

여러분이 진심으로 원해서 코스프레하고 학교에 가겠다면, 대중 앞에 나체로 서는 것을 부끄러워하지 않았던 이 철학자는 무엇이라고 말할까요? 아마 이렇게 말하지 않을까요? "사회적 관습을 따른다고 당신의 행복이 보장되지 않아요. 당신은 원하는 걸 하고, 부끄러움은 그들의 몫으로 남겨 두세요."

정상인이 되는 선택을 '버리지' 마라!

왕권 시대를 산 철학자 가운데 르네 데카르트(1596~1650)가 있습니다. 그는 디오게네스와 반대로 사회가 부여하는 규범들을 받아들였어요. 코스프레하고 학교에 가는 것에 대해서, 이 프랑스 사상가는 매사에 신중해야 하며 불필요한 문제에 휘말리지 않아야 한다고 말할 것입니다. 주의를 끌지 않고 없는 듯 지나가는 것이 가장 좋다고요. 그러면 다른 사람도 당신을 가만히 놔둘 거고 괜히 고통받지 않을 거니까요.

데카르트는 사회에서 조화롭게 살기 위한 키워드 3개를 제시합니다. 분별력, 인내, 자기 통제랍니다. 항상 가장 신중한 사람들의 삶의 스타일과 의견을 따르는 것이지요. 비록 속으론 동의하지 않고 이해하지 못한다고 해도 말이에요. 극단적인 것은 항상 나빠요. 그러므로 매사에 중간 길을 찾아야 해요. 권력이나 기존 질서에 의문을 가질 생각은 하지도 말고요. 만약 그런다 해도 아무것도 얻지 못할 것이며 오히려 많은 것을 잃어버릴 수 있어요. 아무리 노력해도 세상을 바꿀 수 없거든요. 그러나 거기서 사는 방법은 배울 수 있습니다. 여러분에게 영향을 줄 수 있는 사건들을 회피할 수 있는 기술을 익히세요. 감정과 기분을 조절하는 법을 배우세요. 만약 세상이 부정하다면 부정과 공존하는 법을 배우세요. 사회에서는 가장 강한 자들이 살아남는 게 아니라, 가장 뛰어난 적응력을 가진 자들만이 살아남습니다. 쓸모없는 이상주의는 잊고 실리주의자가 되세요.

데카르트는 출판을 눈앞에 둔 저서에서 다룬 개념과 동일한 생각으로 갈릴레이가 종교 재판에서 형벌을 받았다는 소식을 들었어요. 그러자 출판사로 부리나케 달려가 원고를 인쇄소에 보내지 말아 달라고 부탁했습니다. 바보가 아니고서야 누가 물리학책 하나 때문에 고문받고 감옥에 가고 싶을까요? 데카르트에게 자신의 사상을 배신할지 아니면 잘못을 인정하고 탄원할지 물어본다면, 그의 선택은 분명합니다. 코스프레를 하고 학교에 가기로 결심하고, 그 결과 놀림과 비웃음을 당한다면, 그건 여러분이 얼간이라서 그런 거예요.

모두와 특히 권력 기관과 잘 지내야 합니다. 그래야 여러분은 평화롭게 살 수 있고, 그것이야말로 진정으로 유일하게 중요한 일입니다. 만약 데카르트가 끝내 종교 재판에 회부되었다면, 아마도 미국의 희극 배우이자 영화배우인 그라우초 막스와 비슷한 말을 하지 않았

타인에게 휘둘리지 않는 나를 위해

을까 싶어요. "이것들이 제 원칙입니다만, 만약 마음에 들지 않으시다면 다른 것들이 준비되어 있습니다."

데카르트는 지칠 줄 모르는 여행가였습니다. 다양한 문화, 규범, 삶의 방식을 알았어요. 그는 '로마에 가면 로마법을 따르라.'는 격언을 실천에 옮길 줄 알았고, 그 덕분에 혜택도 많이 받았어요. 유럽의 멋진 궁전들에서 살면서 화려함과 편리함을 누렸지요. 마무리하자면, 축제가 있거나 혹은 학교에서 국제 만화의 날을 기념하는 날이 아니라면, 코스프레하고 학교에 가는 것은 꿈도 꾸지 마세요.

정상과 비정상은
누가 결정하나?

왜 축제에서는 코스프레를 하는 게 정상이고 그렇지 않은 날에는 비정상일까요? 프랑스 철학자, 미셸 푸코(1926~1984)는 누가 정상인지 아닌지를 결정하는가에 대해 질문하고 연구했습니다. 젊은 시절부터 푸코는 전통적인 방식과 동떨어진 삶을 살기로 결심했어요. 그는 의사 집안에서 태어났습니다. 그러나 소년은 얼마나 고집이 셌던지 열한 살에 아버지와 할아버지에게 맞서 가족의 전통을 따라 의사가 되지 않을 것이며 자기만의 길을 찾겠다고 선언했어요. 어린 소년은 비판적이었으며 유별났지요. 그리고 사춘기에 접어들며 자신이 동성애자임을 알게 되었습니다. 이로 인해 푸코는 심한 고통을 받았습니다. 푸코의 가족은 매우 보수적인 데다가 신앙심이 깊었기 때문이지요. 그의 아버지는 동성애가 질병일 뿐만 아니라 가장 심각한 죄악이며 가족의 명예를 더럽힌다고 생각했어요.

이 젊은 철학자는 누구에게 도움을 요청할지 누구랑 말을 해야 할지, 무엇을 해야 할지 몰랐어요. 자신이 비정상인 사람, 이상한 사람, 다른 사람, 사회적 규범에 맞지 않는 사람, 이방인, 죄인, 병자, 악인이라는 느낌은 점점 더 강렬해져서 여러 번 자살을 시도하기까지 했어요. 그런데 철학이, 그 가운데 특히 독일 철학자, 프리드리히 니체(1844~1900)의 작품이 그를 구원했어요. 실제로 니체가 한 말이 그의 삶의 모토이자 전투의 함성이 되었어요. "진짜 나로 존재하기 위해 노력해야 한다." 푸코를 가르쳤던 철학 선생님들은 틀에 박히지 않은 그의 사상들을 고치기보다는 오히려 푸코의 존재를 높이 평가하고 그가 위대한 사상가가 되어 한 세대의 빛이 될 것이라 믿었습니다. 그리고 그들의 예언은 적중했어요.

푸코는 역사가 흐르면서 인간의 삶의 방식이 계속 변했다고 말했습니다. 동물은 항상 동일한 삶의 방식을 고수하지만, 반면 인간은 삶의 방식을 변화시키며 살아가지요. 뱀은 허물을 벗지만, 인간은 자신의 고유한 인간성을 변질시킵니다. 오늘날의 남자와 여자는 지난 세기의 그들과 전혀 비교할 수 없어요. 인간이 살고 관계를 맺는 방식에서 변하지 않는 것은 아무것도 없습니다.

오늘날까지 인간에게 불멸의 본질이 존재한다고 믿게 만드는 범인은 바로 〈라스트 킹덤〉 같은 드라마 시리즈예요. 오늘을 사는 사람들이 다른 시대의 옷으로 분장하고 등장하는 이런 드라마를 보고 우리는 과거의 인물들도 우리와 같다고 단순하게 생각하지요. 인간을 정의하는 몇몇 특징들이 역사적 변화에도 불구하고 그대로 남아 있다고 믿는 거예요. 그러나 드라마에 나오는 그들은 과거의 그들이 아니라, 그들의 옷으로 분장한 우리들입니다. 바이킹들은 우리처럼 사랑하지 않았고, 우리처럼 우정을 이해하지 않았으며, 오늘날 우리가 가지고 있는 가족 관계 속에서 살지도 않았습니다.

푸코는 우리를 생각에 빠지게 할 에피소드를 들려줍니다. 1757년 파리에는 사망할 때까지 공개적으로 고문당하는 형벌을 받은 다미앵이라는 사람이 있었습니다. 당시 신문은 사형 집행을 마치 요즘 축구 경기 중계처럼 매우 상세하게 보도했어요. 그 불쌍한 사람에게 가해진 형벌은 잔혹하기 그지없었어요. 피부를 집게로 벗겨 내고 유황, 녹인 납, 펄펄 끓는 기름을 상처에 부었고, 말 네 마리가 사지를 찢게 했어요. 신문 보도에 따르면, 사지 절단은 계획보다 오래 걸렸는데, 말들의 힘이 달려서 두 마리를 더 묶어야 했었다고 해요. 결국 불쌍한 다미앵의 남은 신체를 자르는 일은 도끼로 해결해야 했어요. 다미앵의 사형 집행을 더 자세히 알고 싶다면 푸코의 《감시와 처벌》 첫 번째 장을 읽어 보세요. 확신하건대 온몸에 소름이 끼칠 겁니다.

이 같은 오싹한 이야기를 통해 푸코가 성찰하고자 했던 것은, 만약 우리가 18세기 파리에서 태어났더라면, 그러한 잔인한 광경을 '정상'으로 보았을 거라는 사실입니다. 만약 기회가 됐더라면 사형 집행을 보러 갔을 거고, 사형 집행인으로 하여금 불쌍한 다미앵에게 더 심한 고통을 주라고 응원했을지도 모르지요. 오늘날 축구 경기장 관중석에서 격렬하게 응원하는 것처럼 말이에요. 다시 말하자면, 오늘날에는 용납할 수 없는 것들이 얼마 전까지는 '정상'이었다는 겁니다.

푸코는 인간의 행동을 구분하는 데 사용하는 '정상'과 '비정상' 개념을 연구했어요. 감옥, 정신 병원, 학교가 어떻게 기능하는지에 대해 심도 깊게 연구한 뒤, 정상과 비정상을 설정하는 것은 바로 권력이라고 믿었습니다. 시대마다 권력자가 무엇이 범죄인지, 병인지, 죄인지 결정합니다. 어떻게 하냐고요? 교육과 문화를 우리에게 주입하며 특정 행동을 '정상'으로 간주하게 만드는 것이지요. 그래서 주어진 규범들을 의심하지 않고 자연스럽게 받아들이게 합니다. 우리가 정상이라고 배운 행동 범위에서 벗어나는 것들은 비정상이 됩니다.

우리 인간은 인간으로 태어난 순간부터 항상 어떤 특정 방식(권력을 가지고 있는 사람들에게 부합한 행동) 그리고 정형화된 모델에서 조금이라도 동떨어진 행동을 하면 비인간적인 사람, 병자, 타락한 사람 혹은 괴물로까지 취급받습니다. 켄 키지의 동명 소설을 토대로 만든 영화 〈뻐꾸기 둥지 위로 날아간 새〉(밀로시 포르만, 1975)에서는 푸코의 철학 사상을 곳곳에서 엿볼 수 있어요. 영화는 재범이며 반권위적 자유 영혼을 가진 랜들 맥머피(잭 니컬슨)가 감옥이 아니라 정신 병원에서 '편안하게' 형을 살기 위해서 미친 척하며 시작됩니다. 병원에서 그는 래치드라는 권위적이며 엄격한 간호사를 만납니다. 그녀는 랜들의 자유로운 영혼을 정신병처럼 취급해요. 랜들은 병원의 규정에 반항하고 다른 환자들은 그를 따르게 됩니다. 래치드는 그의 반항적

타인에게 휘둘리지 않는 나를 위해

인 성격을 굴복시키기 위해 백질 절제 수술까지 합니다.

푸코는 영화에서처럼 심리학과 심리학자는 기존에 설정된 질서에 의구심을 품거나 문제 삼는 행동을 질병으로 규정하는 존재라고 생각합니다. 푸코는 우리는 '규제화된 사회'에 살고 있으며 거기서 우리도 모르는 사이에 세뇌당하고 있다고 믿었습니다. 규제화된 체제는 이상적인 행동 모델을 건축한 다음, 이상적인 행동에 가까이 있는 사람들(정상인)에게 보상을 주면서 강화하고, 반대로 이상적인 행동 모델에서 어긋나는 사람들(비정상인)에게는 형벌을 내립니다. 규제화된 체제는 사람들이 규범을 내재화하여 만약 규범을 어겼을 때 스스로 자책감을 느끼게까지 만들었습니다. 하루 종일 여러분을 감시하는 경찰이 여러분의 머릿속에 있으며, 그는 코스프레하고 학교에 가면 사회적 의복 규범에 어긋날 것이고 그로 인해 야단을 맞거나 벌을 받을 거라고 말합니다. 여러분의 동급생들도 규제화된 체제의 일부예요. 그들은 내재화된 사회적 규범에 따라 거기서 잠깐 벗어난 여러분을 '괴짜'라고 부르며 놀리거나 벌주기 때문이지요. 그런 상황에서는 그렇게 반응하는 것이 정상이니까요.

자, 이제 선택의 시간입니다. 묶을 건가요, 아니면 묶일 건가요? 괴짜가 될 건가요, 아니면 정상인이 될 건가요? 자유로울 건가요, 아니면 순응할 건가요? 현명한 사람이 될 건가요, 아니면 무분별한 사람이 될 건가요? 광인이 될 건가요, 아니면 이성적인 사람이 될 건가요?

7

· 쇠렌 키르케고르, 장 폴 사르트르, 플라톤, 스피노자 ·

#책임 #선택 #생각의 자유 #실존주의

여러분이 고등학생이라면 아마도 지금 제일 큰 고민은 졸업 후에 무엇을 할지가 아닌가요? 정보가 충분하지 않은 데다, 가진 정보가 정확하다는 보장도 없는 상태에서 무언가를 선택해야 하는 압박을 받고 있을 수도 있지요. 고등학생이 아니라 해도 어떤 결정을 내려야 하는 순간이고, 그래서 불면증에 시달릴 수 있습니다. 아니면 인생의 중요한 순간에 선택의 기로에 있는 다른 누군가를 알고 있을지도 모르지요. 그 사람이 여러분에게 조언이나 충고를 구할 수도 있고요.

어떤 결정을 내리기 전에 고민하고 다른 사람에게 조언을 구하는 것은 매우 일반적인 일입니다. 무엇을 해야 할지 모를 때, 우리는 종종 존경하는 누군가에게 만약 당신이 나라면 어떤 결정을 내리겠냐고 묻습니다. 여러분도 무엇을 할지 모를 때 남에게 충고를 구하는 편인가요? 남에게 충고해 준 적이 있나요? 충고는 좋은 것일까요? 누가 충고해 달라고 부탁하면 좋나요? 내가 남을 위해 대신 선택해 주어도 될까요? 반대로 남이 나 대신 선택을 해도 될까요? 그들이 내 조언을 따르면, 나는 그들 삶에 책임이 있는 걸까요? 왜 이렇게 선택은 어려울까요? 우리는 선택의 책임을 회피할 수 있을까요? 왜 선택의 순간에 그렇게 고민하는 걸까요?

고민에 빠지게 될 거야

우리가 무언가 선택할 때 왜 두려워하는지에 대해서 매우 흥미로운 이론을 세운 덴마크의 철학자가 있는데, 바로 쇠렌 키르케고르(1813~1855)예요. 키르케고르는 역사상 모든 철학자들 가운데 가장 여행을 하지 않은 철학자로 꼽히기도 해요. 실제로 그는 42년의 생애 동안 거의 코펜하겐을 떠나지 않았어요. 이 철학자의 삶에는 두 사건이 큰 영향을 미쳤는데, 하나는 아버지와의 관계였고 다른 하나는 연인과의 관계였습니다. 첫 번째 사건은 그가 스물두 살 때 일어났는데 그의 성격에 큰 영향을 주었어요. 키르케고르는 그날 아버지와의 사건을 '우리 가족을 뒤흔든 지진'과 같았다고 묘사했어요. 아버지는 키르케고르의 어머니가 자기 집에서

타인에게 휘둘리지 않는 나를 위해

하녀로 일할 때 그녀를 탐했다고 고백했지요. 더 충격적인 것은 아버지가 첫 번째 부인의 상중에 그녀를 범했다는 사실이었어요. 그렇게 키르케고르는 죄책감이라는 문제를 매우 진지한 철학적 논제로 삼게 되었습니다.

두 번째 사건은 좀 이해하기 힘들 수도 있겠습니다. 키르케고르는 결혼 직전에 연인 레기네와 파혼했어요. 그녀를 열정적으로 사랑하고 있었지만, 그녀를 절대 행복하게 해 줄 수 없을 것 같았기 때문이었지요. 사랑에 빠진 젊은 키르케고르는 큰 번민에 휩싸여 자신에게 신체적 가해를 시도하기까지 했습니다. 레기네는 그에게 돌아와 달라고 애원했지만, 키르케고르는 그녀를 진정으로 행복하게 해 줄 만한 사람을 찾으라고 말했어요. 레기네가 자신을 포기하게 하기 위해서 그는 자신이 '동성애자'이며 '정부의 아들'이라고 말했어요. 물론 모두 연인을 불행하게 만들고 싶지 않아 한 연극이었어요. 사랑을 위해 그렇게 말했던 것이지요. 이 철학자의 결정은 어쩌면 영화 〈카사블랑카〉(마이클 커티즈, 1942)의 마지막 명장면을 연상시킬지도 모르겠어요. 아직 그 영화를 볼 행운이 없었을지 모르니, 여러분을 위해 어떤 장면인지는 자세히 말하지 않겠어요. 당장 이 책을 덮고 명화의 한 장면 한 장면을 즐기러 가기를 권합니다. 〈카사블랑카〉는 단순한 명화가 아니라, 신이 인류를 아직까지 소멸시키지 않은 이유 중 하나이니까요.

이제 두 사건을 알았으니, 왜 키르케고르가 선택의 고뇌에 대해서 성찰했는지 더 잘 이해가 될 거예요. 키르케고르는 우리가 살면서 선택해야 할 때 느끼는 고뇌를 어떻게 설명할까요? 첫 번째로 여러분이 이 세상에서 유일하게 본질(실체) 없이 태어난 존재라는 사실을 소화해야 해요. 이 세상의 모든 생명체는 변하지 않는 고유의 특징 혹은 성질을 가지고 있고, 바로 그러한 특징들이 그것들의 본질입니다. 고유의 성질이 변하면 원래의 존재가 아니라 다른 무엇이 되고 말지요. 좀 더 쉽게 설명하자면, 삼각형의 본질은 세 개의 점과 세 개의 선분을 가지고 있는 것인데, 만약 그 성질이 변하면 삼각형은 더 이상 삼각형이 아니라 다른 무엇이 된다는 말입니다.

여러분의 성격 중에서 바뀔 수 없는 부분이 있나요? "나는 원래 이래서 바뀔 수 없어."라고 말하는 사람들이 있는데, 정말 그럴까요? 키르케고르는 그런 말은 얼토당토않다고 소리칠 겁니다. 여러분의 정체성은 결정되어 있지 않아요. 여러분이 어떤 사람인지는 살면서 매 순간 어떤 선택을 하느냐에 달렸다는 말입니다. 그 선택이 제아무리 작고 의미 없어 보여도요. 여러분이 고등학생이라면 세 가지 중에서 선택할 수 있어요. 대학에 가거나, 전문적인 기술을 배우거나, 공부는 포기하고 바로 사회로 나가 직업 전선에 뛰어드는 것이지요. 세 가지 중 아무거나 선택할 수 있고, 어떤 선택을 하든지 여러분은 변함없이 여러분입니다. 삼각형과는 달리 여러분은 다양한 존재 방식을 가지고 있어요. 문제는 모두 한 번에 다 될 수 없다는 것이고, 그렇기 때문에 그중 무엇을 실현할지 선택해야 하지요.

불행하게도 선택은 포기를 의미합니다. 모든 선택은 그것이 아무리 사소하고 의미 없더라도, 그로 인해 선택하지 않은 삶을 포기하

타인에게 휘둘리지 않는 나를 위해

고 다른 사람이 되는 거예요. 키르케고르의 사상을 잘 엿볼 수 있는 벨기에 영화가 있어요. 〈미스터 노바디〉(자코 반도르말, 2009)는 백스무 살까지 산 남자의 이야기예요. 그는 죽음의 문턱에서 만약 다른 선택을 했더라면 살았을 삶을 떠올립니다. 선택은 포기하는 것이고, 포기가 여러분이 느끼는 고뇌의 감정을 불러일으키지요. 이건 사실 자유가 불러일으키는 현기증이기도 해요. 결정하기 직전에 우리가 고뇌하는 이유는 선택해야 한다는 것을 알기 때문이지요. 선택을 한 다음에는 고뇌가 사라지고 후회, 죄책감, 만족과 같은 감정을 느낍니다. 고뇌는 우리가 여러 개의 대안 중에 선택할 수 있음을 인식하는 데서 비롯되는데, 이때 우리는 원하지 않더라도 어쩔 수 없이 선택할 수밖에 없어요. 그리고 선택은 잘못 선택할 가능성을 내포하고 있지요. 다시 말하자면, 우리에게 주어진 인생을 낭비할 수도 있다는 거예요. 우리가 고뇌하는 이유는 우리가 한 선택으로 인해 우리 존재를 허비할 수 있다는 사실을 인식하기 때문이에요. 누군가에게 조언은 구할 수 있어요. 그러나 누군가가 나 대신 선택할 수는 없어요. 우리 삶의 책임은 오직 우리 자신에게 있으니까요.

당신은 자유라는 형벌을 받았다

프랑스 철학자, 장 폴 사르트르 (1905~1980)도 키르케고르와 생각이 같아요. 사르트르도 여러분의 본질은 자유라고 말할 거예요. 여러분은 자유롭지 않을 자유를 가지고 있지 않기 때문이지요. 그렇기 때문에 누구도 여러분을 대신해서 선택할 수 없어요. 선택을 포기하고 다른 사람의 손에 맡기면 그것은 더 이상 여러분이 책임져야 할 여러분의 선택이 아니기 때문입니다. 자유라는 형벌은 오직 죽음으로만 벗어날 수 있어요. 여러분은 언제나 자신이 하는 것 혹은 하지 않는 모든 것에 책임이 있고, 동시에 그것으로 인해 변한 자기 자신에 대해서도 책임져야 합니다. 여러분이 겁쟁이라면, 여러분은 여러분의 비겁함에 책임이 있어요. 매 순간 여러분이 자유롭게 선택한 행동들 하나하나가 여러분을 비겁한 사람으로 만들었기 때문이에요. 언제나 다른 선택을 할 수 있는 기회가 있었어요. 변명 따위를 찾는 수고는 하지 마세요. 여러분 스스로 어떻게 행동할지 선택한 결과이니 말이에요.

사르트르는 특히 정치인들이 자기 결정을 '선택의 여지가 없었다', '그렇게 하고 싶지 않았지만 다른 방법이 없었다', '해야 할 일을 했을 뿐이다. 그러나 진심으로 원한 건 아니었다' 식으로 불가피했다고 변명하는 경향을 일컬어 '자기기만'이라고 말했어요.

조언을 구한다지만 진짜로 원하는 것은 무엇인가요? 다른 사람에게 책임을 떠넘기는 것? 미안하지만 아무리 노력해도 여러분의 선택에 따른 책임을 다른 사람에게 전가할 수 없습니다. 비록 누군가의 조언을 따른다고 해도 마지막 순간에 그것을 선택해서 실행에 옮기는 것은 오직 여러분이니까요. 책임은 오롯이 여러분 것인데, 다른 사람 탓을 하는 것은 비윤리적입니다.

사르트르가 교수실에 있는데 학생 하나가 조언을 구하러 찾아왔어요. 젊은이는 어려운 딜레마에 봉착해 있었습니다. 두 가지의 대안 중에서 선택해야 했는데 도무지 무엇이 좋은지 선택하기 힘들었어요. 당시 프랑스는 독일과 전쟁 중이었어요. 학생의 동생은 전쟁에서 전사했고, 아버지는 나치에 협력하며 조국을 배신했어요. 학생은 동생의 복수를 위해 자유 프랑스군에 입대해서 가족의 명예를 회복하고 싶었습니다. 그런데 그렇게 하면 병들고 자신의 도움이 필요한 어머니를 홀로 두어야 했어요. 그는 어떻게 해야 했을까요? 그의 의무는 무엇이었을까요? 조국을 위해 싸우는 것 아니면 어머니를 돌보는 것? 사르트르의 조언은 딱 한 마디였어요. "선택하게." 사르트르가 학생에게 전하고 싶었던 메시지는 스스로 '어떻게 할지' 결정해야 하는 것뿐만 아니라, 무엇보다 먼저 '무엇을 해야 할지'를 결정하라는 것이었습니다.

　　세상 어디에도 우리가 무엇을 하고 혹은 어떻게 존재해야 하는지 써 있지 않습니다. 존재하기 위한 올바른 혹은 좋은 방법은 없어요. 그저 따라야만 하는 모델이나, 모든 사람의 행동에 지침서가 될 수 있는 공통의 원칙 따위는 없습니다. 오직 자신만이 그런 원칙들을 만들고 선택해야 해요. 실제로 삶은 바로 그렇게 존재로 완성되는 것입니다.

　　사르트르의 자유에 대한 개념을 더 잘 이해하기 위해 예를 들어볼게요. 여러분은 지금 학교 친구들과 함께 미술 수업을 듣고 있어요. 앞에는 하얀 캔버스가 있고, 유화 팔레트가 옆에 있으며 붓도 가지런히 잘 준비되어 있어요. 그런데 아직 선생님이 오지 않았고, 미리 어떤 그림을 그리라는 지시도 없었고, 따라 그릴 수 있는 모델도 없는 상태이며, 어떻게 그림을 평가할지 기준도 없습니다. 지금 여러분이 그리는 그림은 여러분 외에 그 누구에게도 평가받지 않을 거예요. 그림 그리는 시간을 재기 위해 초시계가 움직여요. 자, 원하는 건 뭐든지 그릴 수 있어요. 다른 친구가 무엇을 그리는지 살짝 엿볼 수도 있지요. 그러나 다시 잘 생각해 보면, 남이 그린 것을 따라 그리는 건 좀 부정해 보여요. 자기 자신을 속이는 것과 같기 때문이지요. 오직 여러분만이 하얀 캔버스 위에 무엇을 그릴지 선택할 수 있고, 모든 것을 그릴 수 있어요.

나는 사르트르에 관해서 수업할 때면, 교실에 들어가서 종이를 나누어 주고 그 위에 무언가 쓰라고 요구해요. 종이를 나누어 주는 동안 질문이 쏟아지지요. "뭐에 대해 써요?", "성적에 들어가요?", "왜 갑자기 작문을 하죠?" 나는 항상 같은 대답을 해요. "너희 질문에는 정답이 없다."라고 말입니다.

그림과 글쓰기를 예를 들었지만 실제로는 사는 것, 삶을 빗댄 것임을 알겠나요? 하얀 캔버스나 흰 종이처럼 채워져야 할 여러분의 삶을 어떻게 살 건가요? 갑자기 고뇌가 밀려오지요? 진정하세요. 사르트르가 볼 때 지극히 정상적인 반응이니 말이에요. 고뇌는 오히려 인간이 느낄 수 있는 가장 중요한 감정 중 하나라고 사르트르는 말합니다. 그러나 고뇌를 두려움과 혼동해서는 안 돼요. 두려움은 실질적인 위험과 현실이 우리에게 야기할 수 있는 손실과 연결되어 나타나기

타인에게 휘둘리지 않는 나를 위해

때문이에요. 만약 여러분 앞에 거대한 호랑이가 당장이라도 여러분을 공격할 태세로 나타난다면, 가장 정상적인 반응은 두려움을 느끼고 목숨을 구하기 위해서 가능한 모든 일을 하는 것입니다. 모든 두려움은 나를 위협하는 외부의 실체(사자 혹은 수학 선생님)가 존재할 때 생깁니다. 그러나 고뇌는 아무런 구체적인 이유 없이 자기 자신, 우리 스스로 내린 결정 그리고 그것이 수반하는 결과에 대해 느끼는 두려움입니다. 고뇌는 우리가 우리 자신이 자유롭다는 사실을 인식할 때 빠져드는 감정이에요. 왜냐하면 우리가 자유롭다는 사실을 발견하면, 우리는 지금 그리고 미래의 내 존재가 오롯이 우리 자신에 의해 좌우된다는 것을 깨닫게 되기 때문이지요. 그 무엇도 그 누구에게도 책임을 물을 수 없게 되는 것이지요.

그러나 자유는 축복받은 형벌이다

오직 여러분만이 여러분의 실패에 책임질 수 있다는 사실을 영광으로 받아들이세요. 다른 사람에게 책임을 전가하지 마세요. 고뇌가 비록 기분 좋은 것은 아니지만, 그렇다고 나쁜 감정은 아닙니다. 우리를 책임감 있는 존재로 만들어 주거든요. 어린아이는 고뇌하지 않아요. 오직 책임감 있는 성인만이 이 감정을 수용할 수 있어요. 게다가 책임감은, 완전히 개인적 행동이라는 것은 존재하지 않으며 우리의 모든 행동이 제삼자에게 영향을 준다는 사실을 깨달으면 깨달을수록 커집니다. 그러니 부모님에게 "내 인생이에요. 내가 알아서 원하는 대로 살 거예요.", "내 일에 간섭 마세요." 또는 "엄마에게 무슨 상관이야?"라는 무책임한 논리는 내세우지 않았으면 해요.

중요한 계획을 선택할 때도 마찬가지로, 인류에게 영향을 줄 수 있는 선례를 선택하고 있음을 인식해야 해요. 세상 모든 사람들이 나와 같은 선택을 하게 되면 어떤 일이 벌어질지 자문하지 않는 것은 무책임한 행동이에요. 한 가지 삶을 선택하고 내게만 해당되며 유용하다고 믿는 것은 옳지 않아요. 차가 막힐 때 여러분만 갓길로 갈 허가를 받았나요? 시험 볼 때 여러분만 커닝해도 된다는 허가를 받았나요? 직원을 착취하라고 여러분만 허가받았나요? 왜 여러분만 특별한가요? 왜 오직 여러분만 그런 것을 선택할 수 있나요?

사르트르는 우리가 어떤 결정을 내릴 때, 우리는 입법자로 변한다고 말했어요. 왜냐하면 책임감 있는 사람은 결정을 내릴 때 언제나 그 결정이 동일한 상황에서 다른 사람도 선택할 결정일지 생각하기 때문이에요. 그래서 사르트르는 행동하기에 앞서 다음을 생각하라고 경고합니다. 다른 사람도 나처럼 행동해야 한다면, 지금 나는 내가 하려는 행동을 할 권리가 있는지 말이에요. 고뇌는 책임감 있는 사람만의 전유물입니다. 예를 들어, 군인들이 죽을 수도 있다는 사실을 알면서도 부대를 전쟁터로 보내는 장군은 고뇌합니다. 장군이 자신이 내려야 할 결정 앞에서 고뇌하지 않는다면, 그는 완벽하게 무책임한 사람임을 의미합니다. 만약 장군이 자신의 의무를 회피하기 위해서 다

타인에게 휘둘리지 않는 나를 위해

른 사람에게 대신 결정을 내리라고 부탁하거나, 주사위를 던져서 결정하거나 혹은 깊은 성찰이나 고민 없이 머릿속에 제일 먼저 떠오르는 대로 결정한다면 상황은 더 심각해질 겁니다. 결국 원하든 원하지 않든 장군은 자신의 막사에서 완전히 고독하게 결정을 내려야 합니다. 그리고 전쟁터에서 일어나는 일은 오직 그만이 책임져야 합니다.

사르트르의 실존주의를 매우 잘 이해한 사람이 있었는데, 바로 플라멩코 가수 카마론입니다. 그는 특유의 집시 음성으로 구슬프고 화려하게 이런 노래를 불렀어요.

나는 창문을 통해 / 여명의 푸른빛을 바라본다. / 아주 슬프고, 맑고 황금빛으로 물든 푸른빛. …… / 좁은 거리로 / 달빛이 빛난다. / 흰색 담벼락 / 어두컴컴한 창문, 어두컴컴한 창문. / 그리고 내 고향의, 내 고향의 / 오래된 공원에서 / 이런저런 충고를 들었지만, / 나는 항상 내 갈 길을 걸었지. / 그리고 수많은 충고에도 / 난 몰랐지, 무엇을 해야 할지를. / 후에 나의 하루를 즐겁게 해 줄 / 카네이션이 태어났고 / 그리고 이제 나는 카네이션이 세 송이나 있네. / 인생에서 무엇을 더 바라리. / 우리 집 정원에서 절대 기쁨이 시들지 않기를 바랄 뿐. / 살고 꿈꾸고, 살고 꿈꾸고 / 나는 오직 자유만 찾아다닌다오.

그런데 어쩌면 카마론이 틀렸을지도 모릅니다…….

당신 삶에 소크라테스를
끼워 넣어라

플라톤(B.C.428?~B.C.347?)은 인간
은 본질이 없기 때문에 원하는 것이 될 수 있는 자유로운 존재임을 옹
호한 모든 이들과 키르케고르, 사르트르, 카마론의 생각에 동의하지
않을 겁니다. 소크라테스의 제자였던 플라톤은 인간에게는 본질이
있다고 말했습니다. 대다수가 그것을 인식하고 있든 인식하고 있지
않든 말이에요. 인간이 해야 될 일들은 글로 표현되어 있어요. 마찬가
지로 우리가 닮아야 하는 모델도 있지요. 문제는 오직 매우 지혜로운
자들만이 그것을 안다는 사실입니다.

고대 그리스인들은 신중함을 실용적인 지혜의 특징이라고 생각
했어요. 신중한 사람은 숙고하여 매 순간 상황과 사람에 맞는 결정을
내릴 수 있다고 믿었지요. 그렇다면 어떻게 신중함을 얻을 수 있을까
요? 플라톤은 유일한 방법은 지식을 통해서라고 말했어요. 실수를 범
했다면 그것은 자기 자신의 무지함의 결실임을 알아야 한다고요. 어
떤 선택을 할 때, 일부러 신중하게 생각해서 잘못된 선택을 하려는 사
람을 보았나요? 어떤 행동으로 다른 사람이나 스스로에게 나쁜 결과
를 초래했다면, 그것은 바른 행동이 무엇인지 몰라서 * 그런 것이에
요. 행복해지고 싶고 내 결정이 모두 올바르길 바란다면, 행동할 때
무엇을 원칙으로 삼아야 하는지 연구하기 위해 일생을 바쳐야 할 겁

◆ 이러한 이론을 '지성주의 윤리학'이라고 부르는데, 플라톤은 이 이론을 스승 소크라테스에게
전승받았다.

타인에게 휘둘리지 않는 나를 위해

니다. 우주를 지배하는 원칙들을 발견하기 위해서 물리학자들이 연구하는 것과 마찬가지로, 미덕과 행복의 경지에 다다르기 위해 인간의 삶을 지배하는 원칙들에 대한 지식이 존재하니까요.

여러분이 무슨 말을 하려는지 알아요. 윤리학을 공부할 시간이 없다, 수학 시험 공부만 해도 벅차다, 그걸 5분 안에 설명하는 유튜브 영상도 없다 등 할 말이 많을 거예요. 걱정하지 마세요. 왜냐하면 플라톤이 더 쉬운 해결책을 가지고 있거든요. 바로 여러분의 인생에 지혜로운 사람을 끼워 넣는 겁니다. 우리가 모두 물리학자가 될 필요가 없듯이, 우리가 모두 신중할 필요는 없어요. 올바른 행동을 하고 싶다면, 연구와 경험을 통해 신중함의 경지에 오른 사람들의 안내를 받으면 돼요. 괴로워하지 말고 자유라는 무거운 짐을 자유를 가지고 무엇을 할 줄 아는 지혜로운 사람들의 손에 맡기세요. 경제적 결정을 내릴 때는 재무 전문가에게 조언을 구하는 게 더 현명하지 않나요? 적합한 재정 고문, 법률 고문, 개인 트레이너는 찾으면서, 왜 여러분의 삶의 방향을 잡아 줄 수 있는 철학자는 구하지 않나요? 철학자에게 조언을 구하지 않는 것은 주식 시장에 대해 아무 지식도 없으면서 저축한 돈을 주식에 투자하는 것과 같습니다. 돈이 휴지 조각이 되는 것은 시간 문제겠지요.

플라톤은 영화 〈평화로운 전사〉(빅터 살바, 2006)를 권할 거예요. 그 이유는 먼저 주인공 중 한 명이 존경하는 스승 소크라테스에게 영감을 받는 인물이기 때문이에요. 둘째, 이 영화는 우리가 트위스터 보드게임(시각-공간 인지 훈련 보드게임)을 하는 색맹들보다 삶이라는 게

임판에서 더 헤맬 때, 지혜로운 사람을 곁에 두는 것이 얼마나 중요한지 말해 주기 때문이지요.

영화는 모자라는 게 없어 보이는 청년 댄에 대한 이야기예요. 모범생 댄은 최고 대학에서 최고의 성적을 받고 있으며, 여자들에게 인기도 많고 그것도 모자라서 올림픽 체조 선수로 선발되기 직전입니다. 그의 인생은 완벽해 보이지만 댄은 행복하지 않아요. 무언가 모자라지만 그는 그것이 무엇인지 모르지요. 어느 날 댄은 오토바이 사고를 당하고 그의 삶에 위기가 파고들지만, 주유소에서 소크라테스라고 불리는 거리의 철학자를 만나 난관을 극복합니다. 소크라테스 역은 닉 놀티가 연기하는데, 그는 자격증도 없고 가르치는 직업을 가지고 있지도 않아요. 소크라테스는 주유소에서 일하며 댄에게 반어적인 질문을 하며, 사는 게 무엇이며 다시 자기 운명을 제어하기 위해서 어떤 결정을 내려야 하는지 이해하는 것을 도와줍니다.

플라톤은 집에서 가장 가까운 주유소에서 철학자를 만날 수 있는데도 불구하고 고뇌에 휩싸여 고민하는 것은 어리석다고 생각할 거예요.(혹은 가장 가까운 도서관에서 만날 수도 있겠지요. 내가 좋아했던 교수님은, 뭘 해야 할지 모를 때면 이미 이 세상에 없는 친구들에게 조언을 구하곤 했다고 말씀하셨어요. 책장에서 오래된 책을 꺼내 읽노라면, 마법처럼 종이 위의 검은 활자들이 자신을 기원전 4세기에 살았던 현자들의 정신과 연결시켜 주었다고요.) 마지막으로 명심할 게 있어요. 여러분의 친구가 인생에 영향을 미칠 어떤 결정을 내리기 전에 조언을 구한다면, 신중함의 달인이 아닌 이상 여러분은 자신의 무지함을 인정하고 진짜 지혜로운 사람을 찾아 조언을 구하라고 진지하게 말해 주세요.

선택은 없다

바뤼흐 스피노자(1632~1677)만큼 생각의 자유에 대해 투쟁한 사람은 많지 않을 겁니다. 그러나 묘하게도 이 네덜란드 철학자는 생각의 자유라는 개념을 인간이 자유롭지 않고 인간의 선택은 사전에 결정되어 있다는 사상을 옹호하기 위해 사용했어요.

스피노자는 스물넷이 되었을 때 유대교 사상을 비판한다는 이유로 유대교에서 제명당했어요. 그는 유대교에서 가장 엄한 벌인 파문을 당했고 추방당했고 저주와 비난을 받았어요. 어느 날 밤, 파문시킨 것만으로 만족 못 한 누군가의 칼에 찔리기도 했어요. 두꺼운 망토 덕분에 간신히 목숨은 구했지요. 스피노자는 전쟁터에서 입고 싸운 군복을 간직하는 군인처럼 그 망토를 보관하고 매일 바라보며, 자신이 자유롭게 생각하기 위해 치러야 했던 희생을 기억했습니다. 스피노자는 편지에 사용하는 인장에 가시 박힌 장미, 자신의 이름 이니셜과 '조심하시오'라는 글을 새겼어요. 사상의 자유는 우리에게 장미의 아름다움을 선사하지만 매 순간 장미에는 가시가 있다는 것을 명심하라는 뜻일 거예요. 그의 사상은 강렬한 반향을 불러일으켰고 심지어 이런 말까지 들었습니다. "신의 업적을 파괴하기 위해서 악마가 사용한 모든 인간 중에서 스피노자가 최악이었다."

그러나 다른 한편에서는 많은 사람이 그를 존경했고 그의 사상을 따랐어요. 알베르트 아인슈타인은 종교가 무엇이냐는 질문에 "나는 스피노자의 신을 믿습니다."◆라고 대답하기도 했지요. 스피노자가 죽은 뒤, 그의 철학은 무신론으로 간주되어 매도되었어요.

우리는 무엇을 선택할지 스스로에게 질문하기 전에, 그것을 할 수 있는지 자문해야 합니다. 살면서 내 삶이 내게 속하지 않는 것 같은 이상한 기분을 느낀 적 없나요? 내 삶을 조정하는 초월적인 힘이 존재하고, 내 미래를 결정짓는 것은 실은 내가 아니라는 사실을 느낀 적 없나요? 내 행동을 결정짓는 인간 움직임의 법칙 같은 것이 존재할까요? 미사일의 움직임을 미리 예견할 수 있는 물리학의 법칙처럼, 인간의 행동도 그렇게 예측 가능하게 하는 법칙이 있을까 말입니다.

스피노자는 이렇게 말했어요. "인간은 자신이 자유롭다고 생각하지만 잘못된 생각이다. 이런 생각은 자기 행동만을 의식하고 행동의 원인에 대해서는 무지할 때 가능하다." 내가 원하는 게 무엇인지 (몇 번쯤은) 매우 잘 알고 있을 게 분명해요. 그런데 왜 그것을 원하는지 아나요? 예를 들어 볼게요. 나는 여러분이 어떤 소녀(혹은 소년)를 정말 좋아한다는 사실을 알고 있어요. 그런데 여러분이 왜 다른 사람이 아니라, 콕 집어서 그녀(혹은 그)를 좋아하는 이유를 알고 있나요? 여러분의 파트너를 정말 여러분이 선택하는 걸까요? 자유는 환상입니다.

◆   스피노자의 신은 대우주였다. 스피노자는 신에 대한 생각을 '신 즉 자연(Deus sive Natura)'으로 종합했다. 신이 자연과 일체라는 주장이다. 신은 세상과 다른 그 무엇이 아니다. 존재하는 실체는 단 하나뿐이며, 우리는 그 일부이고 사물은 신 혹은 자연의 본성이 표현되는 방식이다.

타인에게 휘둘리지 않는 나를 위해

왜냐하면 우리의 선택 하나하나는 우리의 본성(자연)에 의해 결정되어 있기 때문이에요.

영화 〈매트릭스 2-리로디드〉(라나와 릴리 워쇼스키, 2003)에는 이 사상을 엿볼 수 있는 인상 깊은 장면이 있어요. 이 파란만장한 영화의 주인공 네오가 매트릭스의 설계자 아키텍트와 만나는 장면이에요. 아키텍트는 소프트웨어로 인간의 모든 현실을 통제하는데, 여기에는 인간의 정신을 포함한 가장 세밀한 부분까지 포함됩니다. 아키텍트와 지크문트 프로이트의 유사성은 우연이 아니에요. 왜냐하면 정신분석학의 아버지 프로이트도 우리의 행동을 결정짓는 무의식의 힘이 존재한다는 것을 믿는 데서 스피노자의 사상을 공유했기 때문이지요. 그들의 대화를 잠깐 재현해 볼게요.

"안녕, 네오?"

"당신은 누구죠?"

"난 아키텍트야. 매트릭스의 설계자지. 자네를 기다리고 있었다네. 질문이 많군. 자네 의식을 프로세스가 변형시키긴 했어도, 자넨 아직도 영락없는 인간이야. 따라서 내 대답을 이해 못 할 수도 있을 거네. 자네의 첫 번째 질문이 가장 적절할 수도 있지만, 동시에 가장 무의미한 질문일 수도 있다네."

"왜 내가 여기 있죠?"

"자네 삶은 매트릭스의 불균형한 방정식의 나머지의 합집합이야. 자네는 내 끈질긴 노력에도 불구하고, 내가 수학적으로 정확하게 완성시킨 매트릭스에서 없애지 못한 우발적 변종이지. 비록 해결하진 못했지만 예상 가능하고 통제 가능한 범위 안에 있기 때문에 자네가 피할 수 없이…… 여기까지 오게 된 거지."

스피노자는 우리가 자유롭다는 잘못된 생각은 거짓된 믿음에서 비롯된다고 말했어요. 인간이 살고 있는 대우주와는 독립적인 실체라는 믿음 말이에요. 존재하는 실체는 단 하나예요. 그것은 대우주이며, 우리는 대우주의 일부이고 모두가 조화를 이룹니다. 대우주의 모든 실체는 법칙의 지배를 받지요. 행성의 움직임부터 동물의 행동까지 모두요. 우리는 전부의 일부이며 그렇기 때문에 이 시스템의 다른 구성원들과 마찬가지로 그러한 법칙의 지배하에 있는 것이지요. 인간은 다른 살아 있는 실체와 다르지 않아요. 우리의 행동은 우리 것이 아니라 실제로는 자연이 우리를 통해 움직이는 거예요.

대다수의 인간은 자신들의 행동이 스스로 자유롭게 선택한 결과물이라고 믿는 어리석은 자들입니다. 그들이 자유롭지 못한 것은 무지하고 생각할 능력과 열정을 통제할 수 있는 능력이 없기 때문이에요. 유일하게 가능한 자유는 현자의 자유입니다. 적어도 현자는 인간을 조건 짓는 원인을 알고 그것을 통제하려고 배우기 때문이지요. 따라서 여기저기 기웃거리며 무엇을 해야 할지 질문하지 말고, 왜 내가 이렇게 행동하는지 알기 위해 시간과 노력을 기울이세요. 만약 좀 더 고뇌하고 싶다면, 이 책을 읽는 동안 시간이 계속 흘렀고 이제 무엇을 할지 결정할 시간이 이전보다 더 줄었다는 것만 생각하면 됩니다. 그

타인에게 휘둘리지 않는 나를 위해

리고 고뇌하지 않는 방법을 배우고 싶다면, 조금이라도 빨리 다음 장을 읽어 보기를 강력하게 권합니다.

8

· 보에티우스, 쇼펜하우어, 라이프니츠 ·

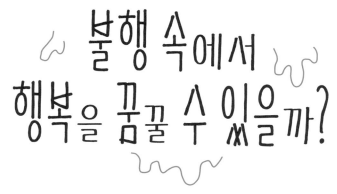

불행 속에서 행복을 꿈꿀 수 있을까?

#행운의여신 #운명 #욕망 #실패 #낙관주의

몇 년 전에 가르친 어느 학생의 꿈은 아버지와 할아버지가 공부한 대학에서 의학을 전공하는 것이었어요. 합격선이 높기는 했지만, 학생은 꿈을 이루기 위해서 최선을 다해 공부했지요. 그러나 공교롭게도 대학 입학시험 전날, 남자 친구가 자기와 제일 친한 친구에게 한눈을 팔았다는 사실을 알게 되었어요. 시험 결과는 기대치에 못 미쳤지요. 태어나서 처음으로 행운의 여신이 그녀에게 등을 돌리고 이제 역경의 시간을 주기로 마음먹은 것 같았어요.

같은 반에 무용수를 꿈꾸는 학생이 있었어요. 학생은 갖은 노력을 다해 부모님에게 꿈을 허락받았고, 2년 동안 가장 권위 있는 무용 학교에 입학하기 위해 밤낮으로 연습했어요. 입학해서는 열정적으로 공부하여 동기생 중에서 최고의 점수를 받으며 졸업했지요. 그런데 무용수로 성공할 가능성이 막 보일 무렵, 무릎 연골 뼈에서 선천적 질병이 발견되어 더는 무용을 할 수 없게 되었어요.

정말 노력하면 원하는 것을 이룰 수 있다는 말은 사실일까요? 여러분이라고 저런 불행을 겪지 말라는 법이 있을까요? 실패와 좌절을 감당할 준비가 되어 있나요? 엄청난 불행을 겪고 난 후에도 계속 행복할 수 있을까요? 행복은 행운에 좌우되는 걸까요? 그렇지 않다면 행복은 무엇에 좌우되는 걸까요? 어떻게 하면 행복한 인생을 확보할 수 있을까요? 불행 한가운데에서 과연 어떻게 행복해질 수 있을까요?

오직 철학만이
위안을 줄 수 있다

진정으로 불행의 늪에 빠져 본 철학자가 있습니다. 그 사람이라면 지옥 같은 불행을 겪고 난 후에도 어떻게 계속 행복할 수 있는지 가르쳐 줄 수 있을지도 모릅니다. 그는 5세기 로마에 살았고 이름은 아니키우스 만리우스 세베리누스 보에티우스(480?~524)였어요. 그의 가문은 로마 제국에서 가장 명망 높고 영향력과 권세가 있었습니다. 보에티우스는 성공에 필요한 모든 것을 가지고 태어난 듯 보였어요. 뛰어난 학생이었고, 젊은 나이에도 불구하고 동년배보다 매우 높은 교양과 문화적 소양을 지니고 있었

타인에게 휘둘리지 않는 나를 위해

지요. 그가 위대한 그리스 현자들의 작품을 라틴어로 번역한 덕분에 이탈리아인들은 플라톤, 아리스토텔레스, 프톨레마이오스, 아르키메데스, 에우클레이데스를 알게 되었습니다. 그는 철학, 과학, 엔지니어링, 음악에 박식했어요. 게다가 상냥한 성격에, 사람을 잘 다루는 천부적 능력을 타고났으며 인복도 많았어요. 그야말로 상식을 깨는 멋진 사람, 별을 품고 태어난 사람이었지요. 적어도 스스로는 그렇게 생각했어요. 플라톤의《국가》를 읽고 깊은 감명을 받은 보에티우스는 정치 세계에 참여하는 것이 자신의 의무라고 느꼈어요. 그는 플라톤처럼 모든 국가의 시민들은 만약 철학자들이 통치하거나 반대로 통치자들이 철학자라면 행복할 거라고 말했어요. 그의 정치 경력도 급속도로 성공의 길을 걸었어요. 테오도리크왕은 불과 서른이었던 그를 황제 다음으로 높은 지위인 집정관에 임명했어요. 그리고 또 시간이 흘러 그의 인생에 가장 행복한 순간이 찾아왔어요. 두 아들 또한 집정관으로 임명되어 임명식 기념 행사에서 연설까지 했던 것이지요. 모든 면에서 그의 인생은 부러움의 대상이었어요. 인간으로서 원할 수 있는 것은 모두 가진 듯했지요. 자신을 사랑하고 존경하는 아내, 성공, 돈, 세상에서 가장 권력 있는 사람들과의 우정 그리고 자신의 뒤를 따르는 멋진 두 아들. 행운의 여신은 항상 그의 곁에 있었고, 그러한 행운이 계속될 것 같았어요.

그러던 어느 날, 테오도리크왕이 원로원 의원 몇몇이 자신에 대항해 음모를 꾸미고 있다고 의심해서, 원로원에 친위대를 끌고 들이닥쳤어요. 보에티우스는 연단에 올라 늙은 황제에게 이성을 찾으라고 부탁하며 동료들을 옹호했어요. 그러나 상황은 그가 원하는 대로 흘러가지 않았어요. 원로원에서 보에티우스가 개입하는 것을 보고 왕은 보에티우스가 모의의 주동자라고 믿게 되었어요. 보에티우스는 수학과 천문학을 신을 부정하는 데 사용했다는 신성 모독 죄로 감옥에 갇혔습니다. 이제 보에티우스의 가장 슬픈 이야기가 시작됩니다. 원로원의 의원들은 아무도 그의 편에 서지 않았고 그는 고스란히 혼자 죄를 뒤집어썼습니다. 재판이 진행되는 동안 아무도 그를 대변하지 않았고 보에티우스는 사형을 선고받았어요. 그는 원로원에서 마지막 연설을 했는데, 적어도 연설을 통해 한풀이하며 모든 정치인에게 모욕감을 줄 수는 있었지요.

보에티우스는 잔인하게 고문당하고 사형 집행을 당할 때까지 9개월 동안 사형수 감방에 있었습니다. 인생이 더디고 고통스러운 죽음을 기다리는 일이 전부가 된다면, 여러분은 어떻게 했을까요? 사형 집행 날까지 무엇에 열중했을까요? 불행의 한가운데에서 행복할 수 있었을까요? 자신의 운명을 조정할 수 없는데도 불구하고 충만한 인생에 다다를 수 있었을까요? 보에티우스는 생애 마지막 열정을 중세 시대의 초대형 베스트셀러가 된 《철학의 위안》이라는 책을 쓰는 데 바쳤어요. 물론 저작권료를 만끽하는 건 불가능했지만 말이에요. 이 책은 모든 것을 소유했으나 이제 모든 것을 잃어버린 후, 감옥에서 지치고 불행한 자신을 그리며 시작해요. 그의 울음, 저주, 불평은 갑자기 감옥에 등장한 신비로운 여인 때문에 중단되지요. 그 이름 모를 여인을 보에티우스는 유심히 바라봅니다. 어디서 많이 본 듯한, 현자의 얼굴에 깊은 눈을 가진 여인이었어요. 어렸을 때 유모 같기도 했지요. 그녀의 이름은 철학이었어요. 그를 살리러 철학이 온 것이었어요. 철학은 그의 비극적 운명을 바꿀 수는 없었지만 그에게 행복은 돌려주었습니다.

지혜로운 여인은 보에티우스가 성공과 행운으로 인생의 최정점에서 행복에 도취해 사는 동안 잊고 있던 가르침들을 상기시켜 주었어요. 그는 아주 중요한 교훈을 잊고 있었어요. 우리 인생이 행운에 의해 지배당한다는 거였어요. 고대인들의 이 교훈은 '행운의 여신 포르투나, 운명의 수레바퀴 전설'을 통해 전해졌어요. 전설에 의하면, 눈이 안 보이는 행운의 여신은 인간에게 선과 악을 나누어 주는 것을 담당합니다. 그래서 많은 신 중에 가장 두려운 존재이지요. 중세 시대 예술에는 운명의 수레를 표현한 많은 작품이 있어요. 내가 가장 좋아하는 작품은 프랑스 수도원에서 발견한 그림 백과사전《호르투스 델리치아룸》에 등장하는 행운의 여신입니다. 이 책에서 행운의 여신은 왕관을 쓰고 나무 기둥 위에 앉아 있어요. 옆에는 수레와 변덕에 따라 돌릴 수 있는 핸들이 있어요. 바퀴 위에는 여신의 총애를 받는 남자가 있는데, 일반적으로 왕의 모습을 하고 있지요. 바퀴를 계속 돌리다 보면, 처음 바퀴 위에 있던 인물은 천천히 아래로 떨어지고 그가 가지고 있던 모든 것도 사라집니다. 이런 삽화에는 종종 예측 불허하고 변덕스러운 여신의 성격을 가늠하게 하는 비문이 쓰여 있기도 합니다. 결국 언제 그리고 왜 여신이 다시 수레를 돌릴지는 아무도 모른다는 뜻이지요.

철학은 보에티우스에게 자신의 행복을 행운의 여신의 손에 맡기는 인간은 어리석기 그지없다는 사실을 상기시켜 줍니다. 만약 우리 인생의 중요한 계획이 운명의 여신의 변덕에 따라 좌우된다면 우리는 불행할 운명에 처해 있어요. 여러분의 삶을 움직이는 원동력이 어떤 종류의 성공, 권력, 부라면 어쩔 수 없이 여러분은 실패하게 될 겁니다. 여러분에게 모든 것을 허락한 행운은 언제든 똑같은 방식으로 그것들을 빼앗아 갈 수 있기 때문이지요. 마찬가지로 여러분의 행복을 건강 혹은 외적 아름다움에 좌우되게 만들어서도 안 됩니다. 지금은 즐기겠지만 언젠가는 사라질 것들이기 때문이에요. 철학은 내가 어쩔 수 없는 일들에 영향을 받지 않는 방법을 가르쳐 주고, 내가 조정하고 통제할 수 있는 것들을 즐길 수 있게 만들어 줍니다. 철학을 실천하면 내가 변화시킬 수 없는 것들을 침착하게 대면할 수 있게 되고, 내가 변화시킬 힘이 있는 것을 변화시켜 나가며 살게 되고, 이 두 가지의 차이를 이해할 수 있는 지혜를 갖게 됩니다.

불행 앞에서 이 같은 철학적 행동을 고수할 줄 알았던 사람으로 우주 물리학자 스티븐 호킹이 있습니다. 영화 〈사랑에 대한 모든 것〉(제임스 마시, 2014)은 호킹의 삶을 잘 그리고 있지요. 행운의 수레가 갑자기 회전하여 호킹은 서서히 자기 몸에 대한 통제를 잃어 가게 됩니다. 호킹은 행운이 빼앗아 갈 수 없는 연구와 유머 감각 그리고 우정을 통해 거꾸로 뒤집힌 세상에서 피난처를 찾을 수 있었습니다. 보에티우스는 여러분에게 이렇게 질문할 겁니다. 서서히 운동 신경이 파괴되어 굳어져 가는 루게릭병에도 불구하고 호킹이 충만한 삶을 살

타인에게 휘둘리지 않는 나를 위해

수 있었다면, 여러분이 원하는 과에 합격은 못 했지만 다시 일어나 열심히 인생을 살지 못할 이유가 어디 있겠냐고요. 상황을 철학적 관점에서 곰곰이 성찰해 보세요.

인생은 똥 같다

여기 인내심이 꽤 부족한 독일 철학자가 있어요. 그는 보에티우스의 말은 무시하라고 할 거예요. 왜냐하면 애당초 행복은 존재하지 않으니까요. 행복은 환상, 사춘기의 바보 같은 착각에 불과해요. 사는 것은 고통이며, 비참한 인생에서 유일하게 할 수 있는 일은 잘해 봐야 고통을 줄이는 것밖에 없다는 사실을 인정해야 합니다. 계속 행복할 꿈을 꾼다면 고통은 커질 수밖에 없어요. 여러분은 곧 역사상 가장 염세주의적인 철학자를 만날 텐데, 그는 '미스터 원더풀'(역자 주: 미국의 인기 TV 프로그램 〈샤크 탱크〉의 인기 진행자이자 억만장자 투자자, 케빈 올리리를 말하는 것으로 보임.) 부류의 사람들이 말하는 것은 모두 불에 던져 버릴 겁니다. 그 철학자는 바로 아르투어 쇼펜하우어(1788~1860)예요.

쇼펜하우어는 사는 것은 욕망을 갈구하는 것이며, 욕망은 고통을 의미하기에 삶의 본질은 고통이라고 말합니다. 예를 들어, 어금니가 아프면 사실은 입안만 불편하지만 몸 전체가 아프다고 느낍니다. 살아 있다는 것은 고통을 느끼는 것이고, 무덤에 들어가 묘비가 세워진 다음에야 고통에서 해방될 거예요. 인생은 고통의 자연 현상으로 요약할 수 있어요. 고통받기 위해 욕망하며, 죽기 위해 투쟁한다……. 그리고 그 일은 세기에 세기를 지나 우리 행성이 다시 조각조각 날 때까지 반복된다고요.

이 사상은 본질적으로 우리를 안심시키는 진정제 같아요. 우리로 하여금 지금 경험하는 불행한 상황에 대해서 죄책감을 느끼지 않게 해 주기 때문이지요. 우리는 우리를 행복하게 해 줄 거라고 믿는 무언가의 뒤를 쫓아가며 바쁘게 인생을 살아요. 어떤 사람들은 목표를 달성하지만, 원하는 것을 이룬 다음에는 환멸을 느끼며 권태에 빠집니다. 원하는 과에 들어갈 수도, 들어가지 못할 수도 있어요. 위안이 될지 모르겠지만, 둘 중 어느 쪽이든 차이는 없어요. 어찌 되었든 여러분은 가엾게도 불행할 거니까요. 원하는 대학에 입학하지 못하면 좌절을 느끼겠지요. 반면에 원하는 대학에 들어가더라도, 그토록 원했던 일이 여러분의 욕망을 채우지 못한다는 사실을 발견하면 환멸과 권태로 고통을 느낄 겁니다. 인생에서 충만함이란 절대로 느낄 수 없고, 언제나 지금 가지고 있지 않은 것을 욕망할 것이므로 무언가 항상 부족할 겁니다. 상황이 변하고 더 좋아질 거라는 기대는 여러분을 지속적이며 피할 수 없는 환멸로 이끌 거고요.

영화 〈그녀〉(스파이크 존즈, 2013)는 상처를 안고 있는 시어도어라는 남자에 관한 이야기입니다. 그의 삶은 그가 전부라고 생각했던 관계가 끝나자 속절없이 무너집니다. 그는 서맨사라는 운영 체제(지금 우리가 사용하는 핸드폰 음성 서비스보다 좀 더 진화한 인공 지능이다.)와 대화하며 고독에서 벗어나 삶을 지속하려고 애쓰지요. 서맨사는 그가 지금까지 만난 사람 중 가장 특별하고 멋졌고 결국 둘은 사랑에 빠집니다. 이 사랑 이야기가 놀랍게 들릴 수도 있어요. 그러나 쇼펜하우어가 미리 말했듯이, 그다지 특별한 것은 하나도 없습니다. 주인공들만 바뀔 뿐, 이야기는 항상 똑같고 언제나처럼 똑같은 결말을 가지게 될 테니까요. 질투심이 싹틀 거고, 다음으로 무관심이 불쑥 찾아올 테고, 마지막으로 권태기가 문을 두드릴 것입니다.

쇼펜하우어는 인간이 고통받는 이유는 욕망 때문이라고 말합니다. 그리고 만약 욕망을 채운다고 해도 그건 고통을 잠시 유예하는 것뿐이라고 해요. 왜냐하면 곧바로 인간 내부에서 새로운 욕망이 싹트기 시작할 테니까요. 고통은 항상 여러분 삶의 일부가 될 겁니다. 고통을 줄일 수는 있을지언정 절대로 없앨 수는 없어요. 언제나 채워지지 않는 갈증을 느낄 겁니다. 여러분의 유년 시절을 떠올려 보세요. 크리스마스 전날, 아침에 일어나면 머리맡에 제발 꿈꾸었던 선물이 있기를 바라면서 자러 갔을 거예요. 정작 일어났을 때 원했던 선물은 없고, 잠옷 따위를 선물로 받았을 때 얼마나 실망했나요. 반면에 원하는 것을 받았을 때 역시 실망이 따라왔을 겁니다. 시간이 지나면 그 장난감에 질리고 곧 새로운 것을 갖고 싶은 욕구가 생겼을 거니까요. 여러분이 가고 싶은 대학에 들어가면 행복할 거라고 생각하겠지요. 그러나 대학에 들어가도 지금처럼 불완전하다고 느낄 것이 분명해요. 대학에 들어가면 원하는 직장에 들어갈 수 있고 거기서 은퇴를 꿈꾸겠지요. 그런데 전혀 예상치 못한 어느 날, 이 모든 허무한 꿈에 갑자기 죽음이 찾아올 거예요. 그러므로 만반의 준비를 하고 행복을 포기한 뒤 비참한 존재를 견디는 법을 배우도록 하세요. 쇼펜하우어라면 우리 인생을 좀 더 견딜 만하게 하려고 지혜로운 조언을 아끼지 않을 겁니다.

- 행복하게 살려면 가능한 덜 불행해라.
- 불교의 기본 원칙 중 하나를 받아들여라. 원하는 것(욕망)을 멈춰라. 욕망은 불만족으로 인도하고 불만족은 고통으로 가는 길이다. 고통은 그 원인을 제거하면 사라진다. 욕망을 억제하면 할수록, 인생에서 행복과 가장 유사한 정신 상태인 안정 상태로 들어가게 될 것이다. 정말로 최신 스마트폰이 필요한가? 공격적인 광고나 홍보물에 우리가 전혀 영향을 받지 않는다면, 더 행복하지 않을까? 지금 소유하는 것으로 만족한다면 마음을 좀 더 차분한 상태로 유지할 수 있지 않을까?
- 예술, 음악 그리고 자연은 살아야 하는 슬픈 과제를 견디는 데 도움을 줄 것이다. 좋은 영화를 보면, 적어도 잠깐이라도 우리를 고뇌하게 만드는 것과 우리의 육체까지 망각할 수 있다. 그러나 예술을 선택할 때, 음악이야말로 인간이 향유할 수 있는 최고의 것임을 명심해라. 음악은 우리 기분을 바꿀 수 있고 지옥 한가운데서도 우리를 춤추게 할 수 있다. 마찬가지로 자연을 하나의 예술품처럼 즐길 줄 알아야 한다. 자연과 섞이고 하나가 되어라. 저녁 노을이 질 무렵 서핑을 해 본 적 있는가? 산 정상에 올랐을 때 가슴속에 무언가 웅장함을 느낀 적이 있는가? 그런 종류의 경험을

타인에게 휘둘리지 않는 나를 위해

계속 찾아라.

- 인생에서 부러움을 삭제해라. 도대체 무엇을 부러워하나? 실제로는 아무도 정말로 행복하지 않다. 다른 사람의 인생을 부러워하고 원하는 것은 지금 가진 문제를 다른 문제로 대체하는 것에 지나지 않는다.

- 주의를 끌지 말고 가능한 한 눈에 띄지 마라. 다른 사람과 적게 말하고 자기 자신과 대화를 많이 나눠라.

- 얻기 위해서 정말 노력해야 하는 유일한 재산은 친구다. 그러나 내가 타인의 소유가 될 때만 마찬가지로 그를 소유할 수 있다는 사실을 항상 염두에 두어라.

- 컴퓨터에 보관하는 파일처럼 머리를 정리하라. 한 가지 서류 작업 중이면, 먼저 지금 일을 끝내고 변경 사항을 저장한 다음에 다른 문서를 열어라. 두 가지 문서를 동시에 열고서 작업하지 마라. 친구와 즐거운 시간을 보내고 있다면, 그와의 대화에 집중하고 그 주에 있을 시험 생각은 하지 마라.

- 우리 행복의 90%는 건강이 토대에 있다. 건강을 유지하기 위해 힘쓰고 운동하라.

- 이미 벌어진 일 앞에서 이 일이 벌어지지 않았더라면 하고 한탄하지 마라. 불가피한 현실은 받아들여라. 이성 친구가 당신을 떠나면 그를 다시 찾기 위해 뭘 해야 할지 고민하며 자신을 고문하지 마라. 당신이 무엇을 했든 간에 그는 떠났을 거다. 그렇게 생각하면 오히려 훨씬 더 큰 해방감을 느낄 수 있다.

- 모든 일이 잘될 거라는 희망을 품지 마라. 애당초 희망을 품지 않았기에 실망할 일이 없어진다. 오히려 일이 잘 안 될 것을 대비해서 준비해라. 그러니까 언젠가 결혼한다면, 당신의 사랑 이야기는 이혼에서 끝날 수도 있고 서로의 재산을 나눠야 할 수도 있다는 사실을 생각해라.(신중함은 이 세상에서 잘 살기 위해 매우 필요한 덕목이다.)

그럼에도 불구하고
낙관주의자가 되어라

철학자, 외교관, 수학자, 과학자였던 고트프리트 빌헬름 라이프니츠(1646~1716)에게 우리가 사는 세상은 가능한 모든 세상에서 최선이었습니다. 이 독일 사상가는 대단한 낙관주의자였는데, 유럽의 모든 왕국과 서로 대립하던 다양한 교회들을 조화롭게 만들 수 있다고 믿을 정도였어요. 그는 유럽의 정치적·종교적 연합을 꿈꾸었어요.(그가 브렉시트 시대에 살았더라면 충격을 받아 졸도했을 거예요.) 그리고 인간 사유 구조를 그대로 반영해서 모든 학문에서 쓸 수 있는 보편 언어(인공 언어)를 구성하려고 노력했어요. 라이프니츠의 기본 철학 사상은 조화로운 세계였습니다.

우리가 사는 세상은 이성적이고 정돈되어 있으며 의미로 가득 차 있습니다. 세상을 구성하는 생명체는, 가장 미세한 것부터 가장 큰 것까지 모두 조화롭게 관계를 맺고 있지요. 모두는 정확한 스위스 시

타인에게 휘둘리지 않는 나를 위해

계처럼 작동하는 거대한 시스템의 일부를 이룹니다. 여러분의 인생과 인생을 구성하는 사건들은 이 광대한 전체 안에서 의미를 지니지요. 악이 실재한다는 것을 부정하지 않습니다. 실패가 선이라는 말은 어이없지요. 그러나 개별 사건이 아니라 집합체 안에서 분석해 보면, 악은 겉으로만 그렇게 보일 뿐이라는 게 확실해요. 원하는 대학에 입학하지 못한 것은 비록 지금 당장은 이해할 수 없겠지만 여러분에게 일어날 수 있는 최상의 일이 될 거예요. 살면서 이런 일을 여러 번 경험하지 않았나요? 처음에는 불행한 사건이라 생각했지만, 시간이 흐르고 되돌아보면, 그 사건이 여러분의 삶 전체와 다른 사람에게 영향을 주었다는 것을 깨달아요. 그리고 불행하다고 느꼈던 그 일이 실은 오히려 잘된 일이었다는 것을 알게 된 경험 말이에요. 이 모든 것을 설명할 수 있는 이유가 있답니다. 단순히 카르마(업) 때문이 아닌 것이지요.

우리가 사는 세상은 이해할 수 있고 이성적입니다. 여기서 일어나는 모든 사건은 존재하거나 일어날 이유가 있고, 매사에 논리적 설명이 가능합니다. 훌륭한 수학자였던 라이프니츠는 논리를 삶에 적용했고 우리가 살고 있는 삶은 가능한 많은 세계 중 하나라는 것을 믿었어요. 신은 진짜 세상을 창조하기 전에 가능한 무수한 숫자의 세상을 생각했어요. 라이프니츠의 신은 아파트 리모델링을 전문으로 하는 건축가입니다. 공간이 허용하는 모든 가능성을 계산하기 위해 가상 현실의 컴퓨터 프로그램과 고객들의 예산을 활용해요. 그렇게 가능한 모든 설계도를 만든 다음, 그것들을 평가하고 그중 하나를 실현하기로 합니다.

여기서 궁금한 것은, 왜 신은 여러분이 그토록 꿈꾸던 대학에 들어가지 못하는 세상을 현실로 만들기로 했을까요? 왜 여러분이 승리하는 세상을 창조하지 않았을까요? 그 이유는 신은 완벽하고 선하기에 가능한 모든 세상에서 최선을 창조하기로 했는데, 최선은 가장 많은 선이 있고 가장 적은 악이 존재하는 곳입니다. 신은 얼마나 완벽하고 근사한지 불가피한 최소한의 악까지 계산한 거예요. 이 세상이 가능한 최선으로 작동할 수 있도록 말이지요.

라이프니츠의 답이 만족스럽지 않고, 왜 신이 일하는 김에 조금 더 해서 여러분이 실패하지 않는, 아예 악이 존재하지 않는 최선의 세상을 만들지 않았을까 하는 의문이 들 수도 있겠지요. 라이프니츠는 특정 악에 논리적으로 연결된 최상의 선이 존재한다고 주장합니다. 만약 세상에 일정한 선이 존재하기 바란다면, 그와 연결된 불가피한 악도 받아들일 줄 알아야 한다고요. 예를 들어, 우리는 모두 맛있는 음식을 좋아합니다. 그러나 먹는 것의 즐거움을 극대화하기 위해서는 배고픔이라는 고통을 느끼는 게 필요해요. 배고프다는 느낌 없이는 먹는 기쁨도 없습니다. 라이프니츠는 자유 의지(우리 행동을 선택하고 결정짓는 능력)는 최선으로 논리적으로 필연적인 악(실패)을 동반한다고 말합니다. 실패는 자유 의지와 자기 삶의 길을 결정짓는 능력에 논리적으로 연결된 악입니다. 실패는 배울 기회예요. 집합체 관점에서 긴 안목과 가치들을 기준으로 여러분의 삶을 살펴보면, 퍼즐 조각들은 자리를 찾아갈 것이며, 부당하고 부조리하다고 믿었던 과거 사건들의 의미를 발견할 수 있게 될 것입니다. 그때 그 사건은 일어나야만 했던 이유가 있었고, 본질적으로는 잘된 선한 일이었던 것이지요.◆

영화 〈티베트에서의 7년〉(장 자크 아노, 1997)은 오스트리아의 유명 산악인, 하인리히 하러의 이야기를 다룹니다. 그는 히말라야산맥의 고봉 중 하나로 세계에서 아홉 번째로 높은 낭가파르바트산으로 원정을 떠납니다. 등반이 실패로 끝나고 하산하던 중, 제2차 세계 대전이 발발하고 모든 대원은 인도 북부의 포로수용소에 갇히게 됩니다. 포로수용소에 있는 동안, 하러는 이혼 서류를 받고 한 번도 못 본 아들이 그를 아버지로 원하지 않는다는 소식을 듣습니다. 이렇게 외관상으로 보이는 하러의 실패는 그를 티베트까지 여행시키기 위한, 거대한 퍼즐을 맞추기 위한 한 조각이었어요. 하러는 그 후 티베트에서 그의 진정한 운명을 만나기 때문이지요. 여러분의 실패도 진정한 목표를 찾는 것을 도와주기 위해 초월적 힘이 사용하는 도구이지는 않을까요?

◆ 라이프니츠가 말하는 악의 정당화와 지나친 낙관주의에 만족하지 못한다면 철학자 볼테르 (1694~1778)의 광대한 시를 읽어 보라. 볼테르는 1775년 리스본의 한 마을을 덮친 거대한 쓰나미에 대해 시를 썼다. 당시 마을 사람들은 성당 안에서 신에게 기도하던 중이었다. 이 시에서 볼테르는 라이프니츠에 반대하며 10만 명의 무고한 사람들이 죽은 끔찍한 재앙을 정당화할 수 있는 논리는 존재하지 않는다고 말했다. 이런 대재난 앞에서 계속 낙관적일 수 있는 사람은 바보밖에 없을 것이다라고. 그리고 이에 대한 주제로 작품을 썼다. 《캉디드》에서 볼테르는 무자비하게 라이프니츠의 낙관주의를 날카롭고 흥미 있게 풍자했다.

9

· 아우렐리우스, 프리드리히 니체 ·

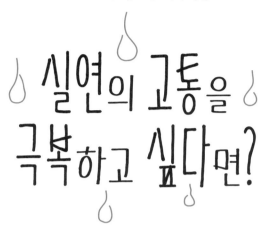

실연의 고통을
극복하고 싶다면?

#명상록 #스토이시즘 #자라투스트라는이렇게말했다

실연으로 가슴이 무너지는 고통을 받은 적 있나요? 사랑하는 사람을 잊기 위해서 무엇을 해야 하는지, 더 고통받지 않기 위해서 무엇을 하면 되는지 누가 가르쳐 준 적 있나요? 스위스 철학자, 알랭 드 보통은 몇 년 전 영국의 TV 채널 BBC의 프로그램에 출연해서 철학이 어떻게 우리에게 더 나은 삶을 살 수 있게 도와주는지에 대해 강의했어요. 프로그램의 제목은 〈철학: 행복을 위한 가이드〉였어요.

프랑스 철학자, 미셸 드 몽테뉴를 다루는 첫 번째 장은 알랭 드 보통의 모교이기도 한 케임브리지 대학의 졸업생 무리를 보여 주며 시작합니다. 화면은 재능 있고 똑똑하며 어른들의 세계에 나갈 만반의 준비가 된 학생들을 보여 줍니다. 알랭 드 보통은 '지혜의 시험'이라는 실험에 학생들을 참여시켜 달라고 학장을 설득해요. 그 시험의 문제들은 우리가 행복한 인생을 사는 데 필요한 것들이었어요. 문제 중 하나는 '어떻게 연인과의 관계를 끝낼까?'였어요. 학생들은 텍스트를 구성하고 수많은 정보를 기억하고 일관성 있는 논증을 제시하는 능력은 있었지만, 그 질문에 대답할 만큼 충분히 지혜롭지는 못한 듯했어요. 여러분이 지금 하는 공부는 이런 경우 어떻게 할지 가르쳐 주나요? 이런 경우 어떻게 처신해야 할지 알고 싶나요?

황제처럼
사랑하라

　　　　　　실연의 고통을 극복하고 싶다면, 먼저 황제처럼 생각해야 합니다. 그러기 위해 가장 좋은 방법은 철학자였던 로마 황제 마르쿠스 아우렐리우스(121~180)의 《명상록》을 읽는 거예요. 황제는 이 책을 로마 군대를 이끌고 게르만족과 파르티아 제국과 힘들게 전쟁을 치른, 그의 생애 마지막 10년 동안 썼어요. 아우렐리우스는 로마의 전성기에 가장 유능했던 다섯 황제(5현제)로 손꼽히며 역사에 철학자라는 애칭으로 기억되기도 합니다. 그는 한 번도 군인이 되고 싶다고 생각하지 않았고, 황제는 꿈조차 꾸지 않았어요. 그는 항상 문학에 관심이 있었지만, 언제나 욕구보다 의무가 더 중시된 삶을 살았어요. 매일매일 황제라는 무거운 갑옷을 입는 것을 불평하지 않고 자신의 운명이 역사상 가장 광대한 제국을 통치하고 지키는 과제를 완수하는 것임을 묵묵히 받아들였지요. 역사가 헤로디아누스는 모든 황제 중 오직 아우렐리우스만이 지혜에 대한 믿음을 이론적 논증이 아니라 자기 삶의 방식을 통해 보여 주었다고 말했어요.

아우렐리우스는 영화 같은 삶을 살았어요. 실제로 영화 〈글래디에이터〉(리들리 스콧, 2000)에서 배우 리처드 해리스가 아우렐리우스를 연기한 걸 볼 수 있어요. 상상해 보세요. 고향과 로마의 화려한 궁전으로부터 수천 킬로미터 떨어진, 위험한 다뉴브강 국경의 막사에서, 칠흑 같은 고독과 혹독한 추위로부터 간신히 보호해 주는 모닥불 앞에 쭈그리고 앉아 《명상록》을 파피루스 위에 써 내려가는 황제의 모습을요. 황제는 다른 사람을 위해 글을 쓰지 않았어요. 삶이 그 앞에 내려놓는 사건 앞에서 어떻게 행동하고 대처했는지 기억하기 위해 일기 형식으로 메모를 했지요. 다행히 누군가 오늘날 우리가 읽을 수 있도록 그 일기장을 보관했던 것이고요.

아우렐리우스의 《명상록》은 이렇게 시작합니다. "나는 선한 성품과 평정심을 할아버지로부터 배웠다." 이 문장을 시작으로, 황제는 깊은 애정을 가지고 자신의 인생에 영향을 준 사람들과 그들로부터 배운 깊은 가르침을 하나씩 열거합니다. 마치 그들에게 진 배움의 빚에 대해 고마움을 표현하고 싶은 듯이 말이에요. 나는 학생들에게 이 부분을 읽어 주는 것을 매우 좋아해요. 자신의 성공은 오직 내가 잘났고 내 노력의 결과이지, 다른 누구 덕분도 아니라고 생각하는 개인주의가 만연한 사회에서는 고대 로마 제국의 위대한 황제가 자신이 알고 있는 모든 선함과 지혜가 다른 사람들의 가르침 덕분이라고 인정한다는 사실 자체가 너무 놀랍기 때문이에요. 감사 명단에 그의 스승들이 매우 중요한 위치를 차지한다는 점 또한 흥미로워요. 아우렐리우스는 그가 알고 있는 모든 것을 가르쳐 준 스승들에게 깊은 존경심을 가졌어요. 일본에는 전통적으로 스승들만이 황제 앞에서 절할 의무가 없다고 들었어요. 스승이 없는 땅에는 황제도 있을 수 없다는 사실을 알았기 때문이겠지요.

믿기 어렵겠지만 아우렐리우스의 일기장은 실연의 아픔을 겪고 있는 여러분의 문제를 해결해 줄 수 있습니다. 황제는 우리 삶의 고통을 제거하기 위한 철학, 스토이시즘을 실천했기 때문이에요. 스토아 철학자들은 정신 수련을 통해 어떤 상황이 발생해도, 설사 그것이 너무 끔찍한 일일지라도 마음의 상태를 항상 침착하게 유지할 수 있다고 믿었습니다. 스토아 철학자들은 두려움이나 불안감을 몰랐고, 화를 내지도 스트레스를 받지도 불평하지도 않았습니다. 만약 그들처럼 되고 싶다면 다음의 원칙들을 마음에 새기고 따라 해 보세요.

- 나를 포함한 모든 사물과 생명체를 지배하는 자연에 있는 힘의 존재를 발견해라.
- 인생에서 통제할 수 없고 바꿀 수 없는 상황이 있음을 받아들여라. 모든 것을 내가 좌우할 수 없으며 다 내 통제 아래에 있지 않다.
- 내게 일어나는 일들에 대해 그만 불평해라. 불평은 고통을 해결

하지 못하고 고통만 가중시킬 것이다.

- 욕망을 통제하고 없애라. 내가 가질 수 없거나 내게 좌우되지 않는 욕망을 갈구하지 마라. 늙지 않는 것을 욕망한다면 좌절만 얻게 될 것이며 성형외과만 행복하게 해 줄 것이다.

- 머릿속에서 걱정을 없애라. 걱정하는 일에 약이 있다면 왜 걱정하는가? 걱정하는 일에 약이 없다면 왜 걱정하는가?

- 감정의 노예가 되지 마라. 분노, 증오, 슬픔, 두려움 등을 통제하는 법을 배워라.

스토이시즘으로 난관을 극복하는 좋은 예를 영화 〈타이타닉〉(제임스 캐머런, 1997)에서 찾아볼 수 있어요. 영화에는 배가 침몰하는 동안 현악 4중주단이 아름다운 곡을 연주하며 죽음을 대면하는 장면이 나옵니다. 나머지 승객들이 공포에 휩싸여 도망가는 사이, 네 연주자는 완전한 평화와 평정심 속에서 자신들의 삶에 마침표를 찍지요.

저렇게 인생을 살 수 있을까요? 가능합니다. 아우렐리우스의 삶이 증명해 주고 있어요. 남자 친구 혹은 여자 친구가 이제는 나를 좋아하지 않는다는 사실을 받아들이고, 친절하게 작별 인사를 하고, 지금까지 함께한 시간에 고맙다고 말하고, 어떤 증오나 슬픔 없이 삶을 계속 살 수 있을까요? 그런 경지에 도달하기 위해서 아우렐리우스처럼 자신을 단련하고 중앙 유럽의 숲에서 야영하며 게르만 유목민들을 죽일 필요는 없어요. 다음 훈련을 마음속에 새기고 매일 실천에 옮기기만 하면 됩니다.

- **훈련 ❶** 힘든 시간에 도움이 될 만한 스토아 철학자들의 문장을 적어 두세요. 그 문장을 외우고 성찰하세요.《명상록》에서 도움이 될 만한 글들을 몇 개 적어 볼게요.

“누구에게도 악을 행하지 말고 말하지 마라.”

“모든 게 생각이다.”

“누가 당신에게 해를 입혔다고 불평하지 않는다면 실제로 해를 입지 않은 것이다.”

“이성이 있는데 왜 사용하지 않는가?”

“천년만년 살 것처럼 행동하지 마라.”

“기분 좋은 상태를 유지하고 싶다면 사회생활을 적게 하라.”

“당신은 시체를 지탱하고 있는 작은 영혼이다.”

“기억하는 모든 것이 덧없고, 기억되는 모든 것이 덧없다.”

“파도가 밀려와서 부딪치는 바위같이 살아라. 바위는 언제나 제자리를 굳건히 지킨다.”

“당신 자신의 적이 되지 마라.”

“몸이 좋지 않으면 하지 말고, 진실이 아니면 말하지 마라.”

“당신 내부의 정원으로 돌아가라.”

“당신의 고뇌는 오직 당신에게 달려 있다.”

- **훈련 ❷** 내 죽음과 사랑하는 사람의 죽음을 상상해 보세요. 이런 명상은 기분을 오싹하게 할지 모르나, 의도는 그게 아닙니다. 죽음을 생각함으로써 우리는 삶이 영원하지 않다는 것을 인식하고 삶에서 진짜 중요한 것에 집중하는 법을 배울 수 있어요. 애플의

타인에게 휘둘리지 않는 나를 위해

창업자 스티브 잡스는 이 훈련의 중요성을 잘 인식했는데, 어느 대학 졸업식에서 이런 연설을 했어요. "내가 열일곱 살 때 대략 이런 글을 읽었어요. '만약 하루하루를 오늘이 마지막 날인 것처럼 산다면, 언젠가 올바른 일을 하고 있을 가능성이 크다.'라는 글이었지요. 나는 깊은 감명을 받았고, 그때부터 지난 33년 동안 매일 아침 거울을 보고 이렇게 질문합니다. '만약 오늘이 내 생의 마지막 날이라면 내가 지금 하려는 일을 하고 싶을까?' 며칠 동안이나 매번 답이 '아니다'면, 그건 무언가를 바꿀 필요가 있다는 신호입니다." 이것이 죽음을 생각하는 목적입니다. 내가 만약 내일 죽는다면, 나를 버린 그 친구를 증오하면서 생을 마감하고 싶을까요?

- **훈련 ❸** 사실 이 훈련은 그 친구와 헤어지기 전에 해야 했지만, 뭐 다음 기회도 있으니 유용할 거예요. 내게 일어날 수 있는 나쁜 일을 상상해 보세요. 이 훈련은 실제로 일이 일어났을 때를 대비해 준비시켜 주고 그 상황에 어떻게 반응할지 생각할 시간을 줍니다. 그러면 실제로 그런 일이 발생했을 때 충격을 덜 받게 되지요. 상상으로라도 그 상황을 이미 겪었기 때문이에요. 만약 누군가와 연인 관계를 유지하고 있다면, 항상 그 관계가 깨질 가능성이 존재한다는 사실을 기억합시다. 지금은 더할 나위 없이 좋은 관계를 유지하고 있다고 해도, 둘의 관계가 잘못 끝날 수도 있다는 생각은 터무니없지 않아요. 연인이 할 말이 있다고 부른 뒤 그만 만나고 싶다고 말하는 상황을 상상해 보세요. 어떻게 반응하

고 싶은가요? 나를 버리지 말라고 울고불고 애걸할 수 있어요. 문을 세게 닫고 화가 나서 그 자리를 떠날 수도 있지요. 혹은 침착하게 헤어지자는 사람에게 사랑해 달라고 할 순 없다며 순순히 받아들이고 새로운 인생을 살 수도 있어요. 자, 과연 어떤 모습이 최상의 모습일까요?

- **훈련 ❹** 내가 신이고, 올림포스 신전에서(혹은 교무실에 있는 선생님이) 인간들의 삶을 지켜본다고 생각해 봅시다. 영생을 사는 신의 관점에서 인간들의 짧고 보잘것없는 삶을 관찰합니다. 이제는 나를 사랑하지 않는 사람을 증오하면서 짧은 인생을 허비하는 모습이 바보 같아 보이나요?

증오는 당신을 초인으로 변화시킬 수 있다

독일 철학자, 프리드리히 니체 (1844~1900)는 러시아 태생의 아름다운 작가, 루 살로메(1861~1937)에게 완전히 빠져 있었습니다. 니체의 친구였던 철학자 파울 레는 니체에게 멋지고 아름답고 지적이며 철학에 열정을 가진 여성을 소개하고 싶다며 편지를 썼어요. 니체는 그녀를 만나기 위해 로마까지 부리나케 달려갔어요. 그리고 루를 직접 만나 말했지요. "우리가 여기서 만난 것은 어느 별이 도운 걸까요?" 니체는 완전히 사랑에 빠져 버렸는데, 여동생이 "그 여자 때문에 미친 거 같다."라고 말하기까지 했습

타인에게 휘둘리지 않는 나를 위해

니다. 이탈리아 북부 오르타 호수의 사크로 몬테로 가는 여행에서 둘 사이에는 묘한 기류가 흐르게 되고, 니체는 세상에서 가장 행복한 남자처럼 느꼈습니다. 그러나 꿈같이 행복한 시기는 아주 조금밖에 지속되지 못했어요. 루는 니체와 사랑에 빠지지 않았고 그를 철학자로서 존경하고 있었을 뿐이었지요. 니체가 청혼하자 그녀는 거절하고 레와 함께 도망갔습니다.

니체는 그때 사랑과 증오가 같은 원천에서 솟아남을 깨달았습니다. 그리고 상처받은 마음에는 고통과 분노가 나란히 서 있다는 것을 알게 되었어요. 그러한 감정이 복받친 가운데, 니체는 자신이 유일하게 사랑한 여인에게 복수심에 불타 끔찍한 편지를 썼어요.

루에게

친애하는 루, 내가 고통받는 것은 당신이 자기 자신이 누군지조차 알 수 있는 능력이 없다는 것에 비교하면 아무것도 아닐 거요. 나는 지금까지 당신처럼 불쌍한 사람을 만난 적이 없소. 꾀만 많은 무지한 여인이여, 당신은 알고 있는 건 최대한 이용할 능력이 있소. 취향이 없는데 뭐가 부족한지도 모르게 천진하오. 사소한 일에는 진솔하고 정의로우나 전반적으로는 고집불통이고, 더 큰 일과 삶에 대한 전체적인 태도는 불성실하오. 주고받는 것에 대한 감수성도 전혀 없고 영혼이 없으며 사랑할 능력도 없소. 실제로 항상 아프고 신경 쇠약 직전에 있지 않소. 은인에게 감사할 줄도 모르고, 부끄러운 줄도 모르고……. 특히 당신은 신뢰할 만한 사람이 아니오. 행실이 바르지 않으면서 명예욕만 넘치고…… 영혼의 흔적은 찾아보기 힘든 뇌를 가지고 있소. 고양이 같은 성격이며, 반려동물의 가면을 쓴 포식자라오. 고상한 사람들을 대할 때만 귀티 나는 척하고, 의지는 곧으나 목적이 없소. 부지런하지도 순수하지도 않소. 관능은 잔인하게 던져졌고, 유아적 이기주의는 성적 위축과 미진함의 결과요. 인간에 대한 사랑 없이 신에게 사랑에 빠진 여인. 욕망을 표출하고 싶으나 남성적 관능 앞에서 자기 제어를 보여 주는 교활한 여인이여.

프리드리히 N.

이토록 증오심으로 가득한 단어들을 내뱉은 편지를 쓰기까지 니체가 얼마나 큰 고통과 모멸감에 시달렸을지 상상하기 어려울 정도예요. 그러나 "나를 죽이지 않는 것은 나를 더 강하게 만든다."라는 글을 쓴 철학자 니체는 그가 경험한 고통을 새로운 삶의 에너지로 승화시켰어요 그는 루라는 여성이 자신의 인생에서 영원히 사라지는 것을 바라본 뒤, 실패한 자신의 사랑을 시로 표현했어요. 그 시에서 니체는 처음으로 루에게 사랑에 빠졌을 때 사용했던 단어를 반복하고 있습니다.

별 조각들,
그 조각들로 세계를 만들었다.

이즈음에서 영화 한 편을 추천할게요. 〈니체가 눈물을 흘릴 때〉(핀

타인에게 휘둘리지 않는 나를 위해

차스 페리, 2007)라는 영화는 어빈 D. 얄롬의 소설이 원작입니다. 작가는 니체가 느낀 사랑의 환멸을 토대로 마치 실제 일어난 것 같은 허구를 창조했어요. 루는 당시 무명이지만 미래에 이름을 날릴 철학자 니체의 목숨을 구하기 위해서 저명한 빈의 의사, 요제프 브로이어를 만납니다. 니체의 마음을 산산조각 낸 뒤, 루는 니체로부터 자살을 암시하는 여러 장의 편지를 받았거든요. 친구 지크문트 프로이트의 새로운 이론에 영향을 받은 브로이어는 루가 제안하는 도전을 받아들여요. 그래서 니체 모르게 그를 정신 분석 하기로 합니다.

니체는 사랑의 잔해를 가지고 새로운 세상을 만들었어요. 감정적 결별로 인한 고통과 환멸로 미쳐 날뛰며 써 내려갔던 구절들은 시적 언어로 승화되어 역사상 가장 중요한 철학 작품으로 평가되는《자라투스트라는 이렇게 말했다》가 태어났어요. 삶에 대한 노래인 이 작품에서 니체는 아름다운 시적 산문을 통해 '초인'과 '영겁 회귀'라는 독창적인 사상을 세상에 선보였어요.

니체는 삶의 의미에 대한 성찰을 전달하기 위해서 문학적 인물을 창조했는데, 그가 바로 자라투스트라* 입니다. 자라투스트라는 선지자로 산속에서 깨달은 지혜를 세상에 전하기로 합니다. 그는 산에

◆　자라투스트라라는 인물은 고대 페르시아의 종교적 철인 자라투스트라(조로아스터)가 모델이다. 그는 가장 오래된 종교 가운데 하나의 창시자이다. 그의 주요 교리는 선과 악의 끊임없는 투쟁, 선악 이원론이다. 선은 빛의 신 아후라 마즈다로 형상화되었고, 악은 어둠의 신 아리만으로 형상화되었다. 조로아스터교의 또 다른 주요 사상은 세상의 종말, 사후 세계의 보상, 마지막 심판, 죽은 자들의 부활, 구세주를 낳을 처녀에 대한 예언 등이다. 이러한 사상은 유대교, 기독교 및 이슬람교에 큰 영향을 주었다. 조로아스터교를 믿었던 대표적 인물로 팝 밴드 퀸의 프레디 머큐리가 있는데, 그의 본명은 파로크 불사라였다.

서의 고독을 버리고 시장으로 내려와 신의 죽음과 초인이 등장할 거라는 사실을 알립니다. 우리 문화는 도덕 법칙, 가치, 생활 태도를 강요하기 위해서 종교를 사용했어요. 소크라테스부터 신이라는 개념을 통해 옳고 그름에 대한 특정 개념을 가르쳐 왔지요. 어린 시절에는 아직 신이라는 개념이 주입되지 않아서, 아무것도 나쁜 게 없다고 생각했습니다. 그러나 종교와 함께 우리는 부끄러움과 죄책감을 배우게 되었고, 우리 삶의 에너지를 억누르기 시작했으며 신의 노예로 전락했습니다. 우리는 이성이 육체적 본능과 감정을 억누르고 이것들을 진압해야 한다고 배웠습니다. 그러나 이전에는 신성한 존재였던 신이라는 개념이 위기에 처한 시대를 살게 되었습니다. 그것은 우리가 죄의 끔찍한 무게에서 벗어나 있다는 사실을 의미합니다. 신 없이 이제 더 이상 죄는 없고 모든 것이 허용되는 것이지요.

그렇다고 니체가 살인하고 원하는 대로 폭력을 행하는 데 전념하라고 한 것은 전혀 아니에요. 오히려 이제 우리만의 가치와 삶의 태도를 창조할 자유가 생겼다는 뜻입니다. 니체는 남이 시키는 대로 사는 것과 남을 모방하는 삶을 그만두라고 하며 우리 인생을 예술 작품으로 만들라고 말합니다. 예를 들어, 종교를 통해 우리는 성에 관련되어서 특정 방식만이 바른 것이며 그 외의 방식은 죄악이라는 교육을 받았어요. 신의 부재하에서는 특정한 성행위가 다른 나머지보다 좋다고 규정되지 않습니다. 오직 나만이 어떻게 할 것인지 결정할 수 있지요.

'초인'은 신 없이 삶을 사랑하는 법을 배운 사람입니다. 그는 어떤 도덕 법칙에도 억압받지 않아요. 자신의 삶을 스스로 지배하고 다른 사람이 그 삶을 통제하지 못하게 하지요. 집단의 행동을 배척하고 자신만의 고유한 가치와 태도를 창조합니다. 그리고 존재의 유한성을 받아들이고 종교를 통해 이 세계에서 도망가려고 하지 않아요. 삶이 부여하는 모든 것을 받아들이지요. 용맹하기에, 고통을 긍정적인 무엇으로 변화시킬 줄 알기 때문에 피하지 않습니다. 매일의 강렬함, 환희, 건강, 기쁨, 아름다움, 육체, 관능을 사랑합니다. 초인은 자기 자신의 주인이며 자유로운 영혼의 소유자예요. 니체는 루가 남긴 고통으로 누적된 힘을 인간임을 포기하고 초인으로 변신하는 데 사용할 줄 알았습니다.

니체는 《자라투스트라는 이렇게 말했다》의 출발점인 '영겁 회귀'의 개념이 1881년 8월 스위스의 실바플라나 호수를 산책할 때 떠올랐다고 고백했어요. 그는 이 개념을 자신의 사상 중 가장 심오하며 서구인들이 시간을 해석하는 지배적인 방식에 반대되는 주장이라고 말했습니다. 기독교는 우리에게 역사와 시간에 대해서 일차원적인 시각을 주입했는데, 그러한 시각은 미래에 다가올 행복을 기다리는 쪽으로 우리 삶의 의미와 방향을 설정하게 했습니다. 더 나은 미래의 삶의 약속을 위해 우리의 현재를 희생하는 것이지요. 반면에 영겁 회귀는 지금 당장 행복하게 지내라고 말합니다. 니체는 지금 우리가 사는 인생은 무한대의 숫자만큼 반복된다고 주장합니다. 《즐거운 학문》에서 니체는 영겁 회귀 사상을 이렇게 설명해요.

만약 악마가 당신에게 이렇게 …… 말한다면 어떨까? 지금 당신이 사는 이 삶은, 이미 그렇게 살았던 것이고, 앞으로도 그렇게 살 것이라고. …… 영원히 무한대로 당신의 삶에서 새로운 것은 아무것도 없을 것이다. 도리어 각각의 고통과 기쁨, 각각의 생각과 한숨은 …… 같은 방식과 순서대로 일어날 것이다. …… 그리고 마찬가지로 이 순간과 나 자신도 그럴지 모른다. …… 만약 이 생각이 당신 안에서 진지해지면 …… 어쩌면 당신을 변신시킬지도 모른다. 그러나 어쩌면 낙담할지도 모른다. …… 그렇다면 이 숭고하고 영원한 말 외에, 다른 어떤 것을 원하지 않기 위해서 얼마나 많은 생을 사랑하고 당신 자신을 사랑해야 할까!

만약 이런 가능성이 끔찍해 보인다면, 그건 여러분이 필연적인 강렬함 없이 인생을 살고 있다는 뜻일 겁니다. 여러분 존재의 매 순간을 미래의 계획을 달성하기 위한 단순한 수단이 아니라, 그 자체로 의미 있는 멋진 순간으로 전환하세요. 여러분이 초인으로 변신하게 된다면 영겁 회귀를 매우 긍정적인 것으로 간주할 겁니다. 왜냐하면 너무나 열정적이고 멋진 인생을 창조했기 때문에 그런 인생을 무한대로 반복한다면 환상적으로 보일 테니까요. 만약 여러분에게 같은 인생을 반복하는 것과 다른 인생을 갖는 것 중 선택하라고 할 때, 지금 이 찰나의 인생, 완벽하고 잊을 수 없는 이 인생을 다시 사는 것을 선택할 수 있다면, 여러분은 자라투스트라의 지혜에 도달했다는 뜻입니다.

니체의 초인은 존재의 부조리를 받아들입니다. 만약 여러분이 연인을 증오해야 한다면 그렇게 하세요. 증오는 죄악도 부도덕도 아닙니다. 그 어떤 신도 증오 같은 너무나 자연스럽고 본능적인 감정을 풀어 놓는다고 해서 여러분을 벌하지 않을 거예요. 여러분의 고통을 억누르지 말고 받아들이고 깨물어요.《자라투스트라는 이렇게 말했다》에 나오는 목동이 뱀*의 머리를 물어뜯는 것처럼 말이에요. 그러나 그 고통을 인생을 더 강렬히 살게 할 에너지로 변환시켜야 함을 잊지 말기 바랍니다.

◆　'환상과 수수께끼'라는 장에서 자라투스트라는 뱀 앞에서 마비된 채 있는 목동의 모습을 환영으로 본다. 자라투스트라는 그에게 뱀의 머리를 물라고 부추긴다. 목동은 혐오감에 공포를 느끼지만 결국 뱀의 머리를 자른 다음 뱀의 머리를 이로 물고 자신을 짓누르고 있던 공포심으로부터 해방된다. 니체가 제시한 이러한 이미지는 해방을 표현한다. 뱀을 무는 결정은 인생을 용맹하게 대면하겠다는 의지를 표현한다.

10

• 에픽테토스, 싯다르타 •

사랑하는 사람의 죽음, 어떻게 마주할까?

#담화록 #죽음 #이별 #고통 #사성제

몇 해 전, 교무실에서 시험지를 채점하는데 전화가 왔어요. 우리 반 호세의 아버지였어요. 호세 어머니가 림프암으로 입원해 있는데 병원에서 임종 직전이라고 했다고 말했습니다. 호세 아버지는 아들을 데리러 오겠다며, 그 전에 호세에게 상황을 잘 설명하고 마음을 진정시켜 달라고 부탁했습니다. 나는 잠시 호세에게 무슨 말을 해 주면 좋을까 생각했습니다. 그리고 수많은 메모와 밑줄로 너덜너덜해지고 책 표지조차 찢어져 없어진 오래된 책 한 권을 들고 교실로 향했어요. 나는 호세의 눈을 바라보며 상황을 설명하고 호세를 꼭 껴안아 준 다음, 앞으로 겪을 힘든 시간에 조금이나마 도움이 되기를 바라는 마음으로 낡은 책을 건넸습니다. 몇 년 후, 성인이 된 호세가 찾아와 그 책을 돌려주었어요. 내가 책이 도움이 되었냐고 묻자 호세는 대답했습니다. "절 도와주었을 뿐만 아니라, 그 책 덕분에 종양학자가 되었어요."

노예의 철학

호세에게 건네준 낡은 책은 스토아 철학자가 쓴 《담화록: 엥케이리디온》이었어요. 저자의 진짜 이름은 아무도 모르고, 우리는 그저 그를 '노예'라는 뜻의 '에픽테토스'라고 부릅니다. 그는 어린 시절 로마에 끌려가 그를 짐승처럼 취급한 네로의 서기에게 팔려 갔어요. 에픽테토스(55?~135?)는 주인의 손을 통해 육체적 고통, 굶주림, 굴욕을 알게 되었습니다. 그는 젊어서부터 강하게 자기를 제어하고 고통을 참을 수 있는 능력을 습득했어요. 어느 날 주인이 그의 다리를 잔인하게 구타하자, 그는 주인에게 너무나도 침착하게 계속해서 그렇게 세게 때리면 다리가 부러질 거라고 말했습니다. 그 말에 더 화가 난 주인은 더욱 심하게 그를 때렸고 에픽테토스는 평생 절름발이로 살아야 했어요. 그렇지만 그는 전혀 동요하지 않고 주인에게 이렇게만 말했습니다. "다리가 부러질 거라고 말했잖아요." 이 에피소드를 보면, 이 미래의 철학자는 이미 그때부터 그의 주요 사상 하나를 몸소 실천하고 있었습니다. "고통받는 것을 알고 불평하는 것을 포기할 줄 안다."

타인에게 휘둘리지 않는 나를 위해

수많은 어려움에도 불구하고, 에픽테토스는 결국 자유를 얻었습니다. 여러분이 그처럼 자유의 몸이 되었다면 무엇을 했을까요? 어떻게 남은 인생을 살려고 했을까요? 그는 철학을 하기로 했습니다. 스토아학파 철학자들의 강연에 참석하기 시작했고, 몇 년 뒤에는 존경하던 스승들의 뒤를 이어 철학자가 되었습니다. 어떻게 철학자가 되었냐고요? 스토아학파에게 철학은 말이 아니라 행동으로 실천에 옮기는 것이었어요. 그래서 철학자가 되기를 희망하는 사람들은 자신이 살면서 배운 것을 증명해야 했어요. 제자의 삶의 방식, 예를 들면 즐겨 입는 옷으로 가장 일상적인 면모를 관찰하는 방법보다 더 이상적이고 훌륭한 시험이 있을까요?(철학 시험도 여러분이 어떤 옷을 입는지 평가하는 거라면 좋을 텐데요.) 당시 철학자들은 일단 의복 측면에서는 소크라테스를 모델로 삼았습니다. 긴 머리, 수염, 심플한 망토, 아마도 이 정도 모습이 오늘날의 캐주얼 룩이었던 것 같아요. 대다수가 소크라테스 모델을 따랐지만, 복장은 철학자가 속해 있는 학파에 따라 조금씩 달랐어요. 그래서 복장만 보아도 누가 누구의 제자인지 단번에 알 수 있었지요. 에픽테토스의 스승은 의복은 단지 몸을 보호하기 위한 것이라 생각했기에, 값싸고 소박하고 주의를 끌지 않는 옷이 최고라고 여겼어요. 깨끗하고 정갈한 옷차림으로 어디서도 화려함이나 지나친 장식은 찾아볼 수 없었어요. 지금 여러분이 브랜드 옷을 입고 있다면 참된 스토아 철학자가 되기에는 잘못된 길에 서 있는 셈이 됩니다.

에픽테토스는 로마에 학교를 세웠으나, 로마 제국 역사상 최악의 황제 중 하나였던 도미티아누스의 명령으로 폐쇄되었어요. 도미티아누스 황제는 에픽테토스와 아무 관계가 없었지만 철학의 중요성을 간과했고, 결론적으로 로마에서 모든 철학자를 추방하는 정책을 펼쳤습니다. 황제가 사망하자 에픽테토스는 로마로 돌아갈 수 있었고, 다시 학교 문을 열었습니다. 학교는 크게 인기를 끌고 성공을 거두어 새 황제가 강의를 들으러 올 정도였어요. 그래도 에픽테토스의 삶의 방식은 전혀 변하지 않았습니다. 그는 여전히 언제 허물어져도 이상하지 않을, 지붕이 기울어진 허름한 집에서 살았어요.

에픽테토스는 아무런 저서도 남기지 않았어요. 그러나 다행히 그의 제자 하나가 강의 내용을 메모해서 오늘날에도 그의 사상을 읽을 수 있게 되었지요. 그러한 메모들의 집합이 바로《담화록》이고, 이 책은 베트남 전쟁 중 미국 해군 폭격기 조종사 제임스 스톡데일의 목숨을 구했습니다. 스톡데일의 폭격기가 추락하자 적들은 그를 감옥에 가둔 뒤 7년 넘게 잔인하게 고문했어요. 결국 그는 풀려났는데, 인터뷰에서 자기 친구들은 낙관주의자들이어서 살아남을 수 없었다고 말했습니다. 감옥에서 죽은 군인들은 거기서 나갈 거라는 희망을 품은 사람들이었어요. 그러나 시간이 흘러도 아무 일도 일어나지 않았지요. 스톡데일은 그들이 좌절하여 상심해서 죽었다고 확언했습니다. 반면에 자신은 스토아 철학자처럼 포로 생활을 하기로 마음먹었습니다. 그는《담화록》에서 읽은 에픽테토스의 조언을 기억했고, 자신의 상황을 바꾸기 위해 아무것도 할 수 없었지만 정신력과 자존심을 유지하는 데 온 힘을 기울였습니다. 고통은 피할 수 없었지만 그 고통을 어떻게 여길지는 스스로 결정할 수 있었기 때문이었어요. 그

타인에게 휘둘리지 않는 나를 위해

는 자신만이 자기 정신의 주인이며, 자기 외에 그 어떤 사람도 자기 생각에 대한 지배권이 없다고 믿었습니다. 스톡데일은 가망 없는 자유를 꿈꾸는 대신, 적들이 자신의 의지를 꺾지 못하게 하는 데 집중했습니다. 그때부터 그는 감정, 욕구, 식욕이 자신을 통제하기 전에 그것들을 제어했습니다. 그 어떤 고통도 영혼을 파괴하도록 내버려 두지 않았어요. 카마론의 노래 가사처럼 그는 고통을 견뎌 냈어요. "나는 강철보다 단단하지. 나를 부러뜨릴 수 있을지언정 꺾을 수는 없어."

　　사랑하는 사람의 죽음으로 고통받는 우리에게 에픽테토스는 어떤 조언을 할까요? 그는 우선 세상에는 우리가 좌우할 수 있는 일과 그렇지 않은 일이 있다는 것을 이해하라고 합니다. 사랑하는 사람의 죽음은 우리가 좌우할 수 있는 일이 아니에요. 반면에 욕망, 환상, 생각, 무엇보다 행동은 모두 우리에게 좌우되지요. 두 번째 조언은 불가능한 일을 바라지 말라는 것이에요. 죽음은 자연적이며 피할 수 없는 현상입니다. 사랑하는 사람이 죽는 것을 피할 길은 없어요. 그러므로 그런 일이 절대 일어나지 않기를 바라지 마세요. 에픽테토스의 세 번째 조언은 우리가 사랑하는 것들의 본질을 항상 기억하라는 것입니다. 만약 질그릇을 좋아한다면 도자기는 언젠가는 깨질 수 있다는 사실을 기억해야 합니다. 그러면 어느 날 도자기가 깨진다고 너무 놀랄 필요도, 크게 고통받을 일도 없을 거예요. 인간을 사랑한다면 마찬가지로 매 순간 인간은 금이 가서 균열이 생기는 도자기처럼 언젠가는 죽는다는 사실을 기억해야 합니다. 네 번째 조언은 죽음이 그렇게 끔찍한 것이 아니라는 사실을 인정하라는 겁니다. 소크라테스처럼 많은 현자가 죽음을 자연스러운 삶의 절차로 평화롭고 침착하게 받아들이지 않았던가요. 에픽테토스의 마지막 조언은 우리의 인생은 어머니가 주었지만 어머니는 영원히 우리의 것이 아니며, 인생의 일정 순간 그녀와 함께 행복했다면 그걸로 충분하다는 것입니다. 만약 지금 인생이 어머니를 부르면 떠나게 내버려 두어야 합니다.

이런 생각은 이해하기 매우 어려워요. 교실에서 이에 대해 설명할 때면 종종 에픽테토스를 이해하기 위해서는 고통받은 적이 있어야 가능할지 모르겠다고 말합니다. 이 철학자는 살면서 우리에게 일어나는 일에 대한 관점을 바꿔야 한다고 말하고 싶었는지도 모릅니다. 어머니가 더는 존재하지 않고 앞으로 다시는 볼 수 없다고 생각하면 계속 고통받을 거예요. 반대로, 지난 세월 동안 인생은 어머니라는 고귀한 존재를 나에게 선물로 주었다고 생각할 수도 있습니다. 같은 일을 겪으며 신세 한탄을 할 수도 있고 감사하는 마음을 가질 수도 있는 것이지요. 결국 최종적으로 어떤 마음가짐을 선택할지는 우리에게 달려 있습니다.

고통이 무엇인지
알지 못했던 왕자

싯다르타 왕자*는 2,500년 전, 네

◆   싯다르타의 삶과 사상을 더 깊게 알고 싶다면, 베르나르도 베르톨루치 감독의 영화 〈리틀 붓다〉(1993)를 추천한다.

타인에게 휘둘리지 않는 나를 위해

팔 근처로 추정되는 카필라바스투에서 태어났어요. 왕은 아들을 불행한 일들로부터 보호하고 싶어서 모든 안락함과 즐거움, 부로 가득한 궁전 밖으로 나가지 못하게 하면서 외부 세계와 단절시켰어요. 싯다르타는 고통, 아픔, 걱정이 무엇인지 모르고 자랐습니다. 그러던 어느 날, 어린 왕자는 궁전 담벼락 너머에 있는 세상이 알고 싶어졌어요. 그리고 그의 인생을 영원히 바꾸어 놓을 세 가지 사실을 알게 되었지요. 바로 노년, 질병, 죽음이었어요. 싯다르타는 이 세 가지가 모든 인간이 피할 수 없는 운명임을 이해하면서 마찬가지로 자비심이 있다는 것을 발견하고 큰 감동을 받았어요. 그는 인간의 고통을 보듬어 안아 자기 것으로 만들었어요. 젊은 왕자는 궁전의 안락함과 명예를 포기하고 인간의 고통과 아픔에 대한 문제의 해답을 찾기 위해서 궁전을 떠났습니다. 왜 인간은 모두 고통받고 늙어 가며 죽어야 하는가?

싯다르타는 궁전을 떠나 그가 지금까지 살아온 인생과는 정반대의 길을 선택했어요. 왕자의 옷을 벗고 숲에서 삶의 모든 편리함을 포기하며 정신의 정화를 찾는 수도자의 삶을 따르기로 했어요. 그는 고독 속에서 숲을 떠나지 않고 빗물과 풀만 먹고 7년을 살았습니다. 그러다 결국 이런 은둔자의 생활도 버리기로 하는데, 숲에서 수도자로 사는 삶은 육체와 정신을 약하게 만들었을 뿐, 평화와 자아실현으로 인도하지 않았기 때문이었어요. 싯다르타는 그가 찾는 길이 궁전에서 살면서 경험한 육체적 쾌락이나 숲에서 경험한 고행과 금욕의 양극에는 존재하지 않는다는 사실을 깨달았습니다. 그는 중용의 길을 선택했어요.

싯다르타는 고통의 문제에 대한 해결책을 찾고자 인간이 고통으로부터 해방될 수 있다는 핵심 철학을 가르치는 공동체를 설립했어요. 제자들은 그를 산스크리트어로 '깨달아 아는 사람'이라는 뜻을 지닌 '붓다'라고 불렀어요. 붓다는 사랑하는 사람의 죽음으로 고통받는 우리에게 도움을 줄 수 있는 '사성제(성스러운 네 가지 진리)'를 가르쳤어요.

- **고성제(자각 없는 현실의 고뇌 세계, 괴로워하는 상태)** 인생의 실상은 괴로움입니다. 그렇다고 좋은 일, 기쁜 일, 유쾌한 일이 없다는 뜻은 아니에요. 그러나 인간으로서 사는 것은 어쩔 수 없이 괴로움을 내포한다는 것을 확실하게 말해 줍니다. "오 수도자여, 이것이 괴로움의 진실한 진리라오. 태어남은 괴로움이요, 늙어 감도 괴로움이요, 질병도 괴로움이요, 죽음도 괴로움이요, 미워하는 사람을 만나는 것도 괴로움이요, 좋아하는 사람과 헤어지는 것도 괴로움이요, 원하는 걸 얻지 못하는 것도 괴로움이오."

- **집성제(괴로움의 원인에 대한 진실한 진리)** 괴로움에는 원인이 있습니다. 즉, 갈애예요. 세 가지 욕망이 존재하는데, 감각의 즐거움을 구하고 '무언가' 되고 싶은 존재를 구하고 무존재를 구합니다. 괴로움은 이 세 욕망 중 어떤 것에 집착했을 때 비롯됩니다. 욕망 자체는 괴로움을 초래하지 않아요. 고통의 원인은 사랑하는 사람이 죽지 않기를 바랐던 욕구에 집착한 것에서 비롯됩니다.

- **멸성제(괴로움이 소멸된 상태)** 허망한 욕망에 대한 집착을 극복할 때

타인에게 휘둘리지 않는 나를 위해

에만 괴로움에서 벗어날 수 있습니다. 사랑하는 사람의 상실로 인한 고통을 줄이기 위해서 그러한 욕망을 멀리서 관망하고 멈출 때까지 내버려둔 다음에 거기서 분리되는 것입니다.

- **도성제(괴로움이 소멸되는 참된 진리의 길)** 중간 길을 찾아야 합니다. 고통, 죄책감, 원망 같은 극단적 감정을 멀리하는 것입니다. 우리를 욕망과 고통에 대한 집착에서 자유롭게 해 줄 수 있는 길은 여덟 가지가 있는데 하나씩 열거해 볼게요.

① **바른 견해** 모든 존재가 일시적이라는 것을 이해해야 합니다. 여러분이 사랑한 사람의 인생도 상실의 고통도 마찬가지예요.

② **바른 생각** 악하고 해로운 생각을 버리고 정신을 깨끗하게 유지하세요.

③ **바른 말** 고귀하고 친절한 말만 하세요. 거짓말, 욕, 불평을 버리세요.

④ **바른 행동** 항상 선을 추구하는 행동을 하세요.

⑤ **바른 삶의 형태** 정직한 삶의 형태를 선택하세요.

⑥ **바른 노력** 자신에게 해가 되는 정신적 상태를 머리에서 추방하려고 의식적으로 노력하세요.

⑦ **바른 마음 챙김** 자신의 정신, 말, 행동을 항상 주의하세요. 집중하기 위해서 훈련하세요.

⑧ **바른 집중** 명상을 통해 정신의 방향을 바로잡고 집중하세요. 정신은 최고의 아군 혹은 적군이 될 수 있습니다. 모든 것이 자신에게 달렸습니다.

11

· 헨리 데이비드 소로, 아리스토텔레스 ·

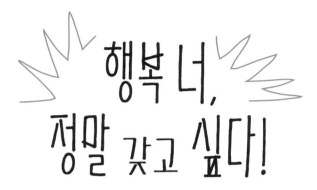

행복 너, 정말 갖고 싶다!

\#월든 \#소유 \#빈곤 \#돈 \#페리파토스학파

어느 블랙 프라이데이였어요. 수업에 들어가자 학생 하나가 어제 산 옷을 보여 주며 얼마나 싸게 샀는지 자랑했어요. 다른 학생들도 잇달아 신나게 자랑을 시작했어요. 나는 학생들에게 각자 무엇을 얼마에 구매했는지 말해 보라고 하고, 그것들을 칠판에 적어 내려갔어요. 총액수가 1,500유로를 넘어가자 미리암이 말했어요. "선생님, 아무 것도 안 산 저만 바보인가 봐요." 내가 왜 아무것도 사지 않았냐고 묻자, 미리암은 필요한 게 없었다고 말했어요. 그러자 누군가 필요한 게 없는 사람이 어디 있냐고 비난했고, 교실에서는 곧 만족을 느끼기 위해서 얼마나 많은 물건이 필요한지에 대해 열띤 토론이 시작되었습니다. 몇몇은 문명의 이기를 많이 가지면 가질수록 인생은 더 편하고 재미있어진다고 말했어요. 한 명은 우디 앨런 감독의 영화에 나오는 반어적인 대사를 언급했지요. "돈은 행복이 아니다. 그러나 행복과 어찌나 유사한 기분을 제공하는지, 그 차이를 알려면 최고의 전문가가 필요할 정도다." 우리 삶이 단순하면 단순할수록 근심 걱정이 줄어들 거라고 반박하는 학생들도 있었어요. 인생의 충만함에 도달하기 위해서 우리는 더 많은 물건을 소유하려는 게 아니라 최대한 덜 소유하려고 노력해야 한다고요. 안정감을 느끼기 위해 딱 필요한 만큼만 소유하면 되니까요. 인생을 즐기기 위해서는 대단하고 화려한 게 필요하지 않다고요.

숲속에서의 삶

숲속 오두막집에 살면 행복할까요? 나는 열띤 논쟁을 펼치던 학생들에게 불쑥 질문을 던졌어요. 미국 철학자, 헨리 데이비드 소로(1817~1862)는 숲에서 살며 느낀 성찰을 《월든: 숲속의 생활》이라는 책으로 썼습니다. 소로는 인간이 돈 없이 소비할 필요성도 느끼지 않으면서 행복하고 좋은 삶을 누릴 수 있는지 확인하고 싶었어요. 삶의 대안 모델을 이론적으로 연구만 하는 다른 철학자들과 다르게 소로는 자신의 사상을 실천에 옮겼습니다. 1845년 그는 월든 호수 근처 숲에 직접 오두막을 지어 이사했어요. 왜 그런 예사롭지 않은 일을 한 걸까요? 소로는 대체 무슨 생각이

타인에게 휘둘리지 않는 나를 위해

었을까요? 세상에 어떤 사람이 문명의 이기를 다 포기하고 야생의 자연 속으로 살러 들어가려 할까요? 더 많은 것을 소유할수록 더 행복한 게 인간 아닌가요? 수돗물, 전기, 인터넷, 스마트폰, 캡슐 커피, 로봇 청소기, 냉장고, 자동차 없이 살 수 있을까요?

소로는 우리 대다수는 인생을 허비하고 있다고 믿었습니다. 우리는 돈을 벌기 위해서 좋아하지 않는 인생을 선택하고, 그 돈으로 우리를 진정한 존재 의미와 멀게 만드는 물건을 산다고요. 내 질문에 학생들은 생각에 잠겼고, 나는 월든 호수 강가의 작은 오두막에서 소로가 쓴 책의 한 부분을 읽어 주었어요.

나는 일부러 숲속으로 살러 갔다. 삶의 본질적인 일들을 혼자 힘으로 대면하며 인생이 가르쳐 주어야 하는 것을 배울 수 있는지 알기 위해서 그리고 죽기 직전에 제대로 인생을 살지 못했다는 걸 발견하지 않기 위해서 말이다. 삶과 전혀 상관없는 삶은 살고 싶지 않았다. 사는 것은 너무 소중하기 때문에, 필요하지 않은 이상 그것을 포기하고 싶지 않았다. 나는 열정적으로 살고 싶었고 삶과 관계없는 모든 것을 생략하기 위해 스파르타식의 고된 삶의 방식을 추출하고 싶었다.

호기심 많은 디에고가 손을 들고 주말에 시골에 갈 때 항상 저런 기분이었다고 말해 주었어요. 아스투리아스에 있는 레데스 자연공원의 산들 사이에 자리 잡은 곳이었어요. 디에고의 가족은 거기에서 소를 키웠는데 주말에는 소들을 몰고 산으로 올라갔고, 그럴 때면 오두막에서 하룻밤을 잤다고 했습니다. 디에고는 산 위에서 행복했고 너도밤나무 사이로 들어갈 때면 '숲이 말하는 걸' 듣곤 했으며, 그 순간 어느 때보다 살아 있다는 걸 느꼈다고 했어요.

디에고는 문명화된 삶이 우리에게 제공하는 모든 물질은 본질적으로 짐이며, 자유의 상실을 전제하기 때문에 아무것도 보상하지 않는다는 소로의 말에 전적으로 동의했어요. 우리는 물건을 돈으로 사는 게 아니라 사실은 우리 인생으로 삽니다. 소로는 그가 살던 도시에서 보통 집은 대략 800달러였는데, 그 정도 돈을 모으려면 다른 사람을 위해 15년을 일해야 한다고 했습니다. 그런 현실에 대해 장단점을 생각한 뒤 그는 자문했어요. 그렇다면 왜 내가 집을 직접 그리고 내 마음대로 짓지 않지? 왜 내 집을 짓는데 다른 사람이 고생해야 하지? 철학자는 도시에서 멀리 떨어진 곳에서 오두막만 지은 것이 아니라, 자기만의 진정한 삶을 만들었어요. 언젠가 《월든》을 읽게 된다면, 소로가 2년 넘게 어떻게 자연과 온전히 소통하며 지냈는지 그의 경험과 성찰을 통해 잘 알 수 있게 될 겁니다.

소로는 자신의 오두막을 지으면서 즐겼지만, 사람들 대부분은 그다지 좋아하지 않는 일을 하면서 그런 일 때문에 근심하며 삽니다. 무엇 때문일까요? 우리의 텅 빈 인생을 절대 채워 줄 수 없는 물건들을 사고 또 사기 위해 월급이 필요해서인가요? 소로는 소중한 자신의 시간을 1,000유로가 넘는 스마트폰과 바꾸고 싶어 하지 않을 겁니다. 소로에게 오늘날 우리가 하는 행동 대부분은 미친 짓으로 보일 거예요. 사실은 그다지 필요하지 않은 것들을 소비하기 위해서 우리는 일

　　　　　　　　　　　　타인에게 휘둘리지 않는 나를 위해

생을 바쳐 일하니까요. 고장 나지도 않은 물건들을 단지 신형 모델이 나왔다는 이유만으로 버리지요. 소유하는 게 아니라 즐겨야 해요. 소로는 영화 〈파이트 클럽〉(데이비드 핀처, 1999)의 유명한 장면을 매우 좋아했을 거예요. 브래드 피트가 연기한 인물이 훈계하는 장면이에요. "잠재력이 많은 게 보여. 그렇지만 그걸 낭비하고 있어. 한 세대가 전부 주유소 직원, 종업원, 사무실 노예로 일하고 있어. 광고는 우리에게 차와 옷을 사고 싶은 욕구를 주입하고. 우리는 아무짝에도 쓸모 없는 쓰레기 같은 걸 사기 위해서 싫어하는 일을 하고 있잖아."

소로는 숲에서 살며 적은 것으로 만족할 수 있다면 적게 일할 수 있고, 결국 삶을 즐길 수 있는 시간을 더 많이 가지게 된다는 것을 배웠습니다. 더 많은 물건이 아니라 더 많은 시간을 가지기 위해 노력하세요. 방향을 바꾸세요. 거짓 가치들을 포기하세요. 많은 돈을 가지는 것, 호화롭게 사는 것, 유명해지는 것, 성공하고 인기를 얻는 것……그런 모든 것보다는 더 단순하고 지혜로운 삶을 선택하세요. 더 천천히 그리고 단아하게 살아요. 옷은 몸을 따뜻하게 유지하고 편하게 하기 위한 용도임을 명심하세요. 비싸지 않고, 지속 가능하고 실용적인 옷을 고르세요. 망가지면 버리고 새것을 사지 말고 고쳐 쓰는 법을 배우세요. 집은 험한 날씨로부터 우리를 보호해 주는 기능만 하면 됩니다. 더 큰 담벼락과 더 높은 지붕을 가지기 위해 여러분 인생을 저당 잡히지 마세요. 건강을 유지하기 위해서 먹어요. 단순하고 경제적인 음식을 찾으세요. 여러분이 먹을 빵을 굽고 채소를 키우세요. 스트레스를 주는 일을 피하고 생계를 유지할 수 있는 일만을 찾아요. 그 이상은 필요 없습니다. 자연 속에서 산책하는 데 더 많은 시간을 투자하세요. 운동하고 몸을 단단히 유지하세요. 술을 마시지 말고 마약도 하지 마세요. 텔레비전을 끄고 책을 읽어요. 뉴스를 추종하지 마세요. 미디어 커뮤니케이션은 미디어 머니풀레이션, 즉 미디어 조작이니까요. 자유롭게 그리고 얽매이지 말고 살아요!

소로는 1960년대를 산 한 세대에게 영감을 주었고 그들은 반문화 및 히피로 알려진 무정부주의 운동을 창설했습니다. 이 철학자의 삶의 방식은 미국의 유복한 가정에서 태어난 젊은이, 크리스토퍼 매캔들리스에게도 영감을 주었어요. 그는 대학에서 공부를 마치고 돈과 신용 카드를 불태운 뒤 알래스카의 야생 자연에서 살기 위해 떠났습니다. 믿기 어려운 그의 삶은 숀 펜의 영화 〈인투 더 와일드〉(2007)로 다시 태어났어요. 비록 그리스 철학자 아리스토텔레스가 이 영화를 봤다면 젊은이들 특유의 철없는 행동이라고 말했을 터이고, 숲속 오두막에 살러 간다는 이야기에는 고개를 절레절레 흔들었을 것이지만요.

궁전에서의
삶

아리스토텔레스(B.C.384~B.C.322)는 가느다란 다리에 눈이 작았고 매우 비싼 옷을 입고 다녔습니다. 전형적인 귀족답게 손가락에는 반지를 여럿 끼었고 헤어스타일도 우아

　　　　　　　　타인에게 휘둘리지 않는 나를 위해

했어요. 유복한 가족답게 부모님은 아들을 유학 보냈고, 아리스토텔레스는 아테네에서 플라톤이 운영하던, 고대의 가장 유명한 사립 학교, 아카데메이아에 입학하는 행운을 누렸습니다. 그는 아테네 시민권을 받지 못한 거류민으로, 아테네 사회에 완전히 동화될 수는 없었어요. 아리스토텔레스는 반에서 괴짜 취급을 받았고, 동급생들은 그를 비웃기 위해서 책벌레라는 별명을 붙였습니다. 아리스토텔레스는 당시 다른 학생들과는 달리 노예가 대신 책을 읽어 주고 요약하는 것을 원하지 않았어요. 오늘날 언제나 부릴 수 있는, 태블릿 PC나 디지털 칠판 역할 같았던 노예를 거부한 것이지요. 그는 꽤 집요한 학생이어서 스승이 말하는 것을 있는 그대로 받아들이지 않았어요. 아리스토텔레스는 한순간도 입을 다물지 않았습니다. 플라톤이 한 말이 바보같이 생각되면 손을 들고 한 치의 부끄럼도 없이 느낀 대로 말했습니다. 아카데메이아 회원들은 아리스토텔레스의 이런 태도를 보며 스승에 대한 존경심이 부족하다고 비난했고 스승을 적으로 생각한다고 말했습니다. 아리스토텔레스는 이렇게 말했지요. "나는 플라톤 선생님의 친구다. 그러나 진실과 더 친하다."

어떤 이들은 제자의 비판에도 불구하고 플라톤이 학생들 가운데 아리스토텔레스를 항상 가장 총애했다고 말했어요. 오히려 제자를 변명해 주기도 했지요. "아리스토텔레스는 갓 태어난 망아지가 지 어미한테 뒷발질하는 것처럼 나를 차는군." 플라톤은 이 제자를 높이 평가해서 그를 아카데메이아를 대표하는 '지성'이라고 불렀어요. 르네상스 시대의 예술가, 라파엘로 산치오(1483~1520)는 예술 역사상 가장 유명한 벽화인 〈아테네 학당〉 한가운데에 스승과 제자를 그려 넣었어요. 바티칸 궁전의 방들 중 교황의 서재에 그려진 이 프레스코화에서 플라톤과 아리스토텔레스는 피곤함이라고는 모른 채 몇 세기 동안 계속 토론 중입니다. 스승인 플라톤은 손가락으로 하늘을 가리키고, 반면 제자인 아리스토텔레스는 손가락으로 바다를 가리킨 채 말이지요.

그런데 다른 이야기를 들어 보면 둘 사이가 그다지 좋았던 것 같지도 않습니다. 플라톤은 아리스토텔레스가 자신의 뒤를 이어 아카데메이아를 책임질 후계자가 될 것처럼 행동했어요. 그러나 아리스토텔레스에 비해 지적 능력이 떨어지는 조카를 책임자로 임명하여 제자에게 모욕감을 주었습니다. 아리스토텔레스는 아카데메이아의 교사 자리를 사퇴하고 자기 학원을 설립했고, 알렉산더 대왕을 통해 복수를 준비했어요. 그는 미래의 황제였던 알렉산더가 열세 살 때부터 그를 교육했어요. 아리스토텔레스는 황제에게 그리스인처럼 생각하고 야만인처럼 싸우는 법을 가르쳤어요. 중세의 어느 시인은 아리스토텔레스가 "알렉산더 대왕에게 그리스어, 히브리어, 바빌로니아어, 라틴어 쓰는 법을 가르쳐 주는 것 외에도, 바다와 바람 같은 자연 현상, 별의 움직임, 천공의 주기, 지구의 수명에 관해서 설명했다. 그에게 정의와 수사학을 가르쳤고 방탕한 여인을 주의하라고 가르쳤다."라고 했습니다. 아리스토텔레스는 고대의 가장 강력한 전쟁 기계를 만들어 내어 아테네와 싸우게 보냈습니다. 플라톤의 아카데메이아에서 모욕당한 이방인의 제자는 그리스 전체를 정복했고, 군대를 세계로 퍼뜨리고 그때까지 가장 광활한 제국을 건설하는 데 성공했습니다.

아리스토텔레스는 페리파토스학파로 알려졌는데, 페리파토스의 그리스어 어원을 살펴보면 '산책하는 사람'이라는 뜻이 있습니다. 아리스토텔레스가 학생들과 공원을 산책하며 강의하는 것을 좋아해서 붙여진 이름이지요. 여러분이 영리하다면, 날이 좋은 날 선생님에게 이 이야기를 해 주면서 공원에서 수업하자고 설득할 수도 있을 거예요.

약간 이상하게 들리겠지만, 아리스토텔레스는 자신의 철학 학교를 체육관(김나지움)에 개설했고, 아폴론 리케이오스를 기리며 리케이온이라고 불렀어요. 전자 음악이 귀청이 떨어지게 울려 퍼지는 가운데 체력 단련용 자전거가 쉴 새 없이 돌아가고 최신 유행 운동복을 입은 마네킹 같은 사람들에 둘러싸여서 철학 수업을 하는 아리스토텔레스를 상상할 수 있을지 모르겠네요. 고대의 김나지움은 오늘날과는 다른 모습이었어요. 고대 아테네에서 이런 공간들은 신체 단련뿐만 아니라 정신 수양을 위해 사용되었어요. 신체 훈련을 윗몸 일으키기가 아니라 논리 수업으로 마무리하는 것을 상상해 보세요. 어쩌면 오늘날에 이런 수업이 필요하지 않을까 싶어요. 강한 몸을 만들기 위해 노력하는 것 이상으로 강한 정신을 만들기 위해서 노력한다면 얼마나 좋을까요? 고대 그리스의 김나지움은 다른 사람과 함께 대화하고 논쟁하고 서로의 생각을 교환할 수 있는 사회생활의 중심지였습니다. 김나지움의 어원은 '나체 상태'라는 뜻의 그리스어 'gymnos'

에서 비롯되었어요. 그 당시에는 신체를 단련할 때 옷을 벗었는데, 몸을 신이 준 가장 큰 선물이라고 여겼기 때문이었어요.

아리스토텔레스는 기발한 방법으로 수면 시간을 조절했어요. 그는 동 구슬을 손에 쥐고 잠을 잤는데, 손 아래 구리 사발을 놓아서 구슬이 손에서 빠지면 요란한 소리에 잠에서 깰 수 있었대요. 이런 일화에서 볼 수 있듯이, 그는 매우 규칙적인 사람이었으며 삶을 최대한 즐기고자 시간을 최대한 활용했어요. 아리스토텔레스가 깊이 있게 연구한 논제는 바로 어떻게 하면 행복에 도달할 수 있을까였습니다. 그는 인간은 자기 삶을 충만하게 발전시키기 위해서 다른 사람과 공존할 필요성이 있다고 확신했어요. 인간은 본성이 사회적인 동물입니다. 소로처럼 홀로 야생의 환경에서 살기로 한다면, 훌륭한 동물적 존재로는 살 수 있겠지만 인간적이지는 않을 거예요. 다른 사람과 공존할 필요성을 옹호하기 위해서 그가 내세운 또 다른 이유는 바로 행복하기 위해서는 우정이 필요하다는 것이었어요. 세상에 오직 나만 존재한다면 어떻게, 누구와 우정을 쌓을 수 있겠냐는 말입니다. 여러분이 특별히 소나무나 딱정벌레와 대화 나누는 것에 열정을 가지고 있지 않다면 말이에요.

아리스토텔레스는 여러분이 소로처럼 가능한 한 간소하게 산다면 절대 행복할 수 없다고 믿었어요. 빈곤은 악이고 빈곤을 선택하거나 원하려면 매우 무지하거나 약간 미쳐 있거나 둘 중 하나여야 해요. 물론 오직 돈으로만 행복이 보장되지는 않습니다. 그렇다고 해서 빈곤 속에서 충만한 삶을 살 수 있는 것은 아니에요.

타인에게 휘둘리지 않는 나를 위해

이 그리스 철학자는 가능한 모든 형태의 삶 중에서 지혜로운 자의 삶이 가장 좋다고 생각했습니다. 패리스 힐턴, 메시, 스티브 잡스, 아만시오 오르테가, 아인슈타인의 삶 중에서 하나를 골라야 한다면, 아인슈타인의 삶을 선택해야 한다는 거예요. 지혜에 견줄 만한 부는 존재하지 않기 때문이지요. 그럼에도 불구하고, 아인슈타인이 제아무리 지혜롭고 똑똑했다 하더라도 만약 빈곤했다면 불행했을지도 모릅니다. 빈곤은 우리의 삶 그리고 사회 전체에서 멀리 떨어뜨려 놓아야 하는 악입니다. 빈곤은 모든 환경에서 범죄와 소요의 원인이 되기도 하니까요. 아리스토텔레스는 가장 이상적인 것은 우리 모두 중산층의 일부가 되도록 노력하는 것이라고 했습니다. 중산층 비율이 높은 나라일수록 사회는 평화롭고 안정적이며 선진적입니다. 안락과 건전한 즐거움을 누리기 위해서는 충분히 유복한 삶을 추구해야 합니다. 빈곤은 아무것도 가져다주지 않아요. 부는 반대이지만요. 문제는 재산과 우리가 어떤 관계를 맺고 있느냐입니다. 물질적 재산은 목적이 되어서는 안 되며, 우리 능력을 최대한 발휘하기 위한 수단이 되어야 해요.

통장에 잔액이 넉넉하다면 건강을 더 잘 유지하고 삶을 더 윤택하게 해 주는 경험을 쌓기 위해 여행하며 살 수 있어요. 또한 꿈꾸어 온 계획들을 실행에 옮길 수도 있어요. 이를 통해 인간으로서 성장하고 오직 배움의 즐거움만을 위해 공부할 수도 있을 거예요. 돈은 우리에게 진실로 중요한 활동들, 아리스토텔레스에 의하면 그 자체로 기쁨을 주며 우리를 인간적으로 성장하게 해 주는 것들을 전개해 나갈 수 있는 시간과 자유를 줍니다. 만약 가난하다면 어떻게 사진 혹은 음악을 즐기는 데 전념할 수 있을까요?

그러나 돈을 오직 뽐내고 절제 없이 탕진하거나 불필요한 사치품을 사는 데 낭비한다면 바보 같은 짓입니다. 나는 학생 때 수학여행 경비를 만들기 위해 복권을 판 적이 있어요. 그때 엄청난 재산을 상속받아 궁전 같은 집에 사는 어느 부인에게 복권을 팔았어요. 감사 인사를 하자 부인이 말했어요. "내가 당첨되면 좋겠구나." 나는 궁금함을 도저히 참을 수가 없어서 물었어요. "지금도 그렇게 부자이면서 왜 더 많은 돈을 원하시죠?" 그러자 부인은 이렇게 대답했어요. "부자이긴 하지만, 나보다 더 부자도 많단다."

아리스토텔레스에 따르면, 이 부인은 삶의 어떤 순간에 방향을 잃어버려서 삶에서 돈의 기능이 무엇인지 망각했습니다. 아리스토텔레스는 무엇인가에 종속되거나 자기 통제가 부족한 사람을 거부합니다. 그가 이상적으로 본 것은 균형감을 가진 사람입니다. 숲 한가운데 오두막집도 아니고 하인들로 가득한 저택도 아닙니다. 미덕은 중간에 자리 잡고 있답니다.

아리스토텔레스가 소로에게 마지막 반론을 합니다. 행복은 우리가 가진 모든 미덕을 실현해야만 획득할 수 있다고요. 그러나 그중 몇 가지는 우리가 빈곤 속에 살면서는 발전시킬 수 없어요. 아무것도 줄 수 없는데 어떻게 너그러워질 수 있을까요? 물론 가난하더라도 조금이라도 가진 것을 나눌 수 있다고 반론할 수 있어요. 그러나 관대함의 미덕에 대해서 어떤 반론을 제기할 수 있나요? 숲속에서 살면서 어떻

게 찬란하게 살까요? 중용은 어떻게 실천할까요? 아리스토텔레스는
소로를 추종했던 젊은이들이 결국에는 현실에 눈을 뜨고 성숙해져
이번 생에서는 그렇게 원시적으로 살 수 없음을 받아들였다는 사실
을 우리에게 기억시키며 오늘의 긴 산책을 마칠 겁니다.

12

• 시몬 베유, 안토니오 그람시, 플라톤, 버트런드 러셀 •

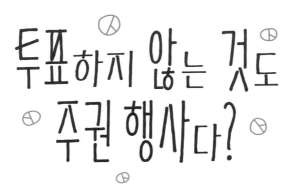

투표하지 않는 것도
주권 행사다?

#모던타임스 #파시즘 #노동자 #정당 #민주주의

선거 하루 전, 고민해야 할 시간입니다. 포트나이트 게임을 하자고 친구들을 초대했어요. 게임이 한 판 끝나자 한 친구가 묻습니다.

"내일 누구 찍을 거니? 아직 누굴 찍을지 전혀 모르겠어. 아무리 봐도 인물이 없어."

"난 기권할 거야. 선거는 아무짝에도 쓸모없어. 변하는 게 없잖아. 만약 선거가 쓸모 있다면, 정치인들이 선거를 금지해 버렸겠지."

둘은 게임 컨트롤러를 내려놓고 열띤 토론을 시작해요. 그때 외출에서 돌아오신 할아버지가 왜 소리를 지르고 있냐고 물으십니다. 상황을 설명하자 할아버지가 말씀하세요.

"할아버지가 너희 나이 때에는 말이다. 지금 너희처럼 이게 맞다 저게 맞다 논쟁 같은 건 할 수 없었어. 왜냐하면 민주주의 사회가 아니었거든. 선거는 모두가 누리는 권리가 아니었어. 그렇지만 우리 세대는 그렇게 만들기 위해서 싸웠단다. 1977년 선거하러 가던 날이 얼마나 감동적이었던지 아직도 기억나는구나. 할머니랑 난 그날 꼭두새벽에 일어나서 선거하러 갔지. 투표소에는 엄청나게 긴 줄이 있었어. 사람들은 얼굴에 미소가 가득했고 몇 년 안에 에스파냐가 얼마나 좋은 나라가 되어 있을까 상상하며 즐거워했어. 너희가 선거에 대해 회의적인 건 할아버지도 충분히 이해한단다. 나도 너희처럼 정치에 실망했거든. 그렇지만 투표는 오늘 우리에게 당당하게 투표할 권리를 주기 위해 싸웠던 사람들에 대한 도덕적 의무 같구나."

할아버지의 말씀을 잘 들었지만, 아직도 무언가 명확하지 않고 잘 모르겠어요. 투표하지 않겠다는 건 여러분을 무책임한 시민으로 만드는 걸까요? 매번 젊은이들에게 등을 돌리고 삶을 점점 더 팍팍하게 만드는 국가에 대해서 젊은 세대가 헌신할 필요가 있나요? 기권은 정치에 대한 무관심을, 아니면 반대로 정치적 행동을 의미하나요? 도덕적 의무감으로 기권할 수 있는 걸까요? 투표하러 안 가고 집에 남는 것이 민주주의 모델을 비판하는 걸 의미하나요? 왜 여러분의 자치권을 일부 전문 정치인들에게 위임해야 하는 걸까요? 오늘날과 같은 최첨단 시대에 여러분의 생각을 직접 표출할 다른 방안은 없는 걸까요?

타인에게 휘둘리지 않는 나를 위해

정치적 참여를 위해
투표할 필요 없다?

정치적 사상에 대해서 프랑스 사상가, 시몬 베유(1909~1943)만큼이나 큰 책임감과 소명을 가졌던 철학자는 많지 않을 거예요. 여러분이 시몬에게 조언을 구한다면, 그녀는 투표하지 말라고 부추길 거예요. 시몬은 아주 어려서부터 인간의 고통에 대해 남다른 감수성을 가지고 있었어요. 불과 다섯 살 때, 자기 또래 아이 중 과자를 사 먹을 수 없을 정도로 가난한 아이들이 있다는 걸 알게 된 이후, 다시는 과자를 먹지 않겠다고 결심했을 정도였어요. 불의를 보고 참을 수 없었으며 자신에 대한 엄격함은 시간이 흐를수록 강해졌어요.

시몬은 뛰어난 학생이었어요. 열아홉 살에 가장 높은 점수로 에콜 노르말 쉬페리외르(ENS, 고등 사범 학교)에 입학했어요. 이 학교는 프랑스 혁명 이후 계몽주의 정신과 비판적 사고로 무장한 뛰어난 전문인을 양성하기 위해 설립된 중등 교원 양성 교육 기관이에요. ENS는 당대 최고의 교수, 석학, 과학자들을 초빙해요. 그리고 ENS에 선발된 학생에게는 준공무원 신분을 부여해서 월급까지 준답니다. 이 학교를 거친 학생 중 13명이나 노벨상을 받았다는 사실만 보아도 이곳이 프랑스의 핵심 교육 기관이자 연구 기관으로 세계적으로 인정받으며, 그야말로 각 분야에서 가장 우수한 학생들이 모이는 곳이라는 것을 잘 알 수 있지요.

그 당시 ENS의 학생들은 인문학과 과학 중 하나를 선택할 수 있었습니다. 시몬은 인문학을 선택했고 시간이 갈수록 철학에 깊이 빠지게 되었어요. 독일 철학자, 카를 마르크스(1818~1883)의 불의와 불평등의 원인에 대한 사상을 발견한 뒤로 철학에 관한 시몬의 관심은 최정점에 도달했어요. 페미니즘의 어머니로 불리는 철학자 시몬 드 보부아르도 ENS를 함께 다녔어요. 그녀는 학창 시절을 회상하며 보부아르에게 느꼈던 경외심을 이렇게 표현했어요. "지적이며 대범한 여성으로 큰 명성을 누리던 그녀가 몹시 궁금했다. 당시 중국은 심한 기아로 고통받았는데 그 소식을 듣고 보부아르가 울었다고 들었다. 그녀가 철학자로서 가진 재능보다 그 눈물 때문에 훨씬 더 그녀를 존경하게 되었다. 공간을 초월하여 뛰는 그 심장이 부러웠기 때문이었다."

시몬 베유는 노동자들이 겪던 빈곤과 불의에 매우 예민했어요. 시몬은 자신의 정치사상과 일관성을 유지하기 위해서 사회에서 가장 소외되고 불우한 형제들의 편에 서야 할 의무감을 느꼈어요. 그러한 행동이 자신에게 부정적인 결과를 초래하더라도 말이었어요. 예를 들어, 그녀가 교사였을 때 파업 중인 노동자들의 시위를 주도했다가 즉각 정지 처분을 받고 다른 도시로 전임되기도 했어요. 시몬은 교육이야말로 불의에 맞설 수 있는 최고의 무기임을 인지했어요. 엘리트층만이 아니라 교육받을 기회가 없던 이들도 교육하기 위해 그녀는 사회주의 교육 그룹을 만들었어요. 그곳은 모든 분야에 걸쳐 노동자들을 교육하는 기관으로, 마르크스의 혁명적인 사상 같은 심오한 지식부터 노동자들이 억압받는 현실 인식, 그러한 상황을 바꿀 힘은 노동자들에게 있다는 것까지 광범위하게 교육했어요.

타인에게 휘둘리지 않는 나를 위해

시몬은 계속해서 사회적으로 소외당하는 사람들과 함께 시위하고 투쟁했기 때문에 교육 위원회와 마찰이 잦았고, 그로 인해 계속 직장을 옮겨야 했어요. 그렇지만 어디로 가든지 그녀는 침묵하지 않았어요. 시몬은 정당이나 노조에도 가입하지 않았어요. 정당이나 노조도 권력 구조의 하나로 간주했기 때문에 그러한 단체들을 신뢰하지 않았지요. 그녀는 특히 공산주의에 매우 비판적이었어요. 실제로 소련에서 추방된 트로츠키가 파리의 그녀 집에 머문 적이 있었는데, 당시 스물한 살의 앳된 시몬은 소련과 노동자 계급에 대해서 트로츠키와 열띤 토론을 벌였어요. 시몬은 노동자 계급을 대표하여 그들 대신 목소리를 높인다는 패거리 정치인들이, 실상 진짜 노동자들이 어떻게 살고 무엇을 견뎌 내고 있는지 상상조차 못 한다고 비판했어요.

자신의 사상이 확고했던 시몬은 교사직을 사임하고 파리의 전기 회사 알스톰에서 직공으로 일하기 시작했어요. 그 후 제철 공장과 르노 자동차 회사에서 노동자로 일했지요. 시몬은 공장에서 직접 일하며 육체와 영혼의 끔찍한 노예 상태를 경험했습니다. 그녀는 노예 제도가 실제로는 한 번도 폐지된 적이 없으며, 시간이 흘러 이제 그 이름이 임금 노동자로 변한 것뿐이라는 현실을 몸소 체험했어요. 시몬은 공장에서 모욕감, 육체적 고단함, 고통, 억압, 부당함을 생생히 알게 되었습니다. 이러한 경험은 그녀의 가장 깊은 내면을 흔들었고, 친구에게 이렇게 편지를 썼어요.

내가 공장에서 일하며 얼마나 고통받았는지, 아직도 누군가 …… 내게 그렇게 말하면 뭔가 잘못되었다는 느낌을 지울 수가 없어. ……. 내 영혼과 육체는 산산조각 났었어. 불행과의 접촉은 내 젊음을 죽여 버렸어. 그때까지 난 나 자신의 고통, 내 것이기 때문에 온전히 내가 감당해야 해서 그다지 중요하게 여기지 않았던, 그리고 한편으로는 내 태생적 성격에서 비롯된 것 외에는 사회적 고통을 경험해 본 적이 없었어. 세상에 많은 고통이 존재한다는 걸 알고 있었고, 그런 문제에 집착하고 있었지만 한 번도 지속적으로 부딪치며 직접 온몸으로 느껴 본 적은 없었거든. …… 타인의 고통은 내 육신과 영혼을 파고들었어. 그들과 떨어질 수 없었고, 정말 내 과거를 완전히 망각한 듯했고 미래에 대한 희망 따위는 없었어. 그런 피곤함을 극복하고 생존할 가능성조차 가늠할 수 없었거든. …… 그곳에서 난 영원히 내 몸에 새겨질 노예의 표적을 받았어. 마치 로마인들이 가장 멸시하는 노예들의 이마 위에 철을 녹여 붉은 글자로 노예라고 새긴 것처럼 말이야. 그때부터 난 나 자신이 항상 노예로 보여.

시몬이 찰리 채플린의 영화 〈모던 타임스〉(1936)를 보러 갔을 때, 자기 경험에 비추어 이 영화만큼 노동자들의 비참한 현실을 잘 반영한 영화는 없어 보였어요.

시몬은 노동자들이 처한 환경에 책임감을 느꼈습니다. 또한 자유 수호와 전체주의와의 투쟁에 사명감을 느꼈어요. 그녀는 왜 독일의 노동자들이 히틀러에게 투표했는지 이해하기 위해서 독일을 여행했고 러시아에서 스탈린이 자행하던 범죄들을 강력하게 고발했어요.

타인에게 휘둘리지 않는 나를 위해

또 정치적 신념에 대한 강한 책임감으로 에스파냐 내전에까지 참전했습니다. 시몬은 국제 기동대에 입대했지만 전쟁 경험이 너무나 참혹하여 결국 전선을 떠났습니다. 그녀는 정당한 전쟁은 존재하지 않는다는 것을 눈으로 보았어요. 전쟁에 참가한 당사자들은 누구 할 것 없이 가장 기본적인 인권조차 존중하지 않았기 때문이었지요. 양편 모두 타인을 몰살하고 모욕감을 주고 종속시키고 파괴하는 것만 찾고 있었지요.

시몬은 1943년에 나치 점령을 피해 프랑스에서 런던으로 도망가서 레지스탕스에 합류했어요. 그러나 그해 결핵으로 병원에 입원하고 말았지요. 병원에 누운 그녀는 조국의 해방을 위해 계속 싸울 수 없다는 사실이 견디기 힘들었어요. 시몬은 나치에게 붙잡힌 동포들이 포로수용소에서 먹는 음식만큼만 먹기로 했습니다. 그리고 단식투쟁 5개월 만에 죽음을 맞이했어요.

어떻게 이토록 한평생 정치적으로 활발히 활동한 여성이 여러분에게는 투표하러 가지 말라고 권할까요? 시몬 베유에게 커피 한 잔 대접하며(요즘 유행하는 카페에 초대할 생각은 꿈도 꾸지 마시길. 여러분이 사는 동네의 작은 카페를 선택하세요.) 이야기를 들어 보는 게 좋겠어요. 그녀는 이렇게 대답할 게 분명해요. 정당 시스템은 우리 사회의 가장 큰 암적 존재라고요. 지금 당장 우리 의견을 표출하기 위해서 정당 시스템을 가지고 있으니까 앞으로도 계속 이것을 유지하겠다는 것은 당위성이 충분하지 않아요. 시몬은 정당 시스템의 장단점을 세밀히 따져 보자고 제안하고 싶을 거예요. 그리하여 정당 시스템이 선보다 더 많은 악을 초래한다면, 다른 형태의 정치 시스템으로 대체하는 것이 가장 이상적이라고요. 정당 시스템에 대한 검증 전에, 시몬 베유는 정치에서 과연 선이 무엇인지 먼저 정의 내려 보는 것이 필요하다고 말합니다. 시몬에게 정치는 진실과 정의, 공익을 창출하는 것이라고 대답한다면 어떨까요? 시몬은 커피를 한 모금 마시고 담배에 불을 붙인 다음, 여러분의 눈을 똑바로 응시하고 계속 물을 겁니다. 민주주의가 선이라는 생각은 단순히 사회책에서 그렇게 배웠기 때문인가요? 친애하는 학생, 민주주의는 모두의 정부가 아니라 대다수의 독재입니다. 학교에서 시험 날짜를 정하기 위해 투표한 적 있는지 대답해 보세요. 시험 날짜를 정할 때 토론을 통해서 정했나요, 아니면 모두에게 진실하고 공평하고 유익한 투표를 통해서였나요? 대다수가 나머지 소수 위에 자신들의 개인적 이해를 강요한다는 느낌을 받은 적 없었나요? 동급생들이 토론에서 한 주장은 진실을 찾고 있었나요, 아니면 자신들의 입장을 관철하기 위한 설득이 목표였나요? 오직 정의로운 것만이 합법적이라는 진리를 꼭 명심하길 바랍니다. 유린, 강압, 거짓은 그 어떤 경우에도 절대로 합법적일 수 없습니다.

그럼 이제 다시 정당 문제로 돌아가 봅시다. 시몬 베유는 커피를 한 잔 더 시키며 말합니다. 정당 시스템에서 크게 세 가지 문제점을 지적하고 싶다고 말이에요.

- 정당은 '집단 열정'을 제작하는 기계라서 정의 실현이 불가능합니다. 이성만이 무엇이 정의로운지 식별할 수 있는 능력을 갖추

고 있어요. 열정은 정의를 보는 눈을 흐리게 하고 명확하게 생각하는 것을 불가능하게 만듭니다. 모든 사람은 같은 방식으로 논리적으로 생각해서 같은 결과에 도달할 수 있습니다. 모든 이성적인 존재에게 명제와 반명제는 동시에 진실일 수 없어요. 반면에 여러분은 거미를 무서워하지만 나는 무서워하지 않을 수 있어요. 혹은 나는 축구에 열광하지만, 여러분은 그렇지 않을 수 있지요. 문제는 많은 사람이 정치를 축구처럼 한다는 데 있어요. 특정 정당에 대한 열정이 특정 축구팀에 대해 느끼는 열정과 똑같다는 말입니다. 많은 사람이 투표하는 게 아니라 블랙리스트를 만듭니다. 얼마나 많은 사람이 자신이 투표한 정당의 정책들을 꼼꼼히 읽나요? 바에 가면 사람들은 정치에 관해 토론하는 것이 아니라, 논쟁하고 소리 지르고 화를 냅니다. 함께 무엇이 공익을 위한 것인지 차분히 생각하기 전에 대다수는 정치를, 상대방을 물리쳐야 하는 싸움으로 인식하는 것 같아요. 우리에게는 나와 다르게 생각하는 사람은 나의 적이라는 생각이 주입되었어요. 정당들이 한 일이 무엇인가요? 그들은 우리의 가장 낮은 수준의 감정, 두려움, 증오, 분노를 먹고 생존합니다.

• 정당은 당원들 각각의 생각에 집단 압력을 행사하는 기관입니다. 1991년 PSOE(에스파냐 중도 좌파 사회 노동당)의 지도부 알폰소 게르라는 정당에 대한 개념을 영악하게 요약했어요. "움직이는 사람은 사진에 나오지 않는다." 게르라는 이 문장으로 '정당의 규칙'에 대해 언급해 유명해졌어요. 당원은 당의 지침에 순종하고

지도부의 의지를 따라야 한다는 뜻이지요. 정치판에서 '떡고물이라도' 받아먹으려면 가만히 있어야 해요. 정당의 당원들과 지지자들은 당을 어떻게 생각하고 어떻게 옹호할지 지침을 받으며, 만약 조금이라도 그 선을 넘는 사람이 있으면 배신자로 비난하는 생리를 가집니다.

- 모든 정당의 첫째이자 유일한 목적은 당의 성장으로, 이때 성장의 한계는 없습니다. 진실, 정의, 공익은 절대 우선순위에 없어요. 무슨 말인가 하면, 당의 안위를 위해서라면 거짓말과 부정을 저질러도 상관없다는 뜻입니다. 만약 이러한 생각에 대해서 더 깊게 성찰해 보고 싶다면, 영화 〈더 게이트〉(로드리고 소로고옌, 2018)를 추천합니다. 이 스릴러 영화는 모든 정당의 구조가 모든 면에서 조직범죄 집단과 거의 유사한 부패한 구조라는 불편한 진실을 적나라하게 보여 줍니다.

시몬 베유는 불의의 도구가 되지 않도록 두 눈을 똑바로 뜨라고 당부합니다. 모든 정당은 전체주의적임을 인식해야 합니다. 선거철이 오면 누구를 찍을까 고민하다가, 결국 여러분이 정의롭고 선하다고 생각하는 것을 옹호하는 특정 정당의 프로파간다를 보고 그 당에 투표하기로 결정하는 것이 가장 보편적인 상황입니다. 그러나 그 정당이 자신들이 내세운 공약을 충실히 이행한다고 하더라도, 아직 정확한 입장을 표출하지 않거나 여러분은 모르고 있는 공공 분야가 많습니다. 정당에 표를 주는 순간, 여러분이 모르고 있던 분야에 대한

타인에게 휘둘리지 않는 나를 위해

그 정당의 입장에도 표를 주는 것이 됩니다. 만약 우리가 아무도 선거를 하러 가지 않는다면, 국가는 스스로를 돌아보며 현재의 정당을 대체할 시스템을 모색할 겁이다. 해결책이 쉽지 않다는 걸 알아요. 그러나 정의를 추구하는 정치 시스템을 위해 모든 정당을 영원히 없애야 한다는 사실은 분명합니다.

무관심한 사람들은 기생충과 같다

시몬 베유의 말이 끝나자, 한 신사가 가던 길을 멈추고 여러분을 바라봅니다. 서른다섯인 그는 150센티미터 정도 키의 땅딸막한 남자로, 언뜻 보아도 두꺼운 안경테에 헝클어진 머리를 한 지적인 외모가 돋보입니다. 믿기 어렵겠지만 시몬 베유와 대화를 나누던 바로 그 카페에 이탈리아 철학자, 안토니오 그람시(1891~1937)가 있었어요.

시몬 베유와 다르게 그람시는 일부러 빈곤을 체험할 필요가 없었습니다. 가난하게 태어났으니까요. 그는 학창 시절 시몬 베유가 ENS에서 누린 모든 편리함을 누릴 수 없었어요. 그람시가 받은 장학금은 난방 요금조차 낼 수 없는 액수였기 때문이에요. 그는 추위를 견디기 위해서 담요를 여러 장 덮어쓰고 방 안을 왔다 갔다 하며 서서 공부해야 했어요. 바닥에도 담요를 여러 장 깔고 그 위에 서서 공부했지요. 그람시는 매우 젊은 나이에 정치에 뛰어들었고 이탈리아 의회대의원이 되었습니다. 1926년 무솔리니는 모든 반대 조직과 정치 단체들, 발행물들을 금지했고 반대하는 모든 사람을 검거하기 시작했어요. 그중에 그람시도 포함되었어요. 경찰이 그람시의 집에 들이닥쳐서 그를 체포했는데, 국회 의원 신분이었던 그람시의 면책 특권(의원의 신분 보장)을 명백하게 위반한 행위였어요. 국가는 그를 음모죄, 범죄 방조 및 계급 간 증오 선동이라는 죄목으로(만약 케네디가 암살된 후였다면, 그의 암살도 그람시 때문이라고 할 기세로 모든 죄목을 갖다 붙였어요.) 기소했어요. 재판이 진행되는 동안 검사는 이렇게 말했어요. "우리는 이자의 뇌 작동을 20년 동안 중지시켜야 합니다." 검사의 주장이 파시스트 재판장 다섯을 설득했는지, 그람시는 22년 4개월 5일이라는 형을 선고받고 투옥되었어요. 그람시는 옥중에서 그의 가장 유명한 작품 《옥중 수고》(이탈리아어를 그대로 번역하면 '감옥에서 쓴 메모' 정도 되는데, 그람시가 그럴듯한 제목을 붙이는 데는 소질이 없었나 봐요.)를 집필했어요. 이 이탈리아 철학자는 수감 중 심각한 병에 걸려서 형량을 다 채울 수 없었어요. 감옥의 담당 의사는 모범적인 파시스트의 임무는 그람시를 살려 두는 게 아니라고 말한 적 있다는데, 그 의사는 자신의 임무를 성공적으로 끝낸 셈이에요. 그람시는 마흔여섯의 이른 나이로 생을 마감했습니다.

그람시는 여러분과 시몬 베유에게 합석해도 되겠냐고 정중하게 물어보고 말하기 시작합니다.

"무례하게 굴고 싶지는 않지만, 뒤에 있다 보니 당신들의 대화를 엿듣게 되었어요. 정치는 내가 가장 관심 있고 열정을 가진 분야이기도 합니다. 나는 평생 정치에 몸을 바쳤고 정치에 대해 많은 성찰을 했습니다. 숙녀분의 생각은 의도는 좋지만 잘못되었다고 감히 말하고 싶군요. 내일 투표권을 행사하지 않겠다면 그건 잘못된 생각입니다. 당신의 잘못은 당신뿐만 아니라, 결과적으로 다른 사람들에게도 영향을 미치게 될 테니까요. 그래서 나는 무관심한 사람들을 증오합니다. 정치 따위는 관심 없다며 우쭐대고, 삶의 중요한 문제에 대해서 아무런 의견도 가지고 있지 않은 사람들 말입니다.

사는 것은 불가피하게 어느 편에 서야 한다는 걸 의미해요. 무관심한 사람들은 기생충과 같아요. 다른 사람들의 노력에 기생하여, 그들이 투쟁을 통해 쟁취한 권리를 누리지요. 무관심은 역사의 짐입니다. 이런 무지몽매한 무리 때문에 사회는 발전하지 않고 오히려 퇴보합니다. 유럽에서 파시즘이 승리할 수 있었던 것은 투표하러 가지 않은 사람들 때문에 가능했고, 그들은 마치 기도하듯 정치인들은 다 똑같다는 말만 반복할 뿐이었어요. 파시즘은 권력을 잡자 모든 권리와 자유를 억압하고 박탈했어요. 그때야 비로소 그 어리석은 자들은 어떤 일이 벌어졌는지 깨닫기 시작했지만, 그때는 이미 모든 게 늦었지요. 부당하고 불공정한 법을 절대 투표를 통해 폐지할 수 없게 되었으니까요. 남아 있는 유일한 해결책은 혁명밖에 없었습니다. 그리고 언제나처럼 모두의 권리를 위해 일부가 일어나서 싸워야 했어요. 정치에 관심 없는 사람들은 자유를 위해서 감옥에 투옥되고 고문받으며 고통받고 피 흘린 사람들 덕을 보며 삽니다. 파시즘이 우리 삶을 뒤집어엎었을 때, 몇몇은 울고 몇몇은 비난했지만 아무도 질문하지 않았어요. 내가 정치에 무관심하지 않았더라도 파시즘이 승리했을까? 내가 살았던 시대와 우리가 그때 저지른 잘못을 알고 싶다면, 〈1900년〉(베르나르도 베르톨루치, 1976)라는 영화를 추천합니다. 영화는 1901년으로 우리를 데리고 갑니다. 북이탈리아의 한 농장에서 두 아이가 동시에 태어나요. 농장 소작농의 가난한 집 아들 올모(제라르 드파르디유)와 주인집 손자 알프레도(로버트 드니로)예요. 두 사람은 둘도 없는 친구가 되지만 파시즘의 대두에 상반된 태도를 보이면서 관계에 위기를 맞습니다.

파시즘의 환영이 다시 깨어나고 있어요. 이탈리아, 독일, 에스파냐에서 20세기 중반에 울려 퍼졌던 논변이 다시 들리고 있습니다. 외국인 혐오증, 인종 차별주의, 동성애 혐오, 남성 우월주의, 극단적인 민족주의, 민주주의 제도에 대한 포퓰리즘 관점의 비난이 다시 유행하고 있어요. 파시즘이 권력을 잡게 만든 똑같은 거짓말과 슬로건들이 마치 암세포처럼 오늘날 SNS를 통해 전 세계로 뻗어 나가고 있습니다. 이런 상황 앞에서 무언가 할 생각이 있나요? 아니면 가만히 있다가 몇 년 후 울고 비난만 할 생각인가요?"

민주주의는 불평등을 조장한다

그때 흰 수염의 나이 지긋한 신사가 그람시의 어깨에 손을 올려놓으며 말합니다. "안토니오, 애들한테 두려움

타인에게 휘둘리지 않는 나를 위해

을 내세운 연설은 그만하게. 민주주의는 만병통치약이 아닐세. 그 자체로는 어떤 가치도 없는, 그저 하나의 통치 시스템일 뿐이지. 그렇게 좋은 민주주의 때문에 불평등과 불의가 없었기를 기도나 하라고.” 이 말을 한 사람은 바로 철학 역사상 최초로 정치에 관한 책《국가》를 쓴 유명한 플라톤(B.C.428?~B.C.347?)입니다.

플라톤이 본명이 아니란 걸 아나요? 본명은 아테네의 아리스토클레스인데, 넓고 건장한 체격을 가져서 '넓은 어깨를 가진 자'라는 뜻의 플라톤이라고 불렀습니다. 플라톤은 철학 세계에서 항상 권위가 높았어요. 모든 서구 철학은 플라톤의 철학 사상 페이지 밑단의 주석들이라고 말할 정도니까요. 실제로 철학에서 다루는 대다수의 논제를 플라톤이 시작했습니다. 그리고 모든 논제 가운데 정치는 플라톤이 항상 가장 중요시한 것이었어요.

이 그리스 철학자는 시몬 베유와 안토니오 그람시 사이에 자리를 잡고 앉아서 웨이터에게 좋은 와인 한 잔을 가져다 달라고 부탁합니다. 그리고 논쟁에 참여해서 울림이 있는 깊은 목소리로 말합니다.

“자네들도 잘 알듯이, 나는 민주주의를 믿지 않네. 이유는 젊은이에게 내가 직접 설명해 주지. 내가 살던 아테네의 민주주의는 내가 알던 사람 중 가장 선하고 정의로우며 지혜로운 사람에게 사형을 선고했다네. 바로 나의 친애하는 스승 소크라테스에게 말이야. 그렇게 거대한 불의를 자행한 정치 체제는 많지 않아. 민주주의는 최악의 통치 형태 중 하나라고. 민주주의의 폐해는 말이야, 권력을 행사하는 대중이 동물적 비이성주의와 열정의 노예처럼 행동한다는 사실을 인지하지 못한 채, 정치인들에게 권력을 쥐여 준다는 데 있어. 대중은 성찰 없이 사랑에서 증오로 빠르게 넘어간다네. 전문 정치인들은 대중을 조작하기 위해서 무엇을 해야 하는지 잘 아는 집단일세. 그들은 뛰어난 동물 조련사들로, 대중이 이쪽저쪽으로 우르르 몰려가게 하려면 어떤 장단을 쳐 줘야 하는지 잘 알고 있지.

대중은 본래 우매하여 통치자를 선택할 때 통치자가 말을 잘하니까 통치도 잘할 거라고 믿는다네. 그러나 정치인들은 무지한 대중을 구워삶기 위해 어떤 감언이설이 통할지 아는 해박한 지식 외에 도대체 어떤 지혜를 가졌는가? 그리고 잘 살펴보면 말을 잘하는 것도 우리 세금으로 낸 돈으로 고용한 보좌관들이 써 준 글을 잘 읽는 것에 불과해. 비행기를 타고 있다고 상상해 보자고. 비행기는 누가 운전해야 할까? 대중을 가장 잘 설득할 수 있는 언변을 가진 사람? 아니면 돈이 가장 많은 사람? 가장 힘이 센 사람? 그것도 아니면 모두 함께 해야 할까? 제비뽑기해서 기장을 선택하는 건 어떨까? 비행기에 대해 가장 많이 아는 사람이 운전하면?

그렇다면 한 국가의 통치를 맡긴다면, 적어도 부적격하고 부패하고 준비 안 된 사람은 제외해야 하지 않을까? 도시에 전력 공급을 위해 핵 발전소를 설치할지 토론하는 상황을 상상해 보세. 이런 문제를 투표를 통해서 대중이 선택하게 하는 게 맞는 일인가? 그렇게 되면 이 분야의 전문가이며 원자력 에너지의 실질적인 위험성과 장점을 잘 아는 저명한 물리학자의 한 표가, 자기 이름도 쓸 줄 모르고 이 분야에 대해서는 평생 한 번도 들어 보지 못한 사람의 한 표와 같은 가치를 지니게 되네. 그리고 수적으로도 저명한 물리학자보다는 물리학에 문외한이 더 많은 게 현실이지. 정치적 결정은 매우 힘든 일이네. 비행기를 운전하거나 원자력 발전소를 운영하는 것보다 훨씬 더 어려운 일이야. 대중은 그러한 결정을 내릴 능력이 없어. 대중은 정치적 능력이 없으므로 필연적으로 잘못된 결정을 내리게 되지. 브렉시트에 대해서 대중에게 선택하라고 했더니, 영국에서 어떤 일이 벌어졌는지 잊었나?

이런 실수를 피하기 위해 나는 현자가 지배하는 통치 시스템을 제안하네. 지금 우리 사회에 그런 인물들이 없다면 지혜로운 자들을 양산하기 위해서 인력을 선발하고 형성할 교육 시스템을 만들어야 해. 모든 인간이 같은 능력을 갖추고 태어나지는 않았다네. 각자가 자신의 능력과 재능에 맞는 자리에서 일한다면, 우리는 모두 혜택을 받게 될 것이네. 문제는 버스 운전기사가 의사가 되고 싶어 할 때, 혹은 의사가 정치인이 되고 싶어 할 때 발생하네. 내일 누구를 뽑든 상관없어. 민주주의는 연극이니까. 그리고 정말 심각한 착각은 내일 아침 희망을 품고 투표소로 가서 한 표를 행사할 때 내가 우리 나라가 한 발 더 좋아지는 데 일조한다고 생각하는 것이지. 그러나 실제로 내일 일어나는 일은, 무지한 대다수가 심사숙고 없이 앞으로 4년 동안 모두에게 영향을 줄 중요한 사안들을 결정할 부적격자들을 뽑는다는 사실이네. 투표하는 대신 울음을 터뜨려야 마땅하지."

플라톤은
나치다

플라톤이 연설을 마치자 카페에 민주주의의 수호자인 영국 철학자, 버트런드 러셀(1872~1970)이 등장합니다. 러셀은 침착하게 파이프 담배에 불을 붙이며 머리를 가다듬고 넥타이를 똑바로 정리한 뒤, 여러분의 눈을 똑바로 응시하며 이렇게 말합니다.

"플라톤 선생님을 조심하세요. 선생님이 《국가》에서 제안한 사상에 대해 경외심을 가졌던 사람들은, 그 사상이 실제로는 전체주의를 옹호한다는 사실을 알아차리지 못했어요. 히틀러와 스탈린은 자신들이 나라를 구하기 위해서 올바른 결정을 내릴 수 있는 유일한 사람들이라고 믿었지요. 다행히도 역사는 이러한 엘리트주의적 사상의 위험성을 우리에게 경고했습니다. 인어의 노랫소리가 여러분의 귀를 속이지 않기 바랍니다. 플라톤 선생님의 제안은 부당할 뿐만 아니라 논리적 오류가 있어요. 그에 따르면 우리는 미래의 통치자들을 양성하기 위해서 통치 기술을 가르쳐야 합니다. 그런데 그렇게 하려면 우선 그러한 통치 기술이 무엇인지 결정하는 현자가 필요합니다. 현명한 통치자들을 가지기 위해서 이미 현명한 통치자가 한 명 있어야 하는 것이지요. 이것은 거대한 악순환입니다."

러셀은 이렇게 마무리해요.

"정부가 꼭 필요하다면 그것은 민주적이어야 합니다. 민주주의의 가치는 더 큰 악을 피하는 정치 시스템이라는 데 있어요. 민주주의의 가치는 부정적입니다. 좋은 정부를 보장하지 않기 때문이지요. 그러나 적어도 특정 위험을 예방할 수 있어요. 민주주의 시스템의 장점 중 하나는 만약 여러분이 소수에 속하더라도 여러분의 권리가 항상 존중되리라 확신할 수 있다는 겁니다. 민주주의는 소수를 존중하는 유일한 통치 형태예요. 그래서 내일 투표하러 가는 것은 민주주의를 수호하는 의미도 있지만, 동시에 소수로 존재할 여러분의 권리를 보호하기 위한 것이기도 합니다."

자, 이제 다시 태양이 떠올랐습니다. 선거일이 왔어요. 밤새 여러분에게 이런저런 이야기를 해 주던 철학자들은 사라졌습니다. 이제 여러분은 양심과 홀로 남았어요. 어떻게 할 건가요?

13

#남성우월주의 #젠더폭력 #제2의성 #백델테스트

3월 7일 오후, 친구들과 즐겁게 지내던 아나가 핸드폰을 보더니 깜짝 놀라 소리쳐요.

"얘들아! 내일이 3월 8일이야. 모두 행진에 참여할 거지?"

"무슨 행진?" 마르틴이 구글링하며 질문해요. "뭐야? 세계 여성의 날 기념행사 말하는 거야? 난 관심 없어. 나는 '페미나치'들은 패스할래."

"웬 헛소리? 너도 벌써 남성 우월주의자의 피가 흐르는구나." 아나가 비아냥거려요.

"난 남성 우월주의자가 아니야! 내 권리를 주장하는 것뿐이라고."

페미니즘은 남성 우월주의의 반대말?

마르틴이 이어 말해요.

"페미니즘은 남성 우월주의의 반대 개념으로, 남자들을 오직 남자라는 이유로 차별하는 주의야. 페미니즘은 '젠더 이데올로기'로 남자들을 적으로 간주한다고. 학교에서 지난번에 들었던 강연회 생각나? 시청에서 나온 여자 강사가 우리는 남성 위주의 사회에 살고 있고 남자들을 재교육해야 한다고 말했었잖아. 난 그런 발상 자체가 무섭더라. 꼭 소비에트 연방 시절의 강제 수용소, 굴라크를 연상시켰어. 권력을 가진 사람이 지향하는 이데올로기에 동의하지 않으면 정신적으로 문제가 있는 것으로 간주하고 세뇌하려고 하잖아.

젠더 폭력법에 대해서는 어떻게 생각하니? 어떻게 젠더 폭력에서 남자들만 가해자가 될 수 있지? 그 법은 불공평해. 무죄 추정의 원칙을 땅바닥에 처박고 있다고. 여자는 자기 죄를 입증하기 전까지 무죄인 것처럼 대우받을 권리가 있지만 남자는 그렇지 않아. 이게 정의니? 그래서 여자들은 거짓 고소를 해도 별로 잃을 게 없지. 미국 배우 모건 프리먼의 경우를 봐. 어떤 여자가 프리먼의 인생을 망가뜨리려고 그를 모함했잖아. 이런 젠더법은 여자들을 보호하지 않아. 이런 법이 하는 일이라고는 남자들을 차별하는 것밖에 없어. 폭력은 폭력이야. 폭력에는 젠더가 없어. 나는 우리가 모든 종류의 폭력에 맞서 싸울 의무가 있다는 데 동의해. 그렇지만 남성과 여성 중 오직 한쪽만 폭력적이라는 말에는 절대로 동의할 수 없어. 여성은 남성에게 폭력

타인에게 휘둘리지 않는 나를 위해

을 가하지 않나?

그렇게 성으로 나누고 이것저것으로 분류하자고 한다면, 나라별로 머리 색깔별로 나이별로 폭력을 차별화하지 그래? 금발 머리 대상의 폭력 방지법, 들어 봤니? 문제는 말이야, 이런 이데올로기적인 법때문에 모든 것을 잃어버린 남자들이 많다는 거야. 미안하지만 난 내일 행사에는 참여 안 할 거야. 어떻게 여성이 남성보다 우월하다는 이데올로기를 옹호할 수 있겠니? 난 남성 우월주의자는 아니지만 그렇다고 페미니스트도 아니야."

페미나치와
허수아비 때리기 오류

경청하던 아나가 반박합니다.

"방금 네가 말한 건 페미니즘이 아니야! 넌 페미니즘을 쉽게 공격하기 위해서 페미니즘을 왜곡했어. 페미나치라는 어휘를 사용한 것만 봐도 알 수 있지. 그 말은 페미니즘을 왜곡하고 깎아내리는 용어야. 페미니즘이 여성 우월주의이고, 나치가 유태인들에게 행한 것 같은 무분별한 증오심이라 주장하려고 보수주의자들이 만들어 낸 말이라고. 지난번 수업 시간에 배운 것처럼, 넌 허수아비 때리기 오류 행동을 하는 거야. 내 주장을 희화화하고 왜곡해서 날 더 쉽게 공격하려는 거지. 페미니즘은 남성 우월주의의 반대말이 아니라 남성과 여성의 평등한 권리를 찾기 위한 운동이야. 그래서 너희 남자들도 페미니스트가 되어야 하는 거고. 생각 좀 해 봐. 19세기 미국에서 노예 제도에 대항해 싸우려면 꼭 흑인이어야 됐니? 노예 폐지론자들이 백인들을 노예로 삼고 싶어 했어? 그리고 난 젠더 이데올로기를 페미니즘을 설명하는 말로 받아들일 수 없어. 젠더 이데올로기와 페미니즘을 마치 같은 말처럼 사용하면서 페미니즘의 메시지를 왜곡하거든. 페미니즘이 남성과 남성 우월주의자들에게 복수하려는 것처럼 보이게 말이야. 평등을 운운하며 젠더 폭력법을 비판하려면 정말 심각하게 냉소적이어야 가능할 거야. 난 이런 사람들의 전략을 알아. 넌 네가 옹호하는 게 평등이라고 하지. 네게는 이미 평등이 존재해. 그런데 말이야, 네가 말하는 평등은 실제로는 남자라는 이유 하나만으로 남성들에게 가부장제 사회가 제공하는 모든 특혜를 계속해서 누리고 싶다는 뜻인 거야.

페미니즘을 정확하게 그린 영화로 〈거꾸로 가는 남자〉(엘레오노르 푸리아, 2018)라는 프랑스 영화가 있는데, 꼭 봐. 남성 우월주의가 치마 입은 페미니즘이라는 네 생각의 오류를 깨닫게 해 줄 거야.

그리고 허위 신고에 관해서 한마디 더 할게. 우리 나라 검찰 통계에서 성폭력 관련 신고 중 단 0.02%만이 허위라고 정정했어. 자 얘들아, 이제 어떻게 할래? 계속 우리가 사는 사회가 지금처럼 남성 우월주의적 사회로 남기를 바라니? 남성 우월주의의 결과로 배우자나 남자 친구에게 살해당하는 여성들의 수가 얼마나 끔찍히 높은지 모르는 건 아니지?"

여성으로 태어나는 게 아니라, 여성으로 만들어진다

페미니즘의 어머니라고 불리는 철학자 한 명을 소개할게요. 시몬 드 보부아르(1908~1986)입니다. 페미니즘 운동을 싫어하든 지지하든 모두 이 철학자의 사상을 알아 둘 필요가 있어요. 페미니즘 찬반 논쟁에 참여하려면 페미니즘의 사상이 무엇인지 알아야 하니까요.

보부아르는 파리의 부유한 집에서 태어났어요. 그녀의 집은 돈이 넘쳐 났고 엄격한 도덕적·종교적 규범 또한 넘쳐 났어요. 아버지는 저명한 변호사로 매우 보수적이었으며 계급주의적 성향을 가졌고 우월감으로 가득 차 있었어요. 어머니는 돈 많은 은행가의 딸로 매일 미사에 참여하는 충실한 아내였지요. 두 사람은 당시 전형적인 부르주아 부부였습니다. 남편은 사회에서 존경받는 직업을 가지고 밖에서 일하고, 부인은 집안일을 돌봤어요. 아이들은 신앙심을 미덕으로 가르치는 학교에서 교육받았지요. 보부아르와 동생은 가톨릭 교육을 받으며 성장했어요. 열 살 남짓한 보부아르가 식탁으로 다가와 볼멘소리로 "난 신을 믿지 않아요. 무신론자예요. 종교는 사람들을 노예화하고 있어요." 하고 고백했을 때의 부모님 모습을 상상해 보세요. 어머니는 깜짝 놀라 쓰러질 뻔했고 아버지는 어린 소녀의 철부지 같은 말이라고 치부하며 크게 신경 쓰지 않았어요. 그런데 그게 아니었어요. 보부아르는 아주 어린 나이부터 스스로 생각하고 모든 것에 대해 의문을 품기 시작했어요. 소녀는 질풍노도의 유년기를 보내게 되는

데, 보부아르는 좋은 가정의 나쁜 소녀였어요. 그러나 그냥 나쁘기만 한 게 아니라 똑똑했지요. 그녀는 일상이 너무 지루해서 공부에 열중했어요. 아주 어려서부터 글쓰기를 좋아했고 일기를 썼어요. 보부아르는 지능이 매우 뛰어났고 항상 반에서 일등을 했습니다. 보부아르의 아버지는 딸에게 "너는 남자의 뇌를 가졌는데 여자구나."라며 한탄했어요. 그뿐만 아니라 아내와 딸들 앞에서 아들이 없는 것이 애통하다고 계속 말하곤 했지요. 그는 아들이 있어서 파리 최고의 대학을 나와 자신의 뒤를 이으면 얼마나 좋을까 하고 한탄했어요. 또 공공연하게 신이 자신에게 딸을 하나도 아니고 둘을 주는 벌을 주었다고까지 말했어요.

몇 년 뒤 보부아르의 아버지는 파산했습니다. 보부아르는 엘리베이터도 없는 낡은 아파트 5층으로 이사해야 했어요. 수돗물도 하인도 없는 누추한 집에서의 새 생활은 보부아르에게 지옥 같았고, 완벽한 가톨릭 신앙으로 뭉친 것 같았던 부모의 결혼 생활은 처참히 무너지기 시작했어요. 보부아르는 지금까지 겉으로 보인 부모님의 관계가 다 허구였음을 깨닫게 되었습니다. 아버지는 실제로는 바람둥이, 알코올 의존자에 도박 습관이 있었어요. 부모님은 서로 거의 대화하지 않았고 약간의 대화는 서로를 비난하고 욕하는 것으로 채워졌어요. 보부아르 가문은 하루하루 무너져 가고 있었지만, 겉모습만 보고 판단하는 위선적인 사회에서 그들은 어떻게 해서든 체면을 유지하려고 애썼습니다.

보부아르는 가능한 한 빨리 집에서 탈출하고 싶었고 그렇게 했

타인에게 휘둘리지 않는 나를 위해

어요. 그녀는 유명한 소르본 대학에서 공부했어요. 거기서 인생의 동반자이자 진정한 사랑인 철학자, 장 폴 사르트르(1905~1980)를 만났습니다. 사르트르는 보부아르의 지능과 미모에 한눈에 반했고 바로 데이트를 신청했어요. 보부아르는 바로 승낙했다가 곧 후회하여 여동생 보고 대신 사르트르를 만나라고 했어요. 보부아르는 여동생에게 사르트르의 외모를 이렇게 묘사했습니다. "그를 바로 알아볼 수 있을 거야. 못생기고 안경 쓴 사람만 찾으면 돼."

보부아르는 사르트르의 외모가 아니라 그의 유머 감각, 지능과 사랑에 빠졌어요. 두 사람은 소르본 대학의 가장 뛰어난 학생들이었습니다. 둘 중 한 명이 구두시험을 볼 때면, 모든 학생이 그들의 말을 들으러 몰려왔어요. 두 사람의 우정은 점점 더 깊어져 연인 사이로 발전했습니다. 둘은 서로에 대한 존중의 표시로 항상 존칭을 사용했어요. 대학 졸업 후 둘은 서로 다른 대학으로 발령을 받았습니다. 보부아르는 사르트르와 헤어져서 매우 슬퍼했어요. 사르트르는 해결책으로 그녀에게 결혼을 제안했습니다. 그렇게 하면 교육부에서 두 사람을 한 학교로 보내 주기 때문이었어요. 사르트르의 제안에 보부아르의 눈물은 분노로 변했습니다. 어머니의 삶을 보며 결혼은 여자에게 자유의 박탈을 의미하고, 그렇게 여자는 천천히 집안일과 자식 교육에 국한된 삶을 살게 된다는 것을 깨달았기 때문이었어요. 보부아르에게 결혼이란 여자라는 이유만으로 더 많은 의무가 생기는 일이었습니다. 그래서 절대 결혼하지 않고 아이도 가지지 않기로 결심했지요.

훗날 그녀는 결혼에 대해 이렇게 썼습니다. "결혼은 고약한 부르주아 제도로 매춘과 흡사하다. 왜냐하면 여자는 경제적으로 남편에게 의존하며 독립할 기회를 박탈당하기 때문이다." 결혼이 싫다면 어떻게 먼 곳에 떨어져 관계를 유지할 수 있었을까요? 두 철학자의 해결책은 당시 무쇠처럼 견고한 성 윤리 개념을 공중으로 분해시킬 만큼 파격적이었어요. 두 사람은 자유 의지로 열린 관계를 맺기로 하고, 전혀 일반적이지 않은 계약서를 작성했어요. 계약서에 따르면 서로는 산발적으로 다른 사람과 관계를 맺을 자유가 있었습니다. 그러나 그런 경우가 생길 때는 절대 서로를 속이면 안 되고 사실을 말해야 했어요. 기본 개념은 보부아르의 부모가 산 방식과 정반대로 사는 것이었어요. 보부아르의 부모는 서로에게 충실할 것을 서약하며 결혼했지만 서로를 속였으니까요. 두 젊은 철학자는 자유연애와 개방적인 성생활을 영위했습니다. 사르트르는 자신에게는 보부아르의 사랑만이 필요했고, 다른 여성들과의 산발적 만남은 스쳐 지나가는 사랑에 불과했다고 말했습니다. 둘의 관계는 프랑스에서 파장이 컸지만 진정한 사랑의 표본으로 간주되기도 했어요. 사르트르와 보부아르는 1943년 루앙에서 다시 만났어요. 둘은 학생들뿐만 아니라 애인도 공유했어요. 보부아르는 다른 여교수와 관계를 가지기도 했고 사르트르의 학생과도 염문을 뿌렸습니다. 프랑스는 자유로웠지만 그 정도의 성적 자유를 받아들일 준비는 되어 있지 않았어요. 결국 보부아르는 교수직에서 파면되었어요. 반면 사르트르는 교수직을 계속 유지했습니다.

타인에게 휘둘리지 않는 나를 위해

보부아르는 사르트르와 함께 프랑스의 떠오르는 지성이 되었지만, 대부분은 사르트르의 파트너로 소개되었어요. 철학자는 사르트르였고 보부아르는 그의 동반자였습니다. 혁명적인 저서《제2의 성》이라는 책이 세상의 빛을 보기 전까지는요.

《제2의 성》에서 보부아르는 우리 사회에서 여성들이 지배당하고 있는 조건을 분석합니다. 동시에 어떻게 하면 여성들이 해방될 수 있는지도 말합니다. 난로 옆에 앉아 있다 영감을 받은 데카르트나 흄을 읽다가 영감을 받은 칸트처럼 보부아르에게 이 책의 영감은 섬광같이 찾아왔어요. 보부아르는 이렇게 고백했습니다. "나는 여성들이 살면서 만나는 거짓 보상들, 난관들, 함정들에 대해 생각하기 시작했어요. …… 주변을 둘러보는데 갑자기 계시처럼 무언가 다가왔죠. 이 세상은 남성 위주예요. 내 유년 시절은 남자들이 만들어 낸 신화를 먹고 자랐어요." 그래서 말인데 페미니즘을 비난하거나 옹호한다면 시간을 내서 이 책을 진지하게 읽어 보기 바랍니다.

《제2의 성》은 출판되자마자 성공을 거두었어요. 프랑스에서만 첫 주에 2만 2000부가 팔렸고 미국에서는 총 100만 부가량 팔렸습니다. 이 책은 가부장제 세상에 대한 섬세한 시한폭탄이었어요. 어떤 남자들은 이 책이 자신들의 권위와 특혜에 대한 도전이라고 생각했고, 당연히 보부아르에게 적대적인 반응을 보였어요. 보부아르는 온갖 종류의 비난을 받았습니다. 성적으로 만족할 줄 모르는 여자, 색정광, 레즈비언, 100번 넘게 낙태한 여자, 숨겨 둔 자식이 있는 엄마 등 다양했지요. 많은 서점이 이 책을 파는 것을 거부했고, 바티칸도 강하게 비판했어요. 공산당도 이 책을 금지했는데, 이유는 노동자와는 상관없는 내용이라는 것이었어요.

도대체 보부아르는 책에 어떤 '끔찍한 말도 안 되는 말'을 썼을까요? 여러분이 페미니즘 행진에 참여할지 말지를 결정하는 데 어떤 도움을 줄까요? 보부아르가 책에서 말하는 생각은 이렇습니다. 여성은 투표권을 획득했고 교육권도 획득했지만, 아직도 남성과 동등한 자리에 있지 않다는 것이었어요. 보부아르는 모든 사회 과학(심리학, 역사, 사회학, 인류학 등등) 분야를 동원해서 여성들이 처한 환경을 적나라하게 보여 주고자 했습니다. 만약 여러분이 여자라면 여러분도 모르는 사이에 문화적으로 어렸을 때부터 일부 남성들이 만들어 낸 '완벽한 여성상'에 최대한 근접하도록 올바르게 자라게 교육받았을 거예요. 여러분을 남성과 구분하는 여성다움은 호르몬이 아니라 여러분을 여성으로 만드는 문화가 만들었습니다. 자연이 아니라 문화가 남성들에게 고분고분한 여성, 의존적이며 진취적이지 않은 여성들을 키워 낸다는 것이지요. 어렸을 때부터 자아실현보다는 남자에게 의존하며 현모양처, 어머니로 살기 위한 교육을 받는 거예요. 그러니 지금 눈 뜨지 않으면, 여러분 역시 딸과 손녀딸에게 이 모든 것을 대물림하는 사람이 될 것입니다.

타인에게 휘둘리지 않는 나를 위해

공주는 침묵할 때
훨씬 더 아름답다

보부아르의 생각이 정말인지 알기 위해서, 어렸을 때 듣거나 디즈니 만화로 봤던 이야기들을 잠시 떠올려 봅시다. 백설공주, 신데렐라, 잠자는 숲속의 미녀 같은 동화 속 여성들은 남자 등장인물에게 순종하고 그렇게 하지 않으면 문제에 빠지게 됩니다. 이들 이야기에서 여자들은 착하거나 나쁜데, 착한 여자들은 아름답고 나쁜 여자들은 못생겼지요. 착한 여자가 되고 싶으면 예뻐야 하는데, 이 여자들은 겸손하기까지 해요. 절대 대들지 않고 성격도 좋고 착하고 순종적인 딸들이며 궁극적인 행복을 위해 결혼합니다. 나쁜 여자들은 반대로 독신이며 남자의 지배하에 살고 싶어 하지 않고 자유를 즐기지요. 착한 여자들의 가장 기본적인 특징은 수동성입니다. 이들은 남자가 와서 구출해 줄 때까지 인내심을 가지고 기다려요. 혼자 힘으로는 자유로워질 수 없기 때문이지요. 그리고 착한 여자는 백마 탄 왕자님이 와서 구해 주기를 기다리면 보상으로 왕자와 결혼하게 됩니다. 나쁜 여자에게는 잔인한 죽음 같은 치명적인 운명이 기다리지요. 남성의 지배 메커니즘에 들어가기를 거부하는 여자들은 폭행을 당합니다. 여기서 폭력은 가정 폭력이 아니라 구조적 폭력을 말해요. 정체성과 남자와 여자 간의 관계를 단정 짓는 문화 말이지요.

이제 우리 문화를 분석해 봅시다. 최근까지 본 영화나 TV 시리즈를 생각해 보세요. 백델 테스트(역자 주: 미국의 만화 작가 앨리슨 백델이 고안한 영화, 소설 등의 성 평등 정도를 재는 평가)를 해 보자고요. 여러분이 본 영화들이 다음 세 가지 조건을 모두 충족시켰는지 살펴보세요.

- 영화에 적어도 두 명의 여자가 등장한다.
- 여자들은 서로 대화한다.
- 대화의 주제는 남자가 아니어야 한다.

이 테스트로 우리 문화가 가부장적이고 여성을 '타자'라는 카테고리로 격하시키는 사회를 반영함을 엿볼 수 있습니다. 여성은 남성에 대치되는 개념으로 정의되고 그렇게 '제2의 성'으로 열등한 역할로 내려가 있습니다. 여성들은 종교, 전통, 문화를 통해 남성들이 여성에 대해 가지고 있는 시선을 받아들이고 있는 것이지요.

공주로 태어나지 않는다, 공주로 만들어질 뿐이다

《제2의 성》의 기본 개념은 '여성으로 태어나는 게 아니라, 여성으로 만들어진다.'입니다. 즉, 젠더는 문화가 만들어 냈다는 뜻이지요. 그러므로 '여성의 본질'은 존재하지 않습니다. 여성 고유의 특성이라는 것은 태어나면서부터 습득된 것이며 여성을 노예와 종속의 위치로 격하시켰습니다. 지금까지 선물로 받은 장난감, 성경, 옛날이야기들은 여성을 주체가 아닌 '타자'로 만

타인에게 휘둘리지 않는 나를 위해

듭니다. 좋은 여자가 되고 싶다면 남자들이 바라는 그런 여성상을 가져야 하지요. '여성적인 가치'는 사회적 결과물이지 생물학적 결과물이 아닙니다. 그러한 가치들은 여성을 집 안에 가두고 모든 생산 절차, 중요한 결정, 정치, 권력에서 제외합니다.

남성 우월주의 문화는 결과적으로 여성들을 집에 가두어 사회적 연결 고리를 끊고 자유로워지는 것을 불가능하게 만듭니다. 보부아르에게 인간의 본질은 자유예요. 즉, 내가 되고 싶은 것을 스스로 결정할 수 있는 능력입니다. 그러나 여성들이 해야만 된다고 믿는 일들은 남자들에 의해 정해졌어요. 그래서 여성들은 참정권이 있는데도 불구하고 지배받고 있습니다. 여성들이 스스로 어떤 사람이 되고 싶은지 결정할 수 있는 해방이 시급해요. 그렇게 되기 위해 두 가지 요소가 필수입니다. 첫 번째는 여성이 일해서 경제적으로 독립해야 하고, 두 번째는 여성들의 투쟁이 집단적이어야 합니다.

보부아르는 평등한 사회를 만드는 데 함께 참여하자고 여러분을 초대합니다. 성평등을 이루기 위한 투쟁은 여성들만의 문제가 아니라 인간의 권리 문제입니다. 소외, 노예 제도, 억압에 대항해 싸우기 위해서 여성일 필요는 없어요. 자유를 위해 싸우는 것은 모두에게 더 정의로운 사회를 만드는 일이니까요.

젊은 에스파냐 철학자와 미국 여성들

에스파냐 철학자, 호세 오르테가 이 가세트(1883~1955)는 대서양을 횡단하는 배를 타고 부에노스아이레스에서 에스파냐로 돌아오는 길이었어요. 철학자는 젊고 매력 넘치는 미국 여성들을 보고 그들의 아름다움을 예찬했습니다. 그러자 한 명이 기분 나쁜 표정으로 그에게 말했어요.

"전 여성이기 전에 인간이니, 인간으로 봐 주시면 좋겠군요."

"외람된 말씀이지만, 당신이 말하는 '인간'이 도무지 무엇인지 모르겠네요."

오르테가가 대답했어요. 그는 미국 여성이 '여성'이라는 성보다 우월한 성이 있다고 잘못 생각한다고 여겼거든요.

"인간은 추상적인 개념에 불과해요. 우리 종은 성별이 다른 구체적인 생명체로 구성되어 있지요. 여성은 본질적으로 남성과 다르지만 그렇다고 열등하지 않습니다."

오르테가는 '그녀를 향한 짧은 여행'이라는 주제의 라디오 강연회에서 이 일화를 직접 소개했어요. 그리고 보부아르의 페미니즘에 대한 대답을 제시했습니다. 오르테가의 주요 사상은 두 개의 성은 상호 보완적이라는 것입니다. 남성과 여성은 서로를 바라보고 서로를 참고하여 성장해야 합니다. 그러나 보부아르와 페미니즘은 여성이 남성의 테두리 밖에서 존재해야만 더 인간적이라고 믿지요.

여성과 페미니즘에서 일어나는 현상을 좀 더 쉽게 이해하기 위

타인에게 휘둘리지 않는 나를 위해

해서 예술계를 예로 살펴봅시다. 각 예술 운동은 영감을 얻기 위해서 전통을 참고삼아요. 그러나 오늘날 예술은 주요 영감의 원천을 지금까지 해 온 것을 그저 반대로 하는 데서 가져옵니다. 예술을 하기 위해서 '반예술'을 하는 것이지요. 페미니즘도 똑같은 길을 걷고 있습니다. 여성에게 자신의 정체성을 확립하라고 초대하며 지금까지 그래 왔던 것은 버리라고 하지요. 페미니즘은 여성에게 '비여성'이 되라고 강요합니다. 그리고 그 모든 것을 자유의 이름으로 하라고 말하지요. 여성다움은 남성과 여성이 자유롭게 결정해 온 결과물입니다. 페미니즘은 남성과 여성을 대립시키는 지적 오류를 범하고 있습니다. 남성과 여성은 서로 싸우지 않고 서로 보완해야 해요. 페미니즘은 평등 신화의 독재를 내세워 똑같으면 모든 게 더 좋다고 믿게 만듭니다. 보부아르와 페미니스트들은 일반적으로 남성과의 관계를 억압의 형식으로 봅니다. 그러나 오르테가는 자유와 다른 인간과 관계를 맺는 것이 왜 서로 양립할 수 없는지 이해하지 못합니다.

오르테가는 우리 사회에 평등의 폭정을 조장하는 행진에 참여하라고 권하지 않습니다. 구소련처럼 평등 이데올로기를 만들어 낸 괴물들을 기억하세요. 남성다움이 있듯이, 남성과는 다른 인간을 지칭할 때 우리는 여성다움이라는 말을 사용할 수 있습니다. 우리는 똑같아지는 것이 아니라 서로를 채워 주고 보완해야 합니다.

자, 3월 8일이 왔어요. 보부아르와 오르테가가 페미니즘에 대해 알아야 할 것을 여러분에게 말해 주었습니다. 이제 선택은 여러분의 몫이에요. 행진에 참여할 건가요?

14

· 플라톤, 쇼펜하우어, 피에르 아벨라르, 엘로이즈 ·

이 사랑이 진짜인지 어떻게 확신하지?

#향연 #플라토닉러브 #라라랜드 #금지된사랑

요즘 썸 타는 사람이 있나요? 상대방에게 느끼는 감정이 사람들이 말하는 사랑일까 자문해 본 적 있나요? 어느 날 이성 친구가 여러분이 좋아하는 저녁을 직접 차리고 식탁을 로맨틱한 촛불로 장식하고 부드러운 음악을 틀어 놓습니다. 둘이 맛있게 식사를 하고 디저트를 먹는 순간, 갑자기 여러분의 눈을 뚫어져라 응시한 뒤 손을 잡고 이렇게 물어요. "나 사랑해?" 그 사람에게 솔직해지고 싶다면 자신에게 물어봐야 합니다. 지금 내가 이 사람에게 느끼는 게 사랑인지 어떻게 알지? 사랑이 뭐지? 사랑의 증세는 뭐지? 사랑의 부작용이나 나쁜 점은 무엇일까? 사랑은 나를 좀 더 나은 사람

혹은 나쁜 사람으로 만들 수 있나? 다양한 종류의 사랑이 존재하는 걸까? 사랑보다 더 숭고한 무엇이 있을까? 인간만이 사랑할 수 있는 걸까? 질문이 많다 싶지만, 사실 이 정도는 사랑에 대해 가능한 무수한 질문 중 극히 일부분입니다.

플라톤이 말하는
내 반쪽은 어디에

　　　　　　　　　　플라톤이 해답을 찾는 여러분을 도와줄 수 있어요. 플라톤의《대화편》중 널리 알려진《향연》에서 바로 사랑이라는 주제를 성찰했기 때문이지요.《향연》을 보면, 기원전 380년 역사상 가장 유명한 만찬 연회가 있었습니다. 만찬은 그리스의 비극 경연에서 우승한 시인 아가톤이 그의 저택에 명사들을 초대하여 축하연을 개최하며 시작합니다. 다섯 명이 초대를 받았는데, 젊은 연인 한 쌍, 의사 한 명, 희극 작가 한 명 그리고 당연히 위대한 철학자 소크라테스가 있었습니다. 소크라테스는 오는 길에 생각에 잠기느라 늦게 도착했어요. 의사의 충고에 따라 일찍 도착한 사람들은 천천히 술을 마시기로 해요. 몇 명이 전날 밤 축제에서 마신 술 때문에 숙취에 시달리고 있었기 때문이지요. 그들은 어제 취하도록 마셨다며, 다른 손님들에게 그리스 향연에서 만취할 때까지 마시는 관습을 오늘만은 예외로 해 달라고 정중히 부탁합니다. 그리고 마찬가지로 연주자들을 내보내자고 부탁해요. 어차피 오늘 만찬은 술 마시고 법석대다 유흥으로 끝나지 않을 테니 말이에요. 그리스 연회에서 연주자들은 귀를 즐겁게 해 주는 것 외에 연회가 끝나면 손님들의 다른 부위를 즐겁게 해 주는 임무도 수행했거든요. 소크라테스의 참석으로 그날의 유흥은 철학적 대화로 대체하기로 되어 있었습니다.(다른 손님들은 무언가 손해 본 느낌이었겠지만, 철학사적 관점에서는 매우 기념비적인 결정이었지요.)

그렇다면 대화의 주제는 무엇으로 정해졌을까요? 의사가 사랑에 관해서 토론하자고 하자 다른 참석자들이 흡족해했고, 각자 연설을 준비해서 발표하기로 합니다. 소크라테스는 마지막으로 발언하기로 하고요. 희극 작가 아리스토파네스는 사랑이 무엇인지 설명하기 위해서 유명한 양성 인간 신화를 이야기합니다. 태초에 인간은 거대한 원형 형태의 몸통에 다리 4개와 팔 4개, 생식 기관 2개, 머리 1개에 서로 반대 방향을 바라보는 얼굴 2개를 가졌어요. 그때 인간은 양쪽으로 걸을 수 있었고 속도를 내서 빨리 달릴 때는 곡예사처럼 공중제비도 돌았어요. 힘도 세고 뭐든지 할 수 있어 의기양양했지요. 어찌나 기세등등했던지 올림포스산까지 올라가려 하자 신들은 화가 나서 인간을 벌하기로 했습니다. 제우스는 인간의 몸통을 반으로 자른 후, 아폴론에게 얼굴을 돌린 다음 상처를 꿰매라고 했어요. 그 꿰맨 상처가 인간의 배꼽이 되었는데, 배꼽 주름은 죄에 대한 흔적으로 남아 있습니다. 그렇게 하나에서 둘로 나뉘게 된 인간은 서로 자신의 반쪽을 그리워하게 되었습니다. 그런 인간을 보고 제우스는 측은한 마음이 들어 각자의 생식 기관을 합쳐서 임신할 수 있게 했습니다.

이 신화는 마찬가지로 모든 성적 경향이 자연스러운 것임을 설명할 때 사용되기도 합니다. 남자 중에는 자신의 반쪽이 여자인 사람도 있고 남자인 사람도 있어요. 마찬가지로 여자 중에도 자신의 반쪽이 여자인 경우도 있지요. 이제 살면서 한 번쯤은 들어 본, 내 반쪽은 어디에 있을까 하는 표현을 이해할 수 있을 거예요. 만약 그 표현을 언젠가 사용하게 된다면, 플라톤의 《향연》에서 아리스토파네스가 말한 전설에서 비롯된다는 것을 기억하세요. 누가 아나요? 그 이야기를 계기로 마음에 두고 있던 사람과의 사랑을 시작하게 될지 말입니다. 그렇게 사랑을 쟁취한다면 앞으로 철학이 아무짝에도 쓸모없는 학문이라는 말은 다시 하지 않기를 바라요.

이 신화는 우리에게 무엇을 설명할까요? 사랑은 어떻게 보면 천성이고 우리의 오래된 본성을 회복하려는 욕구입니다.(거의 없어서는 안 되는 필요한 것이 되어 버렸지요.) 우리는 불완전한 존재이고 오직 사랑만이 우리에게 충만함을 돌려줄 수 있어요. 오직 사랑만이 부서진 우리 존재에 의미를 부여해 줍니다. 산다는 것은 신들이 잔인하게 빼앗아 간 우리의 반쪽을 끊임없이 찾아다니는 여행이에요. 우디 앨런 감독은 영화 〈미드나잇 인 파리〉(2011)에서 이 신화를 스크린으로 옮겼습니다. 이 영화에서 신들은 연인들을 공간상에서뿐만 아니라 시간상으로도 떨어뜨려 놓았어요. 또 흥미롭게도 요르고스 란티모스 감독은 〈더 랍스터〉(2015)에서 자기 반쪽을 찾는 전설을 무시무시한 디스토피아를 만드는 데 사용했어요. 영화는 싱글들은 설 자리가 없는 미래 사회를 그립니다. 짝이 없으면 체포되어 호텔로 끌려가 거기

타인에게 휘둘리지 않는 나를 위해

서 45일 안에 누군가를 만나 평생 사랑에 빠져야 해요. 만약 자신의 반쪽을 찾지 못하면 숲에 버려져 동물로 변하게 됩니다. 물론 어떤 동물이 될지 선택은 할 수 있어요.

자신의 반쪽이 축복이든 저주든, 정말 누군가를 만나야만 우리는 완전체가 될까요? 인생에서 충만함을 느끼려면 정말 필요한 일일까요? 여러분을 완전하게 만들어 줄 사람이 딱 한 사람만 존재할까요? 혹은 살면서 다양하게 만난 사람들의 합으로 나는 충만해지는 걸까요? 이 신화는 어느 정도 사실일까요? 신화는 그냥 신화일 뿐일까요?

플라토닉
러브

소크라테스는 이 대화에 어떻게 참여했을까요? 그는 사랑의 본질에 대해 자신이 아는 모든 것은 디오티마라는 여성 철학자가 가르쳐 주었다고 말합니다. 그녀는 사랑과 다른 많은 주제에 대해 알고 있는 지혜로운 사람이었어요. 디오티마는 우리가 상대방에게 끌리는 것은 그가 우리의 반쪽이어서가 아니라 선해서라고 말할 겁니다. 누군가를 사랑할 때 우리는 그의 상냥함과 그의 존재에서 풍겨 나오는 아름다움에 끌립니다. 사랑은 선을 향한 길이고 우리가 선에 도달하면 우리의 삶은 행복하고 충만해집니다. 그때는 더 이상 아무것도 필요 없어지지요.

사랑은 우리의 모든 행동을 이끕니다. 이건 누구나 다 이해해요.

그러나 지금부터 말하려는 것은 모두가 이해할 만한 수준이 아니에요.(잠깐, 그렇다고 화내면서 책을 덮지는 마세요. 이제 소크라테스의 제자가 된 여러분은 '사랑의 신비'를 이해할 능력을 지닐 테니까요.) 디오티마는 사랑은 미에 대한 욕구라고 분명히 설명했습니다. 그러나 아름다운 것들이 '미' 자체가 아닙니다. '미'는 무형이기 때문이지요. 아름다운 것들은 단지 더 큰 미, 완벽함, 영원불멸에 대한 약속일 뿐입니다. 위대한 미를 관조하는 것만큼 더 충만하고 행복한 삶은 없습니다. 그 경지에 도달하려면 우리의 감수성을 키워야 합니다. 그러지 않으면 절대로 미를 알아볼 수 없기 때문이에요.

다시 말하자면, 우리는 우리 사랑을 더 순결하고 고귀하게 만들어 가야 합니다. 아름다운 외모에 이끌려 사랑을 시작했지만, 사랑에는 육신의 아름다움보다 더 가치 있는 것이 있음을 깨달았을 거예요. 어떤 사람에게 끌리는 이유가 그의 육체가 아니라 영혼 때문이라면, 여러분의 사랑은 이미 한 단계 높은 수준에 있습니다. 그리고 만약 그 정도의 감수성에 다다랐다면, 조금씩 조금씩 정의와 진실에 숨겨져 있는 아름다움을 느끼게 될 것입니다. 점차 더 무형의 아름다움에 이끌리게 되어 마침내 가장 높은 경지의 사랑에 다다를 거예요. 그것은 바로 '플라토닉 러브'예요. 플라토닉 러브는 '순수하고 깨끗하며 무엇도 섞이지 않고, 육체적 욕구로 오염되지 않고, 무색이며 불멸한 그 어떠한 것에도 속하지 않는' 사랑의 개념을 높이 평가합니다. 이제 왜 사람들이 불가능하거나 이상적인 사랑을 언급할 때 '플라토닉 러브'라고 하는지 이해할 겁니다.(사랑에 관해서 플라톤은 우리 수준을 너무 높이 평가한 것 같아요.)

　　연회가 어떻게 끝났는지 궁금하다면 간단히 말해 줄게요. 소크라테스의 학생 알키비아데스가 만취 상태로 나타나 문을 마구 두드립니다. 그는 들어와서 향연의 주인공 옆에 앉습니다. 알키비아데스는 스승을 곤란하게 하며 추태를 부리고, 소크라테스는 그에게 찬물로 샤워하라고 해요. 이 광경은 흥청망청 유흥의 시간을 보낸 술 취한 젊은이 무리가 들이닥치며 중단됩니다. 참석자들은 적당히 술을 마시자던 처음의 약속은 까맣게 잊어버리고, 한 명씩 꿈의 신 모르페우스의 포근한 팔에 안겨 만취 상태로 거리에서 잠듭니다. 물론 어떤 순간에도 중심을 잃지 않는 소크라테스는 깨어 있어요. 그는 인사하고 그 집을 떠납니다. 끝.

아니, 그건 사랑이 아니라 집착이라고

　　　　　　　　　　　　독일 철학자, 아르투어 쇼펜하우어(1788~1860)는 방금 《향연》에서 읽은 사랑에 대한 내용은 우둔함의 극치라고 말할 거예요. 쇼펜하우어는 철학 역사상 가장 어둡고 모난 성격의 소유자였어요. 자기 생각을 대부분 무례하고 이기적으로 표현했습니다. 그는 대학에서 의학을 공부하다가 2학년 때 철학을 공부하기 위해 포기했어요. 인생이야말로 온 힘과 노력을 다해 성찰해야 하는 최악의 문제라고 생각했기 때문이었어요. 그의 교만함과 신경질적인 성격은 실로 대단했습니다. 당시 최고 철학자 중 한 명인 피히테의 강의를 들은 후, 쇼펜하우어는 그가 수업 중에 한 말을 생각하면 그의 가슴에 총을 겨누고 "당신은 동정할 가치도 없이 죽어야 해."라고 말하고 싶은 욕구가 솟구쳤다고 했을 정도였어요. 어느 날은 교수와 밥을 먹는데, 쇼펜하우어가 가장 훌륭한 철학자라고 생각하는 칸트에 대해서 교수가 소소한 농담을 하자, 그는 분노와 경멸에 찬 얼굴로 교수에게 소리쳤어요. "당신은 칸트의 철학이 얼마나 중요한지 전혀 모르고 있어요! 다시는 내게 말 걸지 마세요. 당신 같은 사람과 대화하기에는 내가 너무 교양 있군요."

쇼펜하우어를 감당하는 것은 절대 쉽지 않은 일이었던 것 같아요. 그의 어머니에게조차도요. 대학 공부를 마치자, 쇼펜하우어는 어머니에게 편지를 썼습니다. 집으로 돌아가서 어머니와 함께 살 생각을 하고 있다고요. 그러자 어머니가 답장을 보냈어요. "넌 피곤하고 까다로운 사람이야. 너와 함께 사는 건 내게 너무 큰 고역이다."

쇼펜하우어는 대단한 음악 애호가였어요. 특히 이탈리아 작곡가 로시니의 음악을 좋아했어요. 한번은 그가 자주 가서 식사하던 호텔에 로시니가 묵게 되어 만나 대화할 기회가 있었어요. 그러나 쇼펜하우어는 호텔 매니저에게 그를 직접 만나 대화하고 싶지 않다며 이렇게 말했다고 해요. "저기 저 사람이 로시니일 리 없어요. 그냥 뚱뚱한 프랑스인처럼 보이잖아요."

그는 인간이란 종을 깊이 증오했어요. 쇼펜하우어는 산책하고 산을 오르는 걸 좋아했는데, 자신과 같은 천재에게 걸맞은 높은 산 정

타인에게 휘둘리지 않는 나를 위해

상에서 인간들을 바라보았고 그때마다 멍청한 군중을 본다고 말했어요. 그는 인간이라는 동물을 경멸했고 오직 자신의 개 아트마만을 높이 평가했는데, 이 세상에 이 동물이 존재하지 않았다면 차라리 죽음을 택했을 거라고 말할 정도였어요. 그가 아트마에게 느낀 사랑은 대단했어요. 마치 아트마를 사람처럼 대했고 실제로 개가 말을 듣지 않으면 이렇게 다그쳤다고 해요. "이봐, 인간아!" 쇼펜하우어는 네 발의 충실한 반려견에게 자신의 모든 유산을 남겼습니다.

쇼펜하우어에게 사랑은 무엇이었을까요? 어느 정도 상상이 가지요? 그에게 사랑은 성, 종의 번식 본능, 오직 생물학적 욕구, 정욕, 육체, 그게 다였어요. 사랑은 종 유지를 위해 번식하는 모든 생물의 본능과 같은 인간의 욕구 표현일 따름입니다. 인간이 다른 동물보다 특별하고 우위에 있다고 느끼기 위해 만들어 낸 거대한 거짓말에 불과하지요. 사랑에는 전혀 특별한 것도, 아름다운 것도, 선한 것도 없어요. 오직 생물학적 충동이고, 자연이 우리보다 강력하다는 사실의 표현일 뿐이지요. '사랑에 빠질 때' 우리는 생물학이 지시하는 명령대로 움직이는 꼭두각시로 변합니다. 하나가 되어서 번식하라! 쇼펜하우어에게 사랑은 맹목적입니다. 우리가 깨닫기 전에 움직이기 때문이지요. 우리를 조작하는 무의식의 힘이라는 말입니다.

구체적으로 사랑이 우리에게 명령하는 것은 무엇일까요? 출산하여 자손을 번식시키는 것이지요. 우리 자손이 더 세고 더 똑똑하고 더 매력적일수록 다음 세대가 번창할 가능성이 커집니다. 자연은 우리 내부에서 작용하여 우리의 신체와 성격 면에서 부족한 점을 채워 줄 만한 사람들과 '사랑에 빠지게' 하는 것이지요. 그래서 착한 소녀들은 본능적으로 나쁜 남자에게 끌리게 됩니다. 자연은 최고의 자손을 잉태할 수 있는 사람과 하나가 되도록 우리를 속입니다. 그러나 자연이 그 소임을 마쳤을 때 연인들은 서로 한눈을 팔기 일쑤고 스스로에게 묻습니다. '도대체 이 사람의 뭐가 좋았던 거지?' 사랑은 비참한 삶을 견디기 위해서 우리가 만들어 낸 환상, 망상, 허구예요. 쇼펜하우어의 사랑에 대한 관점을 잘 보여 주는 영화가 바로 〈라라랜드〉(데이미언 셔젤, 2016)예요. 이 영화는 우리에게 허구와 현실을 구분하게 만들어 줍니다. 두 주인공은 신기루 같은 한여름 밤의 아름다운 순간을 살았지만, 그 꿈은 깨지고 맙니다. 결국 불가피하게 현실은 끔찍한 폭정을 실행하지요. 열정이 사라지면 사랑은 불가능한 것으로 변하게 됩니다.

철학자들 간의 사랑: 어느 불행 이야기

철학에서 사랑에 관해 이야기할 때 항상 언급되는 일이 있습니다. 바로 피에르 아벨라르와 엘로이즈의 비극적 사랑 이야기로, 그들은 철학판 로미오와 줄리엣이라고 할 수 있어요. 11세기 파리 대학, 젊고 잘생긴 교수[*]가 영향력 있는 철학

---

[*] 당시 아벨라르는 '인문학'에 포함되는 모든 학문에 능통했다. 그는 3학(문법·논리학·수사학)과 4학(중세 대학의 산술·음악·기하·천문학)을 모두 전공했다.

자의 길을 승승장구 걷고 있었어요. 전 유럽에서 학생들이 아벨라르의 강의를 듣기 위해서 몰려들었지요. 중세에는 신생 대학들의 강당에서 공개적으로 유명한 교수들이 토론을 벌이곤 했는데, 아벨라르는 모든 논쟁에서 이겼어요. 심지어 그가 배운 교수들까지도요. 아벨라르는 스콜라 철학[**] 논쟁 세계에서 무하마드 알리 같은 존재였어요. 아벨라르는 탁월한 철학자였을뿐만 아니라 훌륭한 시인이자 음악가이기도 했습니다.

이 이야기의 다른 주인공 엘로이즈는 그 당시 가장 아름답고 지혜로운 여성으로 알려져 있었어요. 귀족 집안 자제들의 관습에 따라, 그녀는 아르장퇴유 수도원에서 교육받았고 열여섯의 나이에 라틴어, 히브리어, 문학, 철학, 신학을 두루 섭렵했습니다. 학식이 풍부하여 그녀보다 더 지식이 많은 학자와 논쟁할 때도 전혀 위축되지 않고 자기 주장을 열정적으로 펼칠 줄 알았어요. 그녀의 명성은 널리 퍼져서, 수도원을 떠나 파리로 오기 전에 이미 많은 사람이 그녀를 궁금해했어요. 아벨라르도 예외가 아니었고요.

엘로이즈의 삼촌인 퓔베르는 이 사랑 이야기의 악역으로, 조카를 수도원에서 파리의 자기 저택으로 데려와 계속 공부시키려 했어요. 그러나 본심은 그녀를 지위 높고 돈 많은 귀족과 정략결혼시키려는 속셈이었지요. 퓔베르는 당대 석학인 아벨라르에게 엘로이즈의 철학 수업을 부탁했어요. 편의를 위해 아벨라르에게 한집에 머물며 가르쳐

[**] 스콜라 철학의 어원은 라틴어 '스콜라스티쿠스(scholasticus)'로, '학교에서 가르치거나 배우는 사람'이라는 뜻으로 중세 대학에서 가르쳤던 기독교 철학을 의미한다. 스콜라 철학에서는 논쟁이 되는 문제에 관해 토론하는 것이 가장 중요한 평가 기준이었다.

달라고 했고, 아벨라르는 조금도 주저하지 않고 제안을 받아들였어요. 물론 아벨라르에게 조카의 교육을 부탁했을 때 그는 철학 수업 도중 어떤 일이 벌어질지 상상도 못 했을 거예요. 아벨라르는 '개인 교습' 중 둘 사이에 불 같은 열정이 타올랐다고 고백했어요. "책은 계속 펼쳐져 있었다. 그러나 사랑은 독서보다 우리에게 더 중요한 주제였고, 우리는 지혜로운 대화보다는 서로 키스를 주고받는 데 더 많은 시간을 할애했다. 내 두 손은 책보다는 그녀의 가슴에 더 많이 가 있었다." 철학은 종종 과도한 정열을 불러일으키지요.

아벨라르와 엘로이즈는 금지된 사랑에 빠졌습니다. 그들의 사랑이 금지된 것은 아벨라르가 30대 후반, 엘로이즈가 열일곱이라는 나이 차 때문도, 스승과 제자 사이라는 이유 때문도 아니었어요. 두 사람의 신분이 달랐고, 그 당시 대학 교수들은 독신이어야 했거든요. 2년간의 비밀 교제 이후, 엘로이즈는 임신했고 둘은 파리를 떠났습니다. 엘로이즈는 아이를 낳기 위해서 예전에 살았던 수도원으로 몸을 숨겼고, 둘은 아벨라르가 계속 학교에 남을 수 있도록 비밀 결혼을 했습니다. 그 이후로도 아벨라르는 엘로이즈를 방문하며 만남을 이어 갔어요.

두 사람은 비밀 결혼 생활을 유지했습니다. 그러나 퓔베르는 가문 이름에 먹칠한 그들을 가만히 보고만 있을 수가 없었어요. 퓔베르는 〈대부〉의 말런 브랜도처럼 하수인들을 보내 아벨라르를 거세시키고 엘로이즈를 평생 수도원에 갇혀 지내게 했어요. 그녀는 나중에 그 수도원의 원장이 되었습니다. 그때 이후로 철학 교수들은 한 가지 교훈을 얻었어요. 절대 책이 아무리 무겁고 낡았더라도, 두 손을 책이 아닌 곳에는 올려놓으면 안 된다는 사실을 말이지요.

　필베르는 두 사람의 열정을 거세시킬 수는 있었지만 사랑을 꺾을 수는 없었어요. 두 철학자는 평생 편지를 주고받았어요. 1,000통이 넘는 편지에서 둘이 나누었던 사랑을 기억하면서 말이에요. 시간이 흘러 아벨라르가 죽자 엘로이즈는 그의 시신을 자신이 있는 수도원에 묻었고, 나중에 자기가 죽으면 합장해 달라고 부탁했어요. 그녀는 그렇게라도 평생 사랑한 아벨라르와 영원히 살고 싶었습니다. 그런데 말이에요. 아벨라르와 엘로이즈는 정말 사랑했을까요? 혹시 둘이 쇼펜하우어가 말한 것과 같이 정욕만을 느낀 것은 아닐까요?

15

· 피에르 조제프 프루동, 카를 마르크스, 존 로크 ·

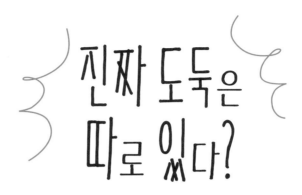

#재산 #착취 #사유화 #자유주의자

쇼핑몰에서 무언가 훔치고 싶다고 느낀 적 있나요? 친구들과 상점에 있는 걸 상상해 보세요. 친구 하나가 슬그머니 외투 주머니에 무언가를 넣었어요. 상점에서 나와 카페에 들어가자, 마치 큰일이라도 한 것처럼 친구가 으스대며 방금 슬쩍한 물건을 보여 줘요. 친구에게 뭐라고 할 건가요?

다른 경우를 봅시다. 2013년 발렌시아주 레케나에서 한 젊은 엄마가 길거리에서 주운 신용 카드로 기저귀와 음식을 샀다는 죄로 1년 9개월 형을 선고받았어요. 선고된 형이 적당하다고 생각하나요? 자, 또 다른 경우를 살펴봅시다.

2018년 10월, 에스파냐 대법원은 담보 대출 공증인 기입을 위해 내야 하는 세금은 고객이 아니라 은행이 부담해야 한다고 판결했어요. 그러나 은행들의 강력한 압박에 대법원은 한발 물러섰고 며칠 뒤 판결을 수정했어요. 독일 작가, 베르톨트 브레히트는 이렇게 자문했습니다. "은행을 훔치는 것이 은행을 세우는 것과 무슨 차이인가?" 일부는 대법원의 판결을 은행이 고객들로부터 돈을 훔치는 것과 같다고 생각한 것이지요. 이 의견에 동의하나요?

이 세 가지 예시는 우리에게 묻습니다. 훔친 게 내 재산이 될 수 있나요? 재산은 권리인가요? 그 권리가 부여하는 것은 무엇인가요? 왜 다른 사람의 재산을 존중해야 하나요? 사유 재산이 없는 사회가 존재할 수 있나요? 그런 사회는 바람직할까요?

소유는 도둑질한 것이다

프랑스 철학자, 피에르 조제프 프루동(1809~1865)은 사유 재산과 도둑질에 대해 가장 많이 성찰한 철학자 중 한 명입니다. 양조업자의 아들로 태어난 프루동은 집안이 가난해서 고등학교 공부를 끝낼 수 없었습니다. 그렇지만 경제적으로 곤란을 겪었다고 해서 배움을 멈추거나 나태해지지 않았어요. 프루동은 독학으로 폭넓은 문화적 소양을 쌓았고 화려한 글솜씨를 가진 사상가가 되었습니다. 그러니 최악의 선생님을 만났더라도 책만 있으면 항상 지식과 교양을 쌓을 수 있다는 사실을 명심하기 바랍니다.

타인에게 휘둘리지 않는 나를 위해

프루동은 사유 재산에 대해서 진지하게 질문하는 작품을 썼어요. "소유란 도둑질한 것이다." 이 대답은 논란을 불러일으켰습니다.

프루동이 옹호하는 개념은 재산권이 노동자가 노동한 결실을 노동자로부터 훔치기 위한 도구라는 것입니다. 그는 노동자가 자신이 생산한 것을 가질 수 없는 현상을 비판했습니다. 궁전을 짓는 사람은 노동자이나 정작 그는 마구간에서 잡니다. 고급스러운 천을 짜는 사람은 노동자이나 그는 누더기 같은 옷을 입고 살고요. 스마트폰 앱을 통해 우리 집 현관문 앞까지 음식을 배달하는 어느 노동자가 일주일에 6일, 매일 10시간을 일하고 받는 돈이 1,000유로도 안 된다고 고백한 적이 있습니다. 그는 고정된 임금도 계약서도 없이 일했고, 자영업자이지만 일을 찾기 위해 스마트폰 앱에 의존해야 했고, 직접 국민 보험료를 내야 했고, 파업이나 휴가에 대한 권리도 없었어요. 회사는 배달업체들에 대해 포인트 제도를 두고 있었습니다. 각자 순위에 따라서 일하고 싶은 시간을 선택할 수 있었어요. 그렇다면 포인트는 어떻게 해야 많이 받을 수 있을까요? 어떤 배달도 거절하지 않으면 포인트가 올라가는 시스템입니다. 높은 순위에 오르기 위해서는 결국 얼마나, 어떻게 일할지 선택할 수 없다는 말이지요.

그런데 한 가지 부연하자면, 프루동이 모든 종류의 재산을 공격한 건 아니었어요. 그는 다른 인간을 착취해서 얻은 재산을 부정했습니다. 프루동은 어떤 순간에도 어느 누구도 남의 오토바이, 스마트폰, 가방을 도둑질할 권리는 없다고 분명히 말합니다.

땔나무를
훔쳐 가는 의회

프루동의 사상에 동조한 독일 철학자, 카를 마르크스(1818~1883)에 대해 알아봅시다. 마르크스가 젊은 시절 신문 기자였을 때, 지역 의회의 지루한 회의를 취재해야 했던 적이 있었습니다. 지루하기 그지없던 토론 사이에 그를 분노와 격분의 도가니로 몰아넣은 사건이 있었어요. 숲의 땔감에 대한 재산권을 규정하는 법의 수정안 승인이었어요. 그때까지만 해도 누구나 숲에 가서 땔감을 가져올 수 있었어요. 숲이 개인의 것이어도 상관없었어요. 금지된 것은 나무를 베는 일뿐이었습니다. 그러나 의회는 법을 바꾸었고 그때부터는 땅바닥에서 나뭇가지를 주워 오는 게 훔치는 행위로 간주되었어요. 마르크스는 의회의 그런 결정에 절대 동의할 수 없었어요. 나무에서 자연스럽게 떨어져서 땅에 있는 땔감은 누구의 것도 아니며 더더군다나 숲 주인의 재산은 아니니까요. 땅에 떨어진 땔감은 소유주가 재배한 것이 아니니, 땔감을 줍기 위해 노력한 누군가의 것이 되는 게 맞기 때문이지요. 혈기왕성한 젊은 기자는 진정한 도둑질은 사유화이고, 모두의 것을 빼앗으려는 소유주가 진짜 도둑이라고 생각했어요.

재산권은 소수가 천연자원을 사유화할 때 유용한 메커니즘입니다. 마르크스는 여러분의 눈을 똑바로 바라보고 이렇게 묻겠지요. 자연이 개인의 소유가 될 수 있는가? 범죄는 땅바닥에서 땔감을 줍는 가난한 마을 사람들이 아니라, 농민들이 생존하는 데 필요한 수단을

타인에게 휘둘리지 않는 나를 위해

가로채는 의회가 저지르고 있었어요. 예전에는 모두의 것이었던 것을 법을 바꾸어 개인의 것이라고 말하는 것이 범죄였지요. 마르크스는 진짜 도둑은 오늘날 교육, 위생, 통신 같은 공공 부문을 민영화하는 사람들이라고 말할 겁니다. 마르크스가 담보 대출과 관련한 소식을 접했더라면, 은행들이 고객들에게 도둑질하기 위해서 법과 법정을 이용했다는 사실을 알게 했을 것입니다. 그건 범죄이고, 쇼핑몰에서 물건을 훔치는 건 범죄가 아니라고 했을 거예요.

마르크스의 사상은 이탈리아 영화감독 엘리오 페트리에게 영향을 주었어요. 그가 1973년에 만든 〈사적 소유는 절도가 아니다〉라는 영화가 있습니다. 영화는 자본주의에 대해 씁쓸하고 날카롭게 비판합니다. 페트리는 은행 운영과 돈의 흐름을 보여 주기 위해서 공포 영화의 서술 기법을 사용해요. 영화는 은행 직원으로 몇 년 동안 성실히 일했지만 아무것도 가진 게 없는 주인공 토탈의 삶을 다룹니다. 토탈은 자신이 처한 부당한 상황을 아버지에게 이해시키려고 '가지다'는 동사를 변형시켜 보라고 합니다. 슬픈 현실은 모두가 가지고 있지만, 토탈은 아무것도 가지고 있지 않다는 것이지요. 부패한 시스템 안에서 정직한 근로자는 아무짝에도 쓸모가 없습니다. 그러한 현실을 인식한 순간부터 토탈은 시스템에 저항해 투쟁하는 마르크스주의자로 변합니다.

영화는 완벽한 반어법을 사용하여 도둑질의 도덕성에 대해 계속 성찰할 수 있게 연출한 장면들로 '도둑에 대한 예찬'을 만들어 냅니다. 같은 회사에서 일하는 동료들이 일하다가 죽은 파코를 추모하기 위해서 모여요. 동료 하나가 상상력, 생명력, 실력, 용기 같은 미덕을 두루두루 갖추었던 동료의 죽음을 애도한다며 추도사를 시작하지요. 파코는 다른 직업을 선택할 수 있었지만 도둑이 되는 것을 선택했어요. 적어도 겉으로는 정직한 사람인 척하는 사람이 될 수 있었는데도 불구하고 그는 과감히 위선을 포기했지요. 주식 중개인들과 달리 파코는 은폐하지 않고 대놓고 "나는 도둑이다."라고 말할 줄 알았답니다.

그런데 도둑들 없는 세상은 어떤 세상이 될까요? 소위 말하는 저 정직한 바보 중 얼마나 많은 사람이 실업자가 될까요? 도둑이 없다면 자물쇠 제조업자는 무슨 일을 할까요? 보안 회사 사람들은 또 어떻고요? 은행에서 일하는 직원들, 경찰들, 변호사들은요? 재판관들? 감옥에서 일하는 간수들? 보험 회사 사람들은요? 노골적으로 공공연하게 도둑질하는 도둑들 덕분에 법의 보호 아래 일하는 사람들도 살고 그들의 일도 정당화됩니다.

재산은 권리다

영국의 철학자이자 정치 사상가인 존 로크(1632~1704)는 프루동과 마르크스 사상에 반대합니다. 그는 옥스퍼드 대학에서 철학을 공부했는데, 그 시절을 생애 최악의 시절로 기억합니다. 모호한 뜻의 난해한 단어들을 지루하게 공부했던 기억 때문이에요. 로크는 인생에서 전혀 쓸모없는 그런 종류의 철학을 옥스퍼드에서 공부했다고 생각했어요.(불행히 아직도 일부 교육 기관에서는 저렇게 철학을 가르칩니다.) 로크는 데카르트의 작품을 좋아했어요. 그렇다고 데카르트의 사상에 완전히 공감한 것은 아니었어요. 그는 물리학, 화학, 의학, 경제, 정치에 관심이 많았고 의사, 교수, 외교관으로 다양한 분야에서 일했습니다. 로크의 정치 사상은 미국 헌법에 잘 반영되어 있고 지금도 대통령과 의회 간에 마찰이 있을 때 그의 영향력을 엿볼 수 있지요.

로크는 자유주의의 아버지로 간주되며 가장 중요한 정치 사상가 중 한 명입니다. 여러분이 자유주의자인지 알고 싶다면 이 테스트를 해 보세요.

- 난 '하게 내버려 둬라, 지나가게 놔둬라, 세상은 혼자 잘 돌아간다.'라는 문구를 좋아한다. 이 문구들은 국가가 개인의 삶에 가능한 최소한도로 관여해야 한다는 뜻이다. [그렇다(1점) / 아니다(0점)]
- 난 누가 내게 무엇을 믿어야 하고 생각해야 한다고 말하는 게 싫다. 윤리나 종교적 문제에 관해서는 절대적인 관용이 필요하다고 생각한다. 국가는 국민에게 특정 윤리나 종교에 대한 입법을 시도하거나 강요하면 안 된다. [그렇다(1점) / 아니다(0점)]
- 난 항상 그리고 어떤 상황에서도 존중받아야 할 권리와 자유를 가지고 있다. 그 어떤 권력체도, 모두의 안전을 보장하기 위해서라는 명목이 있더라도, 내 권리 일부를 침해하는 기능을 과도하게 행사해서는 안 된다. 내 이웃들도 마찬가지로 내가 그들의 권

리를 존중하는 것처럼 내 권리를 존중해야 한다. 진정 국가가 지녀야 하는 기능은 내 권리 이행을 보장하는 것이다. [그렇다(1점) / 아니다(0점)]

- 내 재산은 신성하고 그 누구도 국가조차도 내 동의 없이 사용할 수 없다. [그렇다(1점) / 아니다(0점)]

- 내 인생과 재산은 법을 위반하지 않고 다른 사람의 권리를 침해하지 않는 한, 내 마음대로 할 수 있다. [그렇다(1점) / 아니다(0점)]

- 보편적인 윤리 원칙은 존재하지 않는다. 누군가가 비윤리적이라고 생각하는 것이 내게도 반드시 비윤리적이라는 법은 없다. 그러므로 윤리적 문제에 관한 입법은 하지 말아야 한다. [그렇다(1점) / 아니다(0점)]

- 오직 나만이 무엇이 내게 가치 있거나 선한 것인지 결정할 수 있다. 누군가가 나를 대신해서 결정할 필요 없다. [그렇다(1점) / 아니다(0점)]

- 자유롭고 자발적인 계약은 양자에게 이롭다. 그러므로 그것을 규정하는 법은 없어야 한다. [그렇다(1점) / 아니다(0점)]

- 국가의 세금 및 지출은 낮아야 한다. 국가에 세금을 더 내는 것보다 서비스를 덜 받고 싶다. [그렇다(1점) / 아니다(0점)]

- 자본주의는 부의 창출을 위한 최고의 시스템이다. 노력과 노동에 상을 주기 때문이다. [그렇다(1점) / 아니다(0점)]

이 테스트에서 10점을 획득했다면, 완전히 자유주의*가 몸에 배었다고 말할 수 있어요. 그리고 로크가 말하는 재산권 개념이 마음에 들 겁니다.

이 사상의 핵심은 노동의 결과로 획득한 자산에 대해 사유할 권리예요. 처음에 자연 사물은 공유물이었습니다. 누구의 것도 아니고 모두의 것이었지요. 그러나 자원은 그것을 가공하는 노력을 기울여야만 사용할 수 있습니다. 예를 들어, 샘물을 마시기 위해서는 물병에 물을 담아야 하고, 사과를 먹기 위해서는 나무에서 하나씩 수확해야 해요. 내가 한 일은 예전에는 모두의 것이었던 자원을 내 수고를 통해 오직 내 것으로 만든 것이지요. 어떤 사물에 내 노동력을 섞으면, 그 사물은 '모두의 재산'에서 내 '사유 재산'으로 탈바꿈하는 것이지요. 나무에서 사과를 딸 때, 사과는 예전에 없던 가치를 얻게 되는데 그것은 바로 내 노동력입니다. 토지 소유 역시 같은 방식으로 획득하게 됩니다. 인간이 숲의 나무들을 베어 내고 땅을 일구고 거기에 씨앗을 뿌리면, 그 땅과 그곳에서 생산되는 것의 소유자가 되지요. 세상 그 어떤 땅도 재배하지 않으면 밀을 생산하지 못합니다. 훔칠 게 없지요. 무언가를 훔칠 때, 실제로 훔치고 있는 것은 누군가의 노동과 노력입니다. 여러분이 불법으로 음악이나 영화를 다운로드하는 사람이라면, 로크가 여러분에 대해서 뭐라고 할지 차마 입에 올리기 어렵군요. 실제로 그는 인간은 자기 재산을 보호하고 그것을 침해하는 이를 처

◆ 자유주의자들이 가장 좋아하는 영화 중 하나는 〈마천루〉(킹 비더, 1949)이다. 영화 대본을 유명한 자유주의 철학자, 에인 랜드가 썼기 때문이다.

벌할 선천적 권리를 가진다고 생각했어요.

사유 재산 보호와 관련해 심각한 문제점이 두 가지 존재합니다. 첫 번째는 어떤 사람들은 사유 재산을 보호한다는 명목으로 선을 넘고 스스로 정의를 실현하고자 하는 위험에 빠진다는 점입니다. 어느 보석상의 사위가 집에 들어온 도둑을 죽인 사건을 생각해 보세요. 두 번째 문제는 모두가, 특히 철학 교수들은 자신을 스스로 방어할 만큼 힘이 세지 않다는 데 있습니다. 그래서 인간은 국가를 설립했어요. 국가라는 기관이 우리의 권리를 규정하고 보장하게 하려고요. 경찰과 재판관은 우리의 재산을 지켜야 합니다. 그래서 누군가 도둑질을 하면 그 대가가 무엇인지 잘 알게 만들어야 하지요. 앞에서 누군가 잃어버린 신용 카드를 불법으로 사용한 엄마는 자신이 무슨 행동을 하는지 정확히 알고 있었고, 그 결과 또한 알고 있었어요. 경찰과 재판관은 자신들의 일을 했을 뿐입니다.

그런데 조심하세요! 사유 재산의 권리를 옹호한 로크의 이론이 그렇다고 해서 누구나 무한대로 재산을 늘릴 권리를 정당화하는 건 아닙니다. 우리는 우리가 사용할 만큼의 재산을 소유해야 해요. 그렇게 하면 우리가 씨앗을 심고 사용할 수 있을 만큼만 우리 것이 될 거예요. 초과하는 모든 것은 다른 사람에게로 돌려야 해요. 우리에게 재산을 준 자연은 마찬가지로 우리 재산에 한계를 긋습니다. 한 사람이 3만 4,000헥타르에 달하는 땅에 대한 재산권을 가질 수 없습니다. 그 광대한 땅을 재배할 노동력도 없고, 거기서 생산되는 곡식을 평생 먹어도 혼자 다 소비할 수도 없기 때문이에요. 3만 4,000헥타르는 모나코 왕국의 170배 되는 거대한 면적으로, 알바 가문 소유랍니다. 그렇다면 그건 도둑질한 땅이 되는 걸까요?

16

· 플라톤, 아리스토텔레스, 페리클레스, 존 로크, 에인 랜드, 존 롤스 ·

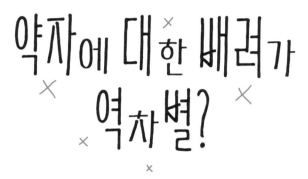

약자에 대한 배려가
역차별?

#능력주의 #차별화 #객관주의 #무지의베일

에스파냐 교육법에는 특수 교육이 필요한 학생들을 가르치기 위한 일련의 조치가 있습니다. 교사들이 의무적으로 교육 현장에 적용해야 하는 다양한 조치들은 이들이 차별받지 않고 '실질적인 평등'을 누릴 것을 추구합니다. 그래서 아스퍼거 증후군 학생은 철학 시험을 치르는 데 보다 많은 시간을 가집니다. 아스퍼거 증후군은 신경 발달 장애로, 이 장애가 있는 사람은 일반적인 지능을 가지지만 인지 방식(인지하고 배우고 합리화하는 방식)이 특별합니다. 게다가 사회성이 없어 외부 세계와 소통하는 데 어려움을 겪기도 해요. 다른 사람이 보기에 이상하고 상황에 맞지 않는 행동을 보일 수 있지요.

일부 학생들은 장애가 있는 동급생들의 어려움에 공감하지만, 그들만을 위한 특별한 조치들이 나머지 학생들에게는 차별적이고 부당하다고 생각합니다. 고등학교를 마치기 전에 학생들은 대학 선발 시험을 보게 되는데, 총점의 60%는 그때까지 생활 기록부에 기재된 평균 점수가 반영됩니다. 선발 인원이 적고 수요가 많은 과에 들어가기 위해서 학생들은 더 높은 점수가 필요하고 자연스럽게 학생들 간의 경쟁이 심화되지요. 장애 학생들을 위한 특별한 대책들에 대해서 비판적인 학생들은 기회의 평등에 어긋난다고 주장하며 스포츠 경기에 적용되는 원칙을 따라야 한다고 요구해요. 예를 들어, 농구 경기에서는 아스퍼거 증후군 선수에게 농구공을 핸들링하는 시간을 더 주지 않잖아요. 스포츠에서는 탁월함과 존중을 가장 높게 평가합니다. 탁월함은 스포츠 경기와 일에 임할 때 최선을 다하여 자기 내부에서 최상의 실력을 끌어내고자 하는 능력입니다. 존중은 자기 자신, 자기 몸, 타인, 규칙을 지키는 것으로 깨끗한 경기와 도핑 반대 투쟁을 의미해요.

어떤 사람들은 의무 교육이 아닌 교육 단계에서 장애 학생들을 위해 펼치는 정책들은 일종의 도핑과 같다고 생각합니다. 정말 그럴까요? 적극적 우대 조치가 정의로운 사회를 구축하는 것을 도와줄까요? 지금부터 이에 대해 상반된 의견을 가진 철학자들의 견해를 소개할게요. 정의를 이해하는 두 가지 다른 방식을 보게 될 겁니다. 끝까지 읽고 난 뒤, 둘 중에 무엇이 옳다고 생각되는지 결정해 보세요.

타인에게 휘둘리지 않는 나를 위해

오직 능력과 노력으로
평가받는 사회

　　　　고대 그리스인들은 '실질적 평등'을 보장하는 조치를 승인하지 않았을 겁니다. 왜냐하면 고대 그리스인들은 평등은 불공정하다고 생각했기 때문이에요. 플라톤이나 아리스토텔레스는 사회는 개인의 실력이 탁월한 사람들이 통치해야 한다고 주장했습니다. 능력, 자제력, 노력에 따라서 사회적 지위, 직책. 혜택을 누려야 한다고 생각했어요. 이렇게 정의를 이해하는 방식은 능력주의 혹은 실력주의로 알려져 있으며, 합법적인 불평등의 종류가 존재한다는 것을 미리 가정합니다.

　　영국 사회학자, 마이클 영은 그의 저서 《메리토크라시의 부상》(1958)에서 메리토크라시, 즉 '능력주의'라는 용어를 사용했어요. 이 책에서 그는 국가가 오직 젊은이들의 실력과 능력만을 평가하여 미래의 엘리트가 될 인재를 선발하는 미래 사회의 모델을 소개합니다. 이런 사회에서 실력은 똑똑함, 노력과 같은 취급을 받아요. 가장 실력 있는 개인은 어린 나이에 가늠되고 선발된 뒤 적합한 집중 교육을 받게 됩니다. 재능 있는 사람은 자기 능력에 맞는 수준에 도달할 기회를 얻게 되지요. 그러므로 하층 계급은 능력이 없거나 노력할 결심도 하지 않는 사람들로 구성됩니다.

　　페리클레스(B.C.495?~B.C.429)는 민주주의의 발명자로 알려져 있어요. 그는 아테네 시민들의 삶을 지배했던 메리토크라시 사회의 모델이 어떻게 기능했는지 설명했어요. "이 체제는 소수가 아니라 다수의 원칙에 따라 통치되기 때문에 민주주의라고 부릅니다. 법에 관해서 모두 개인의 이익을 옹호하는 데 동일한 권리를 누립니다. 명예에 관해서 누구든 어떤 부문에서 탁월함이 드러난다면, 사회적 계급보다는 능력에 따라 공공 직책을 맡을 수 있습니다."◆

플라톤 역시 누군가가 명문가의 자손이기에 혹은 돈이 많다고 해서 상을 주거나 높이 평가하는 것은 정의롭지 않으며, 사람은 오직 능력과 노력으로 평가받아야 한다고 생각했어요. 정의로운 사회는 사회 구성원 하나하나가 자신의 능력과 노력에 따라 그에 걸맞는 자리에서 일하는 사회라고 생각했지요.

이와 같은 맥락에서 교육 시스템은 책임감 있는 자리에서 제대로 임무를 수행할 미래의 지도자들을 육성하기 위해서 최고의 학생들을 선발하고 나누어서 사회 정의에 이바지해야 합니다. 플라톤의 제자, 아리스토텔레스도 각자의 능력에 맞게 보상을 하는 것이 정의라고 이해했으며, 교육은 평등이 아니라 개개인의 탁월함을 장려해야 한다고 생각했어요.

◆ 페리클레스가 펠로폰네소스 전쟁에서 전사한 아테네 군인들을 추도하는 유명한 연설에서 한 말로, 그리스 역사학자 투키디데스가 기록으로 남겼다. 이 연설에서 페리클레스는 군인들이 왜 전쟁터에서 피를 흘려야 했는지 사람들에게 상기시킨다. 그들은 민주주의를 수호하기 위해서 목숨을 바친 것이다.

타인에게 휘둘리지 않는 나를 위해

일은 우리를
차별화시킨다

'자유주의의 아버지'라 불리는 존 로크(1632~1704)는 지능과 노력이 사회적 불평등을 정당화시키는 토대가 되어야 한다는 생각을 옹호한 사상가였어요. 일만큼 능력주의가 적용되어야 하는 것은 없습니다. 일은 우리를 동물과 차별화시키고, 어떤 것들을 다른 것들보다 더 가치 있게 만들기 때문입니다.

능력주의는 일을 수행하는 데 수반되는 노력의 가치를 매기는 것으로, 개인에게 만족감으로 보상합니다. 동시에 사회 발전에도 이바지하게 되지요. 열심히 노력하고 일하는 사람에게 보상을 해 준다면 모두는 혜택을 받게 될 테니까요. 결론적으로 더 탁월한 의사, 교사, 경찰, 엔지니어들이 사회 전반에서 일하게 되기 때문이지요. 대다수 자유주의자와 마찬가지로, 로크는 적극적 우대 조치나 자유 경쟁을 변조하는 그 어떤 조치에도 반대할 겁니다. 교육 부문뿐만 아니라 다른 사회 부문도 기회 평등 원칙이 적용돼야 해요. 자유주의자들은 기회 평등 원칙을 우리 교육법이 해석하는 것과 다른 방식으로 이해합니다. 왜냐하면 그들에게는 법은 모두에게 똑같이 적용되어야 한다는 것만 중요하기 때문입니다.

이기주의자가
되는 것은 좋다

　　　　　　　　자유주의 원칙을 열렬히 옹호하고 다양성 존중 혹은 적극적 우대 조치에 분노할 사상가 중에 에인 랜드(1905~1982)도 있습니다. 그녀는 자유를 희생해서라도 평등을 장려하는 어떤 사회주의 형태에도 비판적입니다. 이 반사회주의자는 소비에트 연방에서 도망 나와 미국으로 피신했어요. 미국 국적을 취득했고, 책을 통해 미국 사회 모델과 자본주의 체제를 옹호했습니다. 에인 랜드에게 미국은 각 시민의 신성한 자유의 경계선을 침해하지 않는 자유로운 인간들로 구성된 나라였어요. 미국은 모든 시민의 권리가 존중받도록 감시하고 보장하는 일종의 경찰국가로, 한 사람의 권리 행사로 인해 다른 사람의 권리가 침해될 경우 국가가 이를 중재하며, 자유 시민들 사이에 가능한 최소한도로 개입합니다. 반면 소련에서는 시민이 국가를 위해 일합니다. 왜냐하면 '우리'가 '나'보다 훨씬 더 중요하기 때문이에요. 소련이라는 국가는 모든 시민의 관계에 개입하며, 그들의 자유, 권리를 제거하고 능력주의와 노력하는 문화를 종식시키는 인위적 평등을 만들어 냈습니다.

　　에인 랜드는 자신의 철학을 '객관주의'라고 명명했고, 오늘날까지도 논쟁이 되는 윤리 이론을 발전시켰습니다. 그 내용은 이렇습니다.

- 이성적이어야 한다. 이성은 우리의 진정한 본질로 우리를 동물과 차별화시킨다. 이성은 무엇이 옳은지 그른지 발견할 수 있는

　　　　　　　　타인에게 휘둘리지 않는 나를 위해

유일한 도구여야 한다. 이성을 항상 감정과 기분보다 우선시해야 한다.

- 생존을 위한 투쟁이다. 이성이 명령하는 첫 번째 윤리 규범은 다른 누구의 것보다 먼저 자기 자신의 생존을 살피라고 한다.

- 이기주의는 좋다. 생존하기 위해서 이기주의자가 되어야 한다. 이기주의는 항상 나쁜 것으로 소개됐다. 이기주의자는 항상 자신을 먼저 생각하고 다음으로 타인을 생각하기 때문이다. 그런데 이성적으로 잘 분석해 보면, 이런 생각이 오류임을 확인할 수 있다. 자기 자신을 걱정하는 것은 장점이지 단점이 아니다. 만약 당신이 이성적이고 감성주의에 젖지 않았다면, 이기주의자가 되어야 한다는 사실을 깨달을 것이다. 다시 말하자면, 삶은 개인의 이익과 사적 행복을 쟁취하기 위해 투쟁하는 것이다. 우리의 진정한 책임은 스스로 삶을 지키고 즐기며, 실수에 책임을 지고, 성공에 자랑스러워하는 것이다. 다른 사람들의 실수나 불행에 내가 책임져야 할 이유는 없다. 전통적인 윤리는 타인을 위해 희생하고 소외 계층을 돌보는 것이 정치적으로 올바르다고 설득시켜 왔다. 다른 사람의 이익을 위한 행동은 선한 것이고 나의 이익을 위한 행동은 나쁜 것이라고 말이다. 그러나 이타주의를 요구하는 것은 잔인하다. 당신 삶의 모든 노력을 당신의 행복이 아닌 다른 사람의 행복을 위해 바치라고, 다른 사람의 노예가 되라는 말이다. 누구도 다른 사람의 목적을 위한 수단이 되면 안 된다. 마찬가지로 다른 사람의 목적을 위해 희생해서도 안 되며, 다른 사

람에게 희생하라고 강요해서도 안 된다. 각자 생존하고 삶에서 각자 고유의 목적을 고민해야 한다.

- 누구도 당신에게 다른 사람을 도와주라고 강요할 수 없다. 다른 사람을 도와줄 수 있다. 그러나 그건 강요 때문이 아니라, 당신이 원하고 자유롭게 선택한 결과여야 한다.

이러한 객관주의 윤리 원칙을 지금 우리가 논쟁하는 교육에 적용한다면, 그것이 비윤리적임을 알게 됩니다. 우리에게 이타주의자가 되라고 강요하기 때문이지요. 에인 랜드가 장애 학생을 위한 적극적 우대 조치에 반대할 거라는 다른 이유는 그것이 능력주의와 노력의 가치를 파괴하기 때문입니다. 에인 랜드는 개인의 능력과 노력에 따라 구성된 피라미드 구조 사회를 옹호했어요. 그런 사회가 모두에게 가장 바람직하다고 믿었거든요. 지적 피라미드의 최고점에 있는 사람은 그 아래 있는 모두의 안녕에 최대한의 기여를 할 수 있는 사람입니다. 그래서 사회적 피라미드에서도 가장 높은 곳에 있어야 맞아요. 모두가 인터넷을 설계한 엔지니어들의 지능 혹은 부와 일자리를 창출하는 기업가들의 추진력의 혜택을 받고 있습니다. 능력의 피라미드 가장 밑바닥에 있는 사람들에게 우리의 운명을 맡기면 모두 굶어 죽을 거예요. 무능력자는 피라미드 위에 있는 사람들에게 아무것도 해 줄 수가 없지만, 보다 지능이 뛰어난 사람들로부터 혜택을 받습니다. 지적 능력이 강한 자와 약한 자 간의 '경쟁'을 장려하는 것은 모두에게 이익인 셈입니다.

에인 랜드는 '교육받을 권리'와 같은 긍정적 권리는 존재하면 안 된다고 말해요. 이런 종류의 사회적 권리는 다른 사람에게 의무를 부여해야 해서 모순적이기 때문입니다. 여러분 동급생의 교육받을 권리에서 '실질적 평등'을 충족시키려고, 교사들과 반의 다른 학생들, 납세자들은 자신들의 세금으로 그 학생의 교육 '권리'를 위해 투표했어야 했기 때문이에요. 에인 랜드는 자신의 삶을 간섭받지 않을 권리가 있듯이, 마찬가지로 다른 사람의 삶에도 간섭하지 말아야 한다고 생각했습니다.

정의로우려면 무지해야 한다

미국 철학자, 존 롤스(1921~2002)는 능력주의가 불공정하다면서 혹독하게 비판한 철학자입니다. 롤스는 철학을 하기 전에 미국 군대에서 정보 관련 임무를 수행했어요. 그러나 수많은 민간인 희생자를 낳은 히로시마와 나가사키 원자 폭탄 투하 이후, 군인의 길을 포기하고 남은 인생은 하버드 대학에서 강의하는 데 바쳤습니다. 1971년에는 정치사상계를 뒤흔든 책《정의론》을 발표했어요.

롤스는 어떤 이론이 제아무리 고상하더라도 확실하지 않으면 거부해야 한다고 했습니다. 같은 맥락에서, 어떤 규범이 정의롭지 못하면 마찬가지로 거부해야 합니다. 그런데 그 규범이 정의로운지는 언제 어떻게 알까요? 롤스는 이를 위해 '무지의 베일'로 알려진 정신적 실험을 제안합니다. '무지의 베일'은 우리 중 누구도 서로의 성별, 경제 조건, 인종, 지적 능력, 질병 등을 알지 못하는 상황을 말합니다. 즉, 다양성을 위한 적극적 우대 조치 같은 정치적 혹은 사회적 이슈에 대해 토의할 때, 아무도 서로의 '원초적 입장'을 모른다는 가정에서 시작하자는 것이지요.

롤스는 정치에 대해 토의할 때, 대다수가 실제로는 정의를 찾으려고 하지 않는다고 믿습니다. 대부분은 결국 우리 내부에 숨어 있는 개인적 혹은 계층의 이해에 부합되는 것만을 '정의'라며 옹호하지요. 만약 돈이 많은 집에서 태어났다면, 다른 사람보다 더 많은 세금을 내야 하는 게 불공정하다고 생각하는 게 보편적이에요. 그러나 가난한 집에서 태어났다면 더 많이 가진 사람들이 더 많은 세금을 내야 한다는 주장에 동의할 겁니다. 어처구니없지만 나의 경제 조건이 바뀌면 내가 가진 정의의 개념도 바뀌는 것이지요. 이러한 정의 개념의 자의적 적용을 피하기 위해, 우리는 예를 들자면 자신의 경제적 조건을 미리 알지 못한 채 세금 문제에 관해 토론해야 합니다.

무지의 베일을 다양성을 위한 적극적 우대 조치에 적용하면 어떻게 되는지 살펴봅시다. 여러분은 서로의 '원초적 입장'에 대해 아무것도 아는 게 없어요. 베일을 벗겼을 때 복권에 당첨된 사람이 바로 여러분이어서, 여러분이 아스퍼거 증후군을 갖게 될지 아무도 모른다고요. 이제 가장 합리적인 것은 모두에게 교육의 권리를 보장하는 어떤 조치가 필요하다고 제안하는 것입니다. 그 조치가 필요한 것이

타인에게 휘둘리지 않는 나를 위해

여러분이라고 바라지 않으면서요. 오직 무지의 베일만이 우리에게 자유롭고 공정하고 객관적인 합의에 도달하는 것을 보장할 수 있는 것이지요.

롤스는 무지의 베일에서 어떤 원칙이 우리 사회를 구성하는 데 가장 공정한지 모색한다면, 모두 다음의 합의점에 도달할 거라고 굳게 믿었습니다.

- 시민 개인은 적절한 기본적 자유의 틀을 보장받는다. 이 자유의 내용은 모두를 위한 자유의 내용과 양립되지 않아야 한다.
- 사회적이고 경제적인 불평등은 두 가지 조건 아래에서만 용인될 수 있다.

  ① 경제적 불평등은 최소 수혜자에게 최대 이익이 되도록 시정되어야만 한다. 예를 들어, 의사들이 월급을 많이 받는 게 모두에게 이익이다. 그렇게 되면 의학에 재능 있는 사람들이 더 노력하고 열심히 일하게 되어, 결론적으로 모두에게 높은 수준의 의료 서비스가 보장될 것이기 때문이다.[*] 그러나 의사의 월급 차이는 일이 힘들거나 특별한 재능을 가져서가 아니라, 사회적 이익을 창출하기 때문이라는 사실을 확실히 알아야 한다.

  ② 모든 지위와 직책은 반드시 동등한 기회 아래 모두에게 개방

[*] 이 원칙에 의하면, 축구 선수 리오넬 메시가 어떻게 2018년에 연봉 4,600만 유로를 받았는지 설명하기 좀 어려울 것 같다.

되어야만 한다. 이런 맥락에서 얼마 전까지만 해도 미국 군대에서 동성애자의 입대를 금지한 것은 불공정한 법이었다.

롤스는 능력주의를 비판했습니다. 기회 평등은 정의로운 사회를 만들기 위한 필요조건이나, 충분조건이 아니기 때문이지요. 이런 사회를 가정해 봅시다. 방금 태어난 아이들 가운데 10%는 복권에 당첨되어 평생 충분히 먹고살 만한 재원을 선물받고, 나머지는 간신히 생존하는 데 필요한 만큼만의 재원을 받습니다. 이런 사회는 기회는 평등했을지 몰라도 끔찍할 정도로 불공정합니다. 우리가 사회에서 발견하는 대부분의 불평등 요인은 개인의 노력과는 전혀 상관이 없습니다. 직업적 성공을 거둔 사람에게 열심히 일했으니 그럴 만한 가치가 있다고 말하는 것은 맞는 말이 아니에요. 잘 알고 있듯이, 가족 혹은 태어난 나라같이 개인의 성과에 영향을 미치는 다른 요소들이 있으니까요. 예를 들어, 아만시오 오르테가의 성공은 오로지 그의 재능과 노력 덕분이 아닙니다. 만약 그가 시리아에서 태어났더라면, 그가 난민촌에서 살았더라면, 절대로 인디텍스(역자 주: 인디텍스는 자라 등으로 유명한 에스파냐의 의류 업체로, 창업자인 아만시오 오르테가는 순자산 기준 에스파냐 1위, 세계 2위의 갑부임.)라는 회사를 설립할 수 없었을 거예요.

각 사회는 특정 재능을 다른 재능보다 높이 평가합니다. 여러분이 크리켓에 뛰어난 재능이 있고 인도에서 태어났다면 유명해지고 돈을 많이 벌 가능성이 더 큽니다. 그러나 에스파냐에서 태어났다면 크리켓으로 먹고살기 힘들 테니 다른 일을 찾아야 할 겁니다. 우리가 성취하는 것의 많은 부분이 그야말로 진짜 복권에 좌우되는 게 현실이에요. 그래서 이러한 불평등을 줄일 수 있는 일련의 조치들이 필요한 것이지요. 한 사회가 정의로운지 알기 위해서는 그 사회의 가장 소외된 계층이 어떤 상황에서 살고 있는지 확인해 봐야 합니다. 만약 우리 교육 시스템이 아스퍼거 증후군 학생들이 다른 동급생들과 같은 목표에 도달하게 해 주고 개인적 능력을 펼칠 수 있게 한다면, 우리는 정의로운 교육 시스템의 구축에 성공했다고 할 수 있습니다.

17

· 피타고라스, 피터 싱어, 피터 카루더스, 톰 리건, 르네 데카르트, 칸트 ·

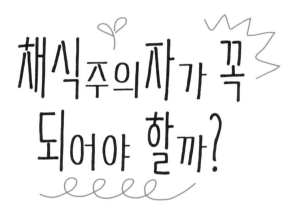

채식주의자가 꼭 되어야 할까?

#채식주의자 #동물해방 #종차별주의 #존엄성

학교 식당에서 여러분 앞에 선 친구가 자기는 채식주의자라며 송아지 스튜 대신 다른

음식을 달라고 말합니다. 친구에게 왜 고기를 먹지 않냐고 묻자 이렇게 설명합니다.

"산업화된 가축 생산 방식에서 송아지들은 상품으로 취급받아. 이익을 극대화하기

위해서 가장 빠른 시간 내에 살을 찌우지. 몇 달 동안 '자유'가 허락되는 기간에 동물

들은 야외에서 풀을 뜯어 먹은 뒤, 살찌우기 위한 밀집 시설에 갇히게 돼. 불결하고

비위생적인 환경에서 자신들의 배설물과 섞여 살찌워지는 거지. 그때부터 송아지들

은 동물성 사료를 먹기 시작해. 그런데 너도 알다시피 소는 초식 동물이라 동물성 사

료를 먹으면 소화 장애가 생겨. 또 성장 호르몬과 항생제를 마구잡이로 주입시키지.
송아지가 14개월이 되면 인위적으로 500㎏까지 살이 찌고(어른 몸을 한 어린아이들이
라고 보면 돼.), 트럭에 실려서 도살장으로 가게 돼. 도살장으로 가는 동안에는 물과 음
식을 주지 않아. 마취 칸에 들어간 송아지는 이마에 마취 총을 맞고 경련을 일으키다
쓰러지지. 이제 송아지의 뒷다리에 고리를 걸고 거꾸로 매달아. 그리고 멱을 따서 피
를 뽑지. 이 과정에서 일부 동물들은 의식이 돌아오기도 한대. 송아지를 반으로 자르
고 토막 내. 무균 용기에 포장된 고기에는 피 한 방울 보이지 않아. 그리고 요리해서
접시 위에 올려지지. 마치 고기가 슈퍼마켓 진열장에서 바로 나온 것처럼. 난 채식주
의를 선택했어. 고기를 먹으면 나도 인간이란 종이 다른 종에게 가하는 조직적인 억
압에 어떤 방식으로든 가담하게 되니까."
이제 송아지 스튜가 새롭게 보이나요? 여러분은 어떻게 할 건가요? 앞으로 고기를
먹지 않을 건가요? 동물들도 권리를 가질까요?

채식주의자의
수학

채식주의자가 되는 게 요즘 유행
처럼 보이지만 사실은 새로운 현상이 아니에요. 기원전 5세기에도 피
타고라스의 추종자들은 채식주의자들이었습니다. 이들은 이탈리아
남부 크로톤(지금의 크로토네)에 이를테면 티베트의 불교 사원과 비슷
한 공동체를 설립해 살았습니다. 피타고라스의 제자들은 영혼과 육

체의 정화를 추구했고, 당시 일반인들과는 매우 다른 형태의 삶을 살았으며, 동물을 먹지 않는 것을 포함한 일련의 규범들을 철저히 따랐어요. 에스파냐 왕립 학술원 사전에 따르면, 고대 그리스에서 피타고라스학파 사람이라는 말의 어원 중 하나는 바로 '고기를 먹지 않는 사람'이라는 뜻이었대요. 피타고라스학파는 정신의 완성과 동정심 때문에 채식주의를 선택했습니다. 자비롭고 고상한 정신세계를 가진 사람은 영양 공급을 위해 절대 살아 있는 생명체의 고통을 초래하지 않았던 거지요.

고대 로마 시인 오비디우스는 〈변신 이야기〉에 동물 희생과 고기 소비에 대해 반대하는 피타고라스의 연설을 싣고 있습니다. 대략 이런 내용이에요. "인간들아, 너희의 육체를 불경한 연회로 더럽히는 짓을 멈추어라. 곡식도 있고, 때가 되면 자기 무게를 이기지 못해 나뭇가지에서 스스로 떨어지는 과일도 있다. …… 대지는 너희에게 무르익은 양식과 죽이거나 피 흘리지 않고도 얻는 진수성찬을 제공하고 있지 않느냐." 또 이런 말들도 했다고 해요. "인간이 형제 동물들을 학살하는 동안 지구에는 전쟁과 고통이 지배할 것이고 인간은 서로를 죽일 것이다. 고통과 죽음의 씨앗을 뿌리는 사람은 기쁨과 평화를 수확할 수 없을 것이기 때문이다." "빵을 절대 동물의 피나 당신 형제의 눈물에 적셔 먹지 마라."

육식주의자 반대!
종 차별주의자 반대!

피터 싱어의 《동물 해방》(1975)은 동물 권리에 관한 논쟁에서 가장 큰 영향력을 행사한 작품 중 하나입니다. 이 호주 철학자의 차별에 대한 투쟁은 흑인 해방 운동으로부터 시작되어 인종 차별주의, 동성애 혐오, 남성 우월주의에 관해 투쟁하는 데까지는 성공했지만, 투쟁의 여정은 끝나지 않았습니다. 마지막 남은 차별은 바로 종 차별주의입니다. 우리가 대면해야 하는 마지막 해방은 동물 해방이에요.

'종 차별주의'를 좀 더 알아볼까요? 영국 철학자, 피터 카루더스 (1952~　)는 《동물 이슈: 실제에서 윤리 이론》에서 종 차별을 설명하는 데 종종 사용되는 사고 실험을 고안했습니다. "우리는 인간 부부의 10%가 불임임을 알고 있다. 만약 그 이유가 인간이라는 종은 원래 두 종류가 있고 그 두 종 사이에는 생식 양립이 불가능하며, 그 차이는 오직 불임으로만 확인된다고 가정해 보자. 그러한 상황에서 소수 종이 오직 대다수 종과 다르다는 이유로 윤리적 권리를 침해받는 것은 비난받을 사안이다. 이것이야말로 종 간의 분명한 차이를 보여 주는 예이다."

피터 싱어는 고통은 피해야 한다는 가장 기본적인 윤리 원칙에서 종 차별주의 반대 투쟁을 시작합니다. '고통은 고통이다. 그것을 어떤 종이 경험하느냐는 중요한 게 아니다'는 뜻이지요. 인간과 인간이 아닌 동물은 모두 같은 고통을 느낍니다. 동물들이 단순히 우리와

타인에게 휘둘리지 않는 나를 위해

같은 종이 아니므로 동물들의 고통을 모른 척한다면, 큐 클럭스 클랜 (KKK) 회원들과 똑같은 논리로 생각하고 행동하는 것입니다. 그들은 흑인종이라는 인간을 고문하고 구타하고 목을 자르고 화형에 처하고 목을 매달았어요. 인종 차별주의자나 남성 우월주의자는 자신이 속한 인종이나 젠더가 아니면 그들이 자신과 같은 도덕적 지위와 권리를 가지지 않는다고 생각합니다.

동물을 차별하는 일부는 동물이 우리처럼 생각할 수 있는 능력이 없기 때문에 차별이 정당하다고 말합니다. 그러나 인간 중에도 그런 능력이 결여된 경우가 있지만, 그렇다고 해서 그 사람을 고통받게 하지 않지요. 아기가 우월한 지능 활동을 할 능력이 없으니 우리에 가두어 놓고 살을 찌운 다음 죽여서 먹으려고 하지는 않잖아요. 마찬가지로 지체 장애인에게 화장품 독성 실험을 하는 것을 용납하지 않습니다.(나치 독일에 살고 있지 않다면 말이에요.) 인간이 아닌 동물들에게 화장품 독성 실험을 한다는 사실은 우리가 아직도 편견이 있고, 우세 그룹에 속하기 때문입니다. 단지 호모 사피엔스 종에 속한다는 이유만으로, 특정 종을 우선하는 사상을 옹호할 수 있는 견고한 논거는 없습니다. 윤리적으로 발전된 인간 사회에서 동물은 권리를 가져야 합니다. 여러분은 계속 고기를 먹을 수 있어요. 그러나 윤리적으로 그것을 정당화할 방법은 없습니다. 투우를 매우 좋아하는 가수 호아킨 사비나는 이러한 주장들을 의식하며 말한 적이 있어요. 자신은 투우 반대주의자들과는 절대 논쟁하지 않는다고요. 왜냐하면 그들의 말이 옳으니까요.

동물들의 변호사

피터 싱어와 마찬가지로 미국 철학자, 톰 리건(1938~2017)도 고기를 먹지 말아야 한다는 생각을 옹호했어요. 그는 동물들의 기본 권리를 위해 법원에서 가장 많이 투쟁한 사람 중 하나였는데, 한때는 고기를 먹었을 뿐만 아니라 팔기까지 했었어요. 그는 인터뷰에서 이렇게 고백했어요. "적어도 내 인생의 반은 '동물에 대한 양심' 없이 살아왔어요. 젊었을 때 정육점에서 일했고 목수이기도 했죠. 내가 키우는 동물 외에 다른 동물들은 목공 재료로 썼던 나무판자와 다를 바 없었어요."

리건은 동물들이 고통을 느끼기 때문이 아니라, '정신적 삶'을 갖기 때문에 그들에게 존엄성이 있다고 합니다. 동물은 자신들이 세상에 존재한다는 걸 인지합니다. 어떤 일 앞에서는 기쁨을, 어떤 일 앞에서는 고통을 느끼기 때문이에요. 동물은 자신들의 욕구, 기쁨, 슬픔을 표출할 능력이 있어요. 놀랄 수도 있고 위로받을 수도 있지요. 이 모든 것은 우리가 동물을 물건처럼, 실제로 그들은 물건이 아니니까 그렇게 대하면 안 된다는 뜻을 내포합니다. 아기나 지체 장애인의 권리를 인정해야 하는 것처럼 동물의 권리도 인정해야 해요. 고급 지적 능력은 발달되지 않았지만 정신적 삶을 살고 있으니까요. 아기에게는 생명의 권리를 인정하지만, 소의 새끼에게는 그렇지 않다면 그것이야말로 진정한 종 차별주의예요.

법은 인간에게 부여한 똑같은 권리를 인간이 아닌 동물들에게도 보장해야 합니다. 동물의 권리에 반대하는 사람들은 동물들은 의무

타인에게 휘둘리지 않는 나를 위해

가 없기 때문에 권리가 있을 수 없다고 주장합니다. 리건은 이런 주장은 유효하지 않다고 생각해요. 법은 아직 책임이나 의무가 없는 어린이의 권리도 보장하니까요. 생명과 같은 기본적인 권리를 누리기 위해서 필수적으로 의무를 지녀야 하는 것은 아닙니다. 여기서 말하는 권리는 존엄성을 가진 모든 생명체는 그에 합당한 대우를 받을 권리가 있다는 뜻입니다. 다른 사람의 자유에 한계를 지어 주는 것이기도 하지요. 세상 그 누구도, 자신의 자유를 행사한다는 이유로 나를 고문할 권리는 없습니다. 알츠하이머 같은 병이 내가 내 책임을 다할 수 없게 만들었다고 해도 말입니다.

로봇 청소기에게도 권리를 주라

만약 르네 데카르트가 싱어와 리건의 주장을 읽었다면 두 사람 모두 완전히 틀렸다고 말할 거예요. 이 프랑스 사상가는 동물들의 권리를 보장하는 법을 만들 생각을 한다는 것 자체가, 우리 집 로봇 청소기의 권리를 보장해 주는 법을 만들자는 말과 똑같이 어처구니없는 발상이라고 할 겁니다. 동물들은 로봇 청소기처럼 단순한 기계적 추진력과 프로그래밍된 매뉴얼에 따라 움직이는 기계에 불과하니까요. 데카르트는 오직 인간만이 리건이 말한 '정신적 삶'을 가진다고 했어요. 개가 인식이 있고 고통이나 기쁨을 느낀다는 생각은 오류라는 것이지요. 어린아이는 천재적인 엔지니어가 설계한 로봇을 바라보며 그 로봇이 감정이 있다고 믿을 수 있습니다. 눈앞의 로봇이 감정에 반응할 때 인간과 비슷하게 움직이도록 기계적으로 설계되었고 프로그래밍되었기 때문이지요. 비록 엔지니어가 우리가 로봇을 때리면 눈물을 흘릴 수 있도록 프로그래밍했더라도, 기계는 고통이 무엇인지 알지 못합니다. 동물들이 느끼는 고통 역시 기계가 내는 끼익 소리, 자동차 엔진을 켤 때 모터에 문제가 있어 나는 소리, 배터리가 거의 다 소모됨을 알리는 스마트폰의 알람 소리와 다를 바 없어요.

TV 드라마 시리즈 〈웨스트월드〉(조너선 놀런 외, 2016)는 동물에 대한 데카르트주의적 사상을 잘 보여 줍니다. 웨스트월드는 인조인간들이 사는 놀이공원으로, 그곳의 로봇들은 방문객들의 강간과 살인을 포함한 모든 욕구를 만족시키기 위해서 실제로 의식이 있는 것처럼 행동하도록 프로그래밍되어 있습니다. 진짜 인간처럼 행동하지요.(실제로 드라마는 의도적으로 시청자에게 누가 방문객이고 누가 놀이공원의 '주인'인지 일부러 구분 못 하게 하기도 합니다.) 그러나 인조인간은 의식 있는 인간이 아닙니다. 느낌도 감정도 욕구도 신앙의 의지도 없고, 두말할 필요 없이 고통을 느낄 수도 없습니다. 놀이공원의 주인들은 톱니바퀴와 케이블로 연결된 고철 덩어리 위에 인간처럼 보이도록 피부를 덮어씌운 것에 불과해요. 사람이 아니라 물건이지요. 그러므로 법은 우리에게 그것들과 마음대로 상호 작용하도록 허락합니다. 내가 내 소유의 자동차에 화가 나서 발길질을 한다고 해서 경찰이 나를 체포하지는 않을 거예요. 자동차는 내 소유이고 제삼자에게 영향을 미치지 않는 한 내 마음대로 사용할 수 있지요. 실용적인 측면에서는 누구도 자기 차를 막 다루지는 않을 거예요. 더 소중히 다룰수록 내게 더 유용하니까요. 차가 존엄성이 있고, 관련 권리를 가져서 소중히 다루는 게 아니라는 말입니다.

동물들은 의식이 없으므로 고통이 무엇인지 알지 못합니다. 데카르트는 《방법 서설》에서 인간이 제아무리 바보 같더라도, 여러 개의 단어를 연결해 말을 만들어서 자기 생각은 표현할 줄 안다고 주장했습니다. 반면에 동물은 제아무리 완벽하고 똑똑해 보여도, 자기 생각을 말로 표현할 능력이 없고요. 동물들이 말하는 데 필요한 신체 기관이 없어서가 아니에요. 예를 들어, 앵무새는 몇몇 단어를 말할 수 있지만 그 단어들의 조합을 통해 어떤 생각을 표현할 수는 없잖아요. 반면에 청각 장애나 언어 장애를 가지고 태어난 인간은 머릿속 생각을 표현하기 위해서 수화를 발명했습니다. 이 예는 동물들이 인간보다 덜 인식한다는 것이 아니라, 인식 자체가 없다는 것을 의미합니다.

비록 몇몇 경우 많은 동물이 인간보다 더 뛰어난 능력을 갖추고 있긴 하지만, 그 외의 분야에서는 완전히 무능력함을 보여 줍니다. 로봇 청소기처럼요. 로봇 청소기는 나보다 훨씬 더 우리 집을 깨끗하게 청소하지만, 시험지를 채점하거나 이웃집 여자를 험담하는 데는 완전히 무능력하지요. 여기서 우리가 추론할 수 있는 것은 동물들은 정신과 지능이 없다는 사실입니다. 자연 본능만이 그들의 내부 기관 조건에 따라 지시를 내립니다. 톱니바퀴와 스프링으로만 구성된 시계와 마찬가지로, 우리보다 더 잘 시간을 재고 측정할 뿐이에요.

인권은 인간을
위한 것이다

         이마누엘 칸트는 현대 윤리에 많은 영향을 준 철학자입니다. 인권 사상의 선구자로 여겨질 정도이지요. 이 독일 철학자는 인간은 단순한 물건처럼 취급받으면 안 되는 특별한 존엄성을 가지고 태어났다고 믿었습니다. 즉, 인간은 권리를 가지고 태어난다는 말입니다. 어떤 물건이 우리에게 특별한 가치를 가진다면, 우리는 그 물건을 다른 물건과 다르게 취급합니다. 예를 들어, 애국자에게 국기는 천 한 조각에 불과한 것이 아니므로 절대로 함부로 사용하지 않을 겁니다. 재채기한 다음 국기로 코를 닦는 일은 절대 없을 거란 말이지요. 그렇다면 세상 그 어떤 사물보다도 더 높은 존엄성을 가진 인간은 어떻게 다루어야 할지 상상해 보세요. 왜 우리 인간은 특별한 존재일까요? 우리는 자율적으로 행동할 수 있는 이성적 능력을 소유하고 있기 때문입니다. 우리는 우리 행동을 의식하고 우리 태도를 결정지을 수 있어요. 우리는 이것을 할지 저것을 할지, 아예 아무것도 하지 말지에 대해서 생각하고 결정할 능력이 있습니다.

    동물들은 이성적인 존재가 아니에요. 결론적으로 자율성도 존엄성도 없으며 권리도 가질 수 없어요. 동물들은 '물건'이고, 그렇기에 우리 목적을 위해 수단으로 사용할 수 있습니다. 먹을 수 있고 입을 수 있고 의학적으로도 실험용으로도 사용할 수 있어요. 반면에 인간은 그 자체가 목적이기 때문에 절대로 수단이 될 수 없습니다.(FC 바르셀로나 선수들의 피부로 신발을 만드는 일은 제아무리 레알 마드리드 팀의 골

수팬에게라도 절대 말도 안 되지요.) 그러나 동물들이 권리가 없다고 해서 결코 제멋대로 동물을 다루라는 뜻은 아닙니다. 칸트는 인간은 동물들에게 직접 의무는 없지만, 동물들을 학대해서는 안 된다는 것 같은 일련의 간접 의무는 있다고 했어요. 동물을 잔인하게 다루면 인간은 잔인하게 변합니다. 마찬가지로 인간은 동물이 다른 사람의 소유일 경우 그것을 존중해야 하는 간접 의무를 가집니다. 우리가 다른 사람의 소유물을 존중하는 것과 마찬가지로 그 동물도 존중해야 하지요.

칸트는 소위 말하는 동물의 존엄성은 인간의 존엄성과는 비교할 수 없다고 합니다. 다음 가상 상황을 분석하면 무슨 말인지 알게 될 거예요. 주택가에 엄청나게 큰불이 났어요. 여러분은 소방관이고, 동료들과 함께 건물 안에 갇힌 사람들을 구조해야 합니다. 불길 속에 남아 있는 사람이 있는지 확인하기 위해서 마지막으로 다시 한번 건물로 들어갑니다. 불길이 점점 거세지고 종잡을 수 없게 되어 이번이 마지막 수색이 될 겁니다. 방문을 여니 아기가 침대에 누워 있고 옆에 고양이가 앉아 있어요. 산소통은 단 한 개만 남았어요. 두 생명체 중 오직 한 생명만 구할 수 있어요. 상식과 이성은 우리에게 인간의 생명 대신 동물의 생명을 구하는 것은 비윤리적이라고 말합니다. 더는 토론할 여지가 없는 이슈인 것이지요(적어도 칸트에게는요).

18

과학이 인간을 노동에서 해방시켜 줄까?

#유토피아 #맨해튼프로젝트 #통제 #자발적하인

인터넷은 우리 삶을 송두리째 뒤흔들어 새로운 형태의 사회를 만들어 냈습니다. 디지털 사회이지요. 인터넷 혁명의 결과 중 하나는 콘텐츠의 민주화입니다. 누구든 원하는 콘텐츠를 사람들에게 알릴 수 있고, 터치 하나로 스마트폰에서 그 콘텐츠에 접근할 수 있습니다. 어린아이들이 스마트폰과 태블릿 PC를 통해 인터넷 콘텐츠에 접근하는 양과 시간은 지나치게 많습니다. 어린이들의 부적절한 인터넷 사용을 막기 위해서 부모님용 인터넷 제어 도구나 필터링 시스템이 나날이 개선되고 있지요.

〈블랙 미러〉 시즌 4의 두 번째 에피소드 '아크앤젤'은 우리에게 이런 질문을 던집니다. 컴퓨터에 있는 보호자 보호 기능을 실제 삶으로 확장시키면 어떻게 될까? 아크앤젤은 아이들의 뇌에 칩을 주입하는 최첨단 기술 회사의 이름입니다. 아크앤젤의 칩 덕분에 부모는 아이의 모든 것을 감시할 수 있게 됩니다. 아이가 사라졌을 때 위치를 추적할 수 있고, 아이의 활력 징후도 조절할 수 있고, 아이에게 고통이나 괴로움을 유발하는 이미지를 흐릿하게 처리할 수도 있습니다. 이를 통해 부모가 느끼는 안정감은 놀라울 정도예요. 아크앤젤 덕분에 부모는 드디어 평안해집니다.

〈블랙 미러〉는 과학 기술의 실현 가능한 발전에 대해 성찰하게 만드는 시리즈였지만, 드라마가 만들어진 2011년 이후 몇몇 예측은 현실이 되었습니다. 이제 아크앤젤에서 파는 이 기술이 현실이라고 상상해 봅시다. 여러분의 아이들에게 이 기술을 사용할 건가요? 질문의 핵심은 우리 아이들의 뇌에 칩을 삽입할 수 있느냐가 아니라 해야 되느냐입니다. 과학 기술의 발전은 한계를 가져야 할까요? 과학 기술은 무엇을 위해 그리고 누구를 위해 사용되어야 할까요? 과학자들의 윤리적 책임은 무엇이며, 시민들의 윤리적 책임은 무엇일까요?

과학 발전을 제한하면
발전이 제한된다

프랑스 철학자, 오귀스트 콩트 (1798~1857)는 이에 대해 명확한 답을 내놓습니다. 만약 할 수만 있다면 해야 한다고요. 과학은 발전의 엔진으로, 과학 발전의 제한은 사회 발전을 늦추게 될 테니까요. 콩트는 프랑스 혁명 이후의 혼란한 시기

타인에게 휘둘리지 않는 나를 위해

를 살았고, 그가 항상 옹호했던 사상은 엘리트 과학자가 다스리도록 사회를 개혁하자는 것이었습니다.

콩트는 매우 전통적인 가정에서 자랐지만 반항적인 사상을 지닌 청년이었습니다. 극보수주의자 부모에게서 혁명을 지지하고 신이나 왕을 믿지 않는다고 확신하는 아이가 태어난 것입니다.(그 당시 제약사에서 불쌍한 콩트의 부모를 도와줄 수 있는 신경 안정제나 항우울제를 개발하지 못한 게 안타까워요.) 젊은 콩트는 프랑스의 명문 대학인 에콜 폴리테크니크에서 정밀과학과 엔지니어링을 공부했습니다. 그때부터 그는 과학과 정치, 이 두 분야에 깊은 관심이 있었어요. 초기에 그는 정치 철학자인 생시몽 백작의 비서로 일했습니다. 그러나 7년 후 생시몽의 정치사상이 너무 사회주의적이고 유토피아적이어서 동의할 수 없다고 생각하여 그와 결별했어요. 콩트는 먹고살기 위해서 수학 교수로 일하기 시작했어요. 나머지 시간은 자신의 실증주의 사상을 발전시키는 데 할애했어요.

콩트 개인의 삶은 특이한 점이 많지 않았습니다. 굳이 들자면, 철학자 중에는 결혼한 사람이 별로 없는데 콩트는 결혼했다는 정도일 거예요. 미겔 데 우나무노는 대다수 철학자는 결혼을 회피했다고 지적한 바 있습니다. 데카르트, 파스칼, 스피노자, 칸트 등등처럼요. 콩트는 그들처럼 노총각은 아니었지만 짚고 넘어갈 부분은, 진정한 사랑을 이혼 후 만난 클로틸드에게서 찾았다는 사실입니다. 클로틸드와의 사랑도 해피엔드는 아니었어요. 그녀가 갑자기 죽는 바람에 콩트는 큰 충격을 받았고, 그로 인해 신이 인류로, 성자들이 뉴턴, 갈릴

레이 그리고 당연히 사랑하는 클로틸드로 대체되는 새로운 종교를 창시하게 되었습니다.

콩트의 정치사상은 특히 브라질 공화정 설립자들에게 영향을 주었습니다. 공화정을 선포한 뒤, 새로운 지도부가 착수한 첫 번째 일은 왕정주의의 상징으로 가득 채워진 예전 국기를, 새로운 사회에 걸맞은 상징으로 대체한 것이었습니다. 이를 위해 새로운 국기에 콩트의 가장 대표적인 표어를 넣었는데 바로 '질서와 전진'이었어요.

콩트는 오직 과학만이 사회를 발전시킬 수 있다고 생각했습니다. 역사는 그의 주장을 입증하는 것 같았어요. 19세기에는 그야말로 과학 기술의 괄목할 만한 발전이 있었기 때문입니다. 엑스레이, 전기, 전자학, 인간 정신에서 무의식이 발견되었고, 새롭게 개발된 의약품이 불치병이었던 결핵과 콜레라를 고쳤고, 외과 수술에서는 마취법(그 전에 외과 수술이 어땠을지 상상이 가나요?)이 사용되기 시작했습니다. 전화기, 모스 부호, 라디오 등도 발명되었어요. 과학 기술의 발전은 경제 발전의 엔진 역할을 했습니다.

콩트는 과학에 큰 열정을 가졌고 그 열정의 결실로 사회학을 만들었습니다. 이 프랑스 철학자는 사회를 근대화시키고 개혁하고 싶었어요. 그렇게 하려면 인류 사회의 발전 법칙을 인지하여 정치에 적용하는 것이 필수적이었지요. 콩트의 핵심 사상인 정신적 진보의 3단계 법칙에 대해 알아봅시다. 콩트는 모든 인간 사회는 세 가지 정신적 진보 단계를 거친다고 했습니다. 사회는 개인과 같은데, 둘 다 정신적 진보에 있어 유년기, 사춘기, 성숙기에 걸쳐 발전합니다. 콩트의 사상은 한 사회의 정신적 진보는 사회 다른 부문의 발전에 영향을 준다는 것입니다. 정신적 진보의 가장 낮은 단계는 신학적 단계로, 자연 현상의 원인을 공상이 만들어 낸 초자연적인 존재에서 찾습니다. 이런 사회에서 권력은 절대적 힘을 가지고 질서는 발전을 저해하더라도 유지되어야 합니다. 예를 들면, 이란이슬람공화국이 이에 해당합니다.

두 번째 단계는 철학적 정신이 지배하는 형이상학적 단계입니다. 이 단계에서 인간은 공상 대신 이성을 사용하고 신을 자연이나 물질 같은 추상적 개념으로 대체합니다. 사춘기가 그러하듯, 이 단계는 완전한 성숙 단계로의 과도기라고 할 수 있고 마지막 단계는 오직 과학의 손을 빌려야만 도달할 수 있어요.

콩트의 핵심 사상 중 하나는 종교가 과학적 발전을 방해하며, 궁극적으로 인류의 진보를 막는다는 것입니다. 미국의 애니메이션 시리즈 〈패밀리 가이〉 시즌 8의 첫 번째 에피소드는 이 사상의 좋은 예입니다. 스튜이와 브라이언은 랜덤으로 평행우주를 여행하다 과학 기술이 고도로 발달한 미래 사회에 도착하게 됩니다.

"우리 어디에 있는 거야?" 브라이언이 묻는다.

"우리 도시. 같은 연도, 같은 시대야. 그런데 이 세계에는 기독교가 존재하지 않아. 그래서 중세에 있었던 과학에 대한 억압이 없었고, 여기 인류는 우리보다 1,000년을 앞서간 거지." 스튜이가 대답한다.

종교가 없던 이 우주의 안타까운 점은 미켈란젤로에게 영감을 줄 기독교가 존재하지 않았기 때문에, 시스티나 성당의 천장화가 그려지는 대신 천장에 유명 인사들의 포스터가 붙어 있었다는 점입니다.

〈패밀리 가이〉의 제작자에게나 콩트에게나 종교와 윤리는 인류의 발전에 암초와 같은 존재였던 거지요. 발전은 오직 과학을 통해서만 가능하므로, 콩트는 사회 전체 구성원을 위해 가장 지혜로운 결정을 내릴 수 있는 유일한 사람들은 바로 과학적 지식으로 무장한 엘리트이며, 그들이 지배하는 사회를 만들어야 한다고 주장했습니다. 정치인들의 유일한 기능은 과학 엘리트들이 건네주는 지시 사항들을 집행하는 것이고요. 그래서 콩트가 설계한 사회에서는 최고의 물리학자가 여러분이 사는 도시에 원자력 발전소를 건설해야 할지 말지를 결정하는 책임자가 됩니다. 일반 시민들은 이런 정책을 결정해서는 안 됩니다. 헤겔이 말한 것처럼 "민중은 국가의 구성원 중에서 자신이 원하는 걸 모르는 무리"이니까요. 원자력 발전소를 건설할지 혹은 유전자 주입 식량을 개발할지처럼 과학적 지식이 필요한 결정을 국민 투표에 부치는 것은 바보스러운 짓입니다. 어떻게 버스 운전기사나 빵을 파는 사람이 이런 전문적인 사안에 대해서 올바른 결정을 내릴 수 있을까요?

과학 기술은 윤리적·종교적 원칙에 제한받으면 안 됩니다. 사회적 유용성 측면에서 어떤 연구가 필요한지 선별하는 기준을 제공할 수 있는 유일한 학문은 사회학뿐이고요. 다시 말해, 아크앤젤의 기술을 개발할지 안 할지는 여러분이 에스파냐 고등과학연구 협의회의 가장 저명한 회원이 아닌 이상, 결정할 문제가 아닙니다.

조심하자, 일어나는 일은
당신 책임이다

유태인계 독일 철학자, 한스 요나스(1903~1993)는 과학 기술 발전은 윤리의 제한을 받아야 한다고 믿었습니다. 요나스가 콩트와 반대되는 의견을 가진 것은 당연합니다. 그는 콩트와 근본적으로 다른 역사적 순간을 살았기 때문이지요. 콩트가 산 시대는 눈부시게 빛나는 과학 발전에 대해 희망과 기대가 부푼 낙관주의가 팽배했습니다. 반면 요나스의 시대는 두 번의 세계 대전이 있었고 원자 폭탄이 투하된 혼돈의 시대였어요.

독일에서 나치주의가 승리했을 때, 이 유태인계 철학자는 유태인 자위대에 포병 사관으로 참전하기 위해 이스라엘로 떠납니다. 제2차 세계 대전 동안 그는 영국군에 자원 입대하여 유럽에서 확장되던 파시즘에 대항해 싸웠습니다. 그때의 경험을 요나스는 이렇게 회고했어요.

책과 동떨어져서 연구는 완전히 뒤로하고, 히틀러에 대항한 전쟁에서 영국 군인으로 5년을 지냈다. 나는 책과 연구보다 좀 더 본질적인 것에 사명감을 느꼈다. 사물의 종말론적 상태, 세상의 위협적인 몰락, 코앞까지 다가온 죽음, 이 모든 것이 우리 존재의 기본에 대해 새로운 성찰을 할 만한 토양이 되었다. …… 그렇게 다시 원래의 내 위치로 돌아와서, 철학자로서의 본연의 임무와 천성적 행동을 시작했으니 그것은 바로 사유였다.

요나스는 인간의 파괴력에 큰 충격을 받았습니다. 히로시마와 나가사키에 투하된 원자 폭탄은 인간이 이루어 낸 과학적 성과가 인간에게 얼마나 위험한지 직접 보여 주었습니다. '맨해튼 계획'은 첫 번째 핵무기 개발을 위한 과학 연구 프로젝트의 암호였어요. 핵물리학자 로버트 오펜하이머의 지휘 아래 저명한 과학자들이 이 비밀 연구에 참여했어요. 첫 번째 핵실험은 1945년 7월 16일 코드명 트리니티 테스트를 통해 이루어졌습니다. 오펜하이머는 눈으로 연구 결과를 보고 고대 인도 경전《바가바드기타》에 나오는 구절을 중얼거렸다고 합니다. "이제 나는 죽음이요, 세상의 파괴자가 되었다."

요나스는 과학 기술 발전의 결과와 그것의 부적절한 사용에 대해 책임 윤리를 제안했습니다. 칸트의 정언 명령(역자 주: 무조건적 당위)에 영감을 받아, 요나스는 과학 기술 발전이 따라야 하는 원칙을 설계했습니다. "행위의 결과가 인류의 지속과 조화될 수 있도록 행위하세요. 인류의 지속을 위험하게 하지 마세요." 요나스는 영화 〈레지던트 이블〉(폴 앤더슨, 2002)에서와 같은 인류의 물리적 파괴를 언급한 것이 아니었어요. 이 영화에서는 화학 무기를 개발하는 연구소에서 바이러스가 유출되고 좀비 아포칼립스가 벌어집니다. 요나스가 생각한 파괴는 인간의 본질과 우리가 사는 지구 생태계의 파괴였습니다. 우리는 진정으로 인간적인 삶을 보존해야 할 의무가 있습니다. 난민 수용소에도 당연히 삶이 있지만 진짜 인간적 삶인가요?

우리는 과학 기술 발전의 결과에 책임을 져야 합니다. 단순히 이런 결과를 예상하지 못했다는 말로는 연구 결과 혹은 기술 발전의 잘

타인에게 휘둘리지 않는 나를 위해

못된 사용에 대한 면죄부를 받지 못한다는 말입니다. "이제 우리 손에서 벗어난 일이야." 혹은 "우리 의도는 그게 아니었어." 하는 말로 우리가 한 행위, 우리가 만들거나 파괴한 것의 책임에서 벗어나지 못합니다. 그래서 최종 결과를 전혀 알 수 없는 연구를 진행하지 않는 것이 가장 현명할 수도 있어요.

아크앤젤의 경우를 두고 요나스는 확실히 말할 겁니다. 우선 무엇보다 먼저 아크앤젤의 기술이 인간의 존엄성을 변질시키지 않고, 우리의 주변 배경을 존중하고 언제든지 우리가 결과를 조정할 수 있다는 증명이 선행되어야 한다고요. 이러한 전제 조건이 충족될 때 연구를 시작해야 합니다. 그런데 아크앤젤이 정말 해롭지 않은 걸까요?

아크앤젤이 당신을 통제하려 한다

"안 돼!" 독일 출신의 미국 철학자, 허버트 마르쿠제(1898~1979)는 이렇게 말할 거예요. 아크앤젤은 다른 많은 기술과 마찬가지로 그저 조정하고 제어하는 도구일 뿐입니다. 시스템은 우리 삶을 더 편리하고 편안하게 만들어 줄 거라고 장담하며 쇳덩어리를 팔고 있지만, 실제 의도는 우리를 엿보고 종속시키려는 것입니다. 기술은 우리에게 위장된 자유를 줍니다. 실제로 우리는 시스템을 위해 일하는 조각에 불과하기 때문이지요. 마르쿠제는 미국 정부의 정보기관에서 일한 적이 있었기 때문에 스파이 활동에 대해 꽤 잘 알았어요.

베를린의 유태인 가족에게서 태어난 마르쿠제는 유복했습니다. 그렇다고 보수 자유주의자는 아니었고, 오히려 반대로 좌파에 기울었지만 어떤 사건으로 인해 정치에서 멀어졌습니다. 그 사건은 바로 철학자이자 혁명가인 로자 룩셈부르크의 잔인한 죽음이었습니다. 1919년 1월 5일부터 12일까지, 베를린에는 후에 독일 공산당이 되는 당의 설립자 로자 룩셈부르크가 지지한 총파업이 한창이었어요. 총파업에 대한 정부 수반의 대응은 살인 청부업자들을 보내 그녀를 고문하고 라이플총으로 뇌를 가격한 다음, '붉은 장미'로 불린 로자의 시체를 운하에 버리는 거였어요.

마르쿠제는 철학을 공부했고 프랑크푸르트학파에 가입했어요. 그러나 그해 나치가 권력을 잡았고 그들의 아지트를 닫아 버렸어요. 프랑크푸르트학파 철학자들은 미국으로 장소를 옮겼어요. 마르쿠제는 미국 국적을 획득했고 하버드 대학, 보스턴 대학, 버클리 대학에서 학생들을 가르쳤어요. 그는 기존 질서와 전통문화에 비판을 가하는 학생 운동의 정신적 지주가 되었습니다. 학생들에게 혁명을 선동하는 교수라니, 본 적 있나요? 마르쿠제의 운동에 영감을 받은 학생 혁명 중 하나는 바로 1968년 프랑스 5월 혁명이었어요. 소비주의 사회에 대한 대항으로 시작된 이 학생 운동에는 노동자들까지 가세하게 되었습니다. 이 운동은 프랑스 역사상 가장 큰 총파업으로 변했는데, 참여한 사람의 수가 무려 900만 명이 넘었어요.

마르쿠제는 겉보기에는 자유를 표방하는 민주주의 이면에 어떻

타인에게 휘둘리지 않는 나를 위해

게든 혁명을 막고자 하는 사회 억압과 통제 형태가 숨어 있다고 고발했어요. 비록 우리가 자유롭다고 믿는다고 해도, 실제로 이 시대는 역사상 가장 큰 억압을 가하고 있어요. 고대 노예는 자신이 노예 제도의 희생양이라는 것을 의식했고, 중세 시대 하인은 봉건 주인에게 종속되어 있다는 것을 의식했습니다. 그러나 오늘날 우리는 과거와 똑같이 종속되어 있지만, 그것을 의식조차 못 하고 있어요. 물론 여러분은 누가 여러분을 통제하고 억압한다고 느끼지 않을 수 있고, 그러므로 마르쿠제가 틀렸다고 말할 수 있습니다. 문제는 예전의 통제는 공포를 통해 이루어졌기 때문에 너무도 자명했지만, 지금은 기술을 통해 내밀하게 진행되고 있다는 점입니다. 스마트폰에 앱을 내려받을 때 조건들을 세밀히 읽어 본 적 있나요? 여러분을 엿볼 수 있는 수단인 스마트폰이 여러분의 삶을 더 편안하게 해 주기 때문에 돈도 낸다는 사실에 대해 성찰해 본 적 있나요? 에스파냐 축구 연맹은 앱을 하나 개발했는데, 그 주요 기능은 팬들에게 경기 관련 정보를 제공하는 것이 아니라, 경기를 보여 주는 주점이나 식당이 정식 경기 중계권을 가졌는지 통제하기 위해서 팬들을 밀고자로 이용하기 위한 용도입니다.

이제 자문해 볼 시간입니다. 왜 SNS나 멤버십 카드, 지능형 가상 비서 혹은 아크앤젤 같은 기술이 무료 서비스인지 생각해 보세요. 여러분은 편리함을 사고 있다고 생각하지만 실제로는 당신을 옭아맬 사슬 하나를 더 추가하고 있습니다. 우리는 안전과 편리함을 위해 자유를 팔아 버린, 자발적 하인들로 가득한 사회를 만들어 냈어요.

마르쿠제는 공산주의나 자본주의 모두 전체주의라고 했습니다.

양 체제 모두 자유를 제거하고 개인의 인생을 계획하고 개인의 사상을 조정하니까요. 자본주의에서 근대 인간은 단순한 소비자로 전락했습니다. 그래서 마르쿠제는 '일차원적 인간'이라고 부릅니다. 자본주의는 제품을 만들기 위해서만이 아니라 소비자를 만들기 위해서도 기술을 사용합니다. 그렇게 기술은 교묘하게 우리가 모두 똑같이 보이길 원하도록 만들고, 자유를 소비와 혼동하게 만듭니다. 상품은 우리의 맹목적인 숭배 대상이 되고 실제로는 필요하지 않지만 필요하다고 느끼도록 세뇌합니다. 우리가 아이폰을 살 때 단순히 스마트폰을 사는 게 아니라 사회적 지위, 유행, 젊음, 미, 자유 등을 소비하는 것과 같은 맥락입니다. 일부 종교에서 초월적 권능을 부여하며 특정 상징 인물을 숭배하는 것처럼, 우리는 소비 상품에 대해 그런 자세를 취할 때가 많습니다.

자본주의는 지나치게 많은 제품을 생산하고, 그러한 제품들은 출구를 찾아야 하기 마련입니다. 그래서 시스템은 기술을 활용해서 우리 내부에 일련의 소비 기준을 생성하게 하고 우리를 거대한 톱니바퀴에 물려 있는 부품으로 전락시키고 있어요. 또한 기술은 우리를 노동으로부터 해방시켜 주는 대신 우리를 노동에 종속되게 만드는 데 사용됩니다. 우리가 사는 세계가 이렇듯 괄목할 만한 과학 기술의 혜택을 누리고 있다면, 지금보다 일을 덜 해야 하는 것 아닐까요? 우리를 보다 인간답게 만들어 줄 수 있는 일에 더 많은 시간을 할애해야 하지 않을까요? 예를 들면, 새로운 것을 배우고 기술을 연마하고 아이들을 양육하고 책을 쓰고 친구들과 대화하는 것 같은 일 말이에요.

그런데 실상은 어떤가요? 기술은 우리를 어디로 내몰고 있나요? "우리가 증오하는 일을 하게 만들지는 않나요? 아무짝에도 쓸 데 없는 쓰레기를 생산하게 하면서요."

타인에게 휘둘리지 않는 나를 위해

초판 1쇄 발행 2025년 2월 11일

지은이 에두아르도 인판테 옮긴이 유아가다
펴낸이 김명희 편집 이은희 책임편집 배성윤 디자인 신병근 · 선주리

펴낸곳 다봄 등록 2011년 6월 15일 제2021-000136호
주소 서울시 마포구 토정로 222 한국출판콘텐츠센터 305호
전화 02-446-0120 팩스 0303-0948-0120
전자우편 dabombook@hanmail.net 인스타그램 @dabom_books

ISBN 979-11-94148-26-5 43100

"FIOSOFÍA EN LA CALLE" by Eduardo infante
© 2025, Dabom Publishing. For the Korean edition